잠깐 애덤 스미스씨,
저녁은 누가 차려줬어요?

잠깐 애덤 스미스씨, 저녁은 누가 차려줬어요?

WHO COOKED ADAM SMITH'S DINNER?

카트리네 마르살 지음
김희정 옮김

유쾌한 페미니스트의 경제학 뒤집어 보기

부·키

지은이 카트리네 마르살은 웁살라대학교를 졸업하고 스웨덴의 유력 일간지『아프톤블라데트 Aftonbladet』의 편집주간을 지내며 국제 금융·정치와 페미니즘에 대한 기사를 주로 썼다. 경제학과 가부장제의 관계를 논한 저서『유일한 성Det enda könet』으로 2012년 스웨덴 내 유력 문학상인 아우구스트프리세트Augustpriset의 논픽션 부문 후보로 오르기도 했다. 다른 저서로『강간과 로맨스 Våldtäkt och romantik』『회색의 구조Den grå vägen』가 있다. 현재 영국 런던에서 거주하고 있다.

옮긴이 김희정은 서울대 영문학과와 한국외국어대 통번역대학원을 졸업했다. 현재 가족과 함께 영국에 살면서 전문 번역가로 활동하고 있다. 옮긴 책으로『장하준의 경제학 강의』『그들이 말하지 않는 23가지』『어떻게 죽을 것인가』『인간의 품격』『무엇이 이 나라 학생들을 똑똑하게 만드는가』『채식의 배신』『거짓말쟁이 호머 피그의 남북전쟁 모험』『모텔 엔진』『사냥꾼의 현상금』『악마의 무기』『황혼의 들판』 등이 있다.

잠깐 애덤 스미스씨, 저녁은 누가 차려줬어요?

2017년 2월 3일 초판 1쇄 발행 | 2022년 11월 1일 초판 8쇄 발행

지은이 카트리네 마르살 | 옮긴이 김희정 | 펴낸곳 부키(주) | 펴낸이 박윤우 | 등록일 2012년 9월 27일 | 등록번호 제312-2012-000045호 | 주소 03785 서울 서대문구 신촌로3길 15 산성빌딩 6층 | 전화 02) 325-0846 | 팩스 02) 3141-4066 | 홈페이지 www.bookie.co.kr | 이메일 webmaster@bookie.co.kr | 제작대행 올인피앤비 bobys1@nate.com | ISBN 978-89-6051-584-0 03320

책값은 뒤표지에 있습니다. 잘못된 책은 구입하신 서점에서 바꿔 드립니다.

이 도서의 국립중앙도서관 출판예정도서목록(CIP)은 서지정보유통지원시스템 홈페이지(http://seoji.nl.go.kr)와 국가자료공동목록시스템(http://www.nl.go.kr/kolisnet)에서 이용하실 수 있습니다.(CIP제어번호: CIP2017001091)

"짓밟혀도 불평하지 않는 사람이나 창녀와 나 자신을 구별 지으려 할 때,

사람들은 나를 페미니스트라고 부른다."

— 레베카 웨스트 Rebecca West

차 례

일러두기

- 본문의 각주는 모두 옮긴이 주이다.
- 외래어 표기는 국립국어원의 표준 외래어 표기법에 따랐고, 그밖에 관용적으로 굳어진 외래어는 그대로 표기했다.
- 국내 미출간 도서의 제목은 최대한 원제에 가깝게 번역했다.

이 책의 주인공인 경제적 인간homo economicus은 허구이며, 현재 살아 있거나 이미 세상을 뜬 사람 누구와도 관련이 없음을 밝혀 둔다. 이 책에 묘사된 현실도 실은 존재하지 않는다. 주인공을 탄생시킨 경제 이론들은 현실과 거의 아무런 관련이 없다. 당신과 이 책의 주인공 사이에 있을지도 모르는 유사성은 전적으로 우연의 일치일 뿐이다.

유사한 점이 있다고 느낀다면 그것은 당신이 이 책의 주인공처럼 되고 싶기 때문이지, 정말로 그 인물과 비슷해서가 아니다.

리먼 브라더스가
리먼 시스터스였다면?

페미니즘은 늘 경제학의 문제였다. 버지니아 울프Virginia Woolf는 자신만의 방을 가지고 싶어 했는데, 이를 위해서는 돈이 필요했다.

19세기 말에서 20세기 초에 이르러, 여성들은 상속받을 권리, 소유의 권리, 창업의 권리, 돈을 빌릴 권리, 동일한 일에 동등한 임금을 받을 권리, 그리고 돈이 아니라 사랑을 선택해 결혼할 수 있도록 스스로 돈을 벌 권리를 얻기 위해 함께 힘을 모았다.

페미니즘은 지금도 돈의 문제다.

과거 수십 년 동안 페미니즘의 목표는 남자들이 독점해 온 돈과 특권을 가져오는 대신, '남들 앞에서 울 수 있는 권리'와 같이 수치화하기 힘든 것들을 포기하는 것이었다.

적어도, 그런 식으로 묘사되었다.

2008년 9월 15일 미국의 투자은행 리먼 브라더스Lehman Brothers가 파산을 선언한 지 6년이 넘는 시간이 흘렀다. 그 직후 몇 주 사이 전 세계의 수많은 은행과 보험사들이 비슷한 길을 걸었다. 수백만 명이 일자리를 잃었고, 저축했던 돈이 날아가 버렸다. 사람들은 집을 잃고 자녀들과 함께 거리에 나앉았고, 정부가 무너지고, 시장이 크게 흔들렸다. 시스템이 더 이상 스스로를 지탱하지 못하고 무너지면서 한쪽에서 시작된 패닉은 경제 전체를, 그리고 곧 전 세계를 휩쓸었다.

우리는 놀란 눈으로 지켜봤다.

사람들이 일을 하고, 세금을 내고, 불평하지 않으면 모든 게 저절로 해결된다.

우리는 그렇게 배웠다.

그러나 그것은 사실이 아니었다.

금융 위기가 터진 후 국제 회의가 연달아 열렸다. 무엇이 잘못되었고, 문제를 어떻게 해결해야 하는지에 관한 책도 줄지어 나왔다. 보수 정치인부터 로마 교황까지 갑자기 모든 사람들이 자본주의를 비판하는 듯했다. 이 위기는 패러다임을 바꾸는 기점이 될 것이고, 앞으로는 모든 것이 달라질 것이라고 했다. 국제 금융 체제는 변할 필요가 있다. 새로운 가치관이 경제를 주도해야 한다. 과욕, 세계적 불균형, 소득 불평등에 관한 기사가 쏟아져 나왔다. 한자로 쓴 '위기危機'는 '위험危險'과 '기회機會'를 합쳐 만든 단어라는 말도 지겹도록 들었다(그러나 그건 틀린 말이었다).

6년이 지난 지금 금융 분야는 회복했다. 이윤, 월급, 배당금, 상여금 등은 모두 이전 수준으로 돌아갔다.

위기 후 그토록 많은 사람들이 사라질 것이라고 예견했던 경제 질서와 경제 이론도 보기보다 끈질기게 살아남았다. 문제는 '왜'였다. 나와 있는 답은 많다. 이 책은 그중 하나의 시각을 제시하고자 한다. 바로 성sex이다.

미안하지만 당신이 생각하는 그 성은 아니다.

2010년 프랑스의 재무장관으로 재직 중이던 크리스틴 라가르드Christine Lagarde는 리먼 브라더스가 리먼 시스터스Lehman Sisters였다면 금융 위기는 다른 양상을 띠었을 것이라고 말했다.

아마 백 퍼센트 진지한 말은 아니었을 것이다.

그녀는 외이뒤르 캐피털Audur Capital을 예로 들었다. 여성들이 운영하는 외이뒤르 캐피털은 아이슬란드의 사모펀드 회사로, 같은 업종 중 유일하게 금융 위기에 전혀 피해를 입지 않았다. 테스토스테론 분비가 많은 남성일수록 위험한 투자를 하는 성향이 강하다는 연구 결과도 나와 있다. 과도한 위험 감수 때문에 은행들이 폭삭 망하고 금융 위기가 발생한다는 점을 감안하면, 남성들은 경제를 이끌기에는 호르몬에 너무 민감하다는 의미일까?

또 다른 연구 결과에 따르면 여성도 생리 주기가 시작될 때는 남성만큼 위험을 감수하려는 성향이 나타난다고 한다. 남성 금융인들의 성향이 배란하는 여성과 비슷하다는 뜻일까? 비즈니스 주기와 생리 주기의 연관성은 무엇일까?

더 자세한 연구가 진행되면서, 여학교에 다니는 여학생은 남학생과 비슷한 위험 감수 성향을 보인다는 것이 밝혀졌다. 반면 남녀 공학에 다니는 여학생은 더 조심스럽다는 결과가 나왔다. 다시 말해, 자신의 성별에 대한 주위의 기대치와 개념들이 중요한 듯하다.

적어도 다른 성별이 주변에 있을 경우에 말이다.

이를 농담으로 넘길 수도 있고 진지하게 받아들일 수도 있지만, 한 가지 사실은 변함이 없다. 리먼 브라더스는 절대 리먼 시스터스였을 수가 없다. 여성이 장악하는 세상의 월스트리트는 현실과 너무도 다를 것이기 때문에 그런 상상을 해 봐야 소용없다. 리먼 시스터스라는 투자은행의 자산이 과열된 미국 주택 시장에 과도하게 노출됐을 때 어떻게 해결할 것인가에 대한 시나리오를 구성하기 위해서는, 그 순간에 이르기까지 수천 년의 역사를 다시 써야 한다.

이런 식으로 머릿속에서 하는 실험은 의미가 없다. 단순히 '브라더스'를 '시스터스'로 고친다고 달라지지 않는다.

여성과 경제학의 관계는 그보다 훨씬 더 깊고 넓은 문제다.

페미니즘은 200년 이상 거슬러 올라가는 사상과 정치 행동의 전통을 아우른다. 그 성과에 대한 각자의 의견과 상관없이 우리 시대의 가장 위대한 정치 운동 중 하나다. 동시에 페미니즘은 20세기 경제 체제에 가장 큰 변화를 가져온 요인이다.

혹자는 역사를 통틀어서 그렇다고 말하기도 한다.

"1960년대 들어 여성들이 일하기 시작했다." 보통 이렇게들 말한다. 그러나 그것은 사실이 아니다. 여성들은 1960년대 혹은 2차 대전 때부터 '일하기 시작'한 것이 아니다.

여성들은 항상 일을 하고 있었다.

20세기에 변한 것이 있다면 여성들이 일터를 바꾼 것이다. 집에서 일하던 여성들이 밖에 나와 일하고, 노동의 대가로 돈을 받기 시작한 것이다.

간호사, 교사, 비서, 간병인 등으로 일하기 시작한 여성들은 어느새 의사, 변호사, 해양생물학자 등의 자리에서도 남성들과 경쟁하게 되었다.

이 현상은 거대한 사회적·경제적 변화를 가져왔다. 인구의 절반이 자신이 하던 일을 집에서 시장으로 가지고 나온 것이다. 우리는 자신도 모르게 한 경제 체제에서 다른 경제 체제로 이행했다.

동시에 가정생활에도 큰 변화가 왔다.

1950년까지만 해도 미국 여성은 평균 4명의 자녀를 출산했다. 현재 그 숫자는 2명으로 줄었다.

영국과 미국 여성들이 자녀를 갖는 패턴은 교육 수준과 일치한다. 교육을 많이 받은 여성들은 더 적은 수의 자녀를 더 늦게 가지고, 교육 수준이 낮은 여성일수록 훨씬 어린 나이에 더 많은 수의 자녀를 가진다.

대중매체는 양쪽 집단 모두를 단순화해서 묘사한다.

울어 대는 아이를 서류 가방에 담고 다니는 커리어 우먼은 마흔

살이 될 때까지 출산을 미루다가 그제야 자녀를 가졌지만 아이를 돌볼 시간이 없는 이미지로 묘사된다.

그녀는 이기적이고 무책임한, 나쁜 여자다.

노동자 계층의 젊은 엄마는 정부 보조 임대주택을 차고 앉아 남편도 없이 수당을 받으며 국가 예산을 좀먹는 이미지로 그려진다.

그녀 또한 이기적이고 무책임한, 나쁜 여자다.

우리가 거쳐 온 실로 거대한 경제적 변화에 대한 토론은 대개 여기서 시작되어 여기서 끝난다. 여성 개인, 혹은 위에서처럼 단순화된 이미지의 여성들이 각자의 삶을 어떻게 영위해야 하는지만 언급되고 마는 것이다.

자녀 양육과 부모들의 유급 육아 휴직에 엄청난 자원을 투자해 온 북유럽 국가들에서는 여성이 자녀를 갖는 패턴이 교육 수준과 상관없이 전 계층에 걸쳐 비슷한 양상을 보인다. 일반적으로 자녀의 수도 더 많다. 그러나 이 세계적 수준의 복지 국가들에서조차 여성은 남성보다 수입이 적고, 기업의 고위직에 종사하는 여성의 숫자는 다른 나라들에 비해 적다.

지금껏 아무도 풀지 못한 문제가 어디엔가 숨어 있음이 틀림없다.

이 문제를 정확히 묘사할 용어들이 아직 존재하지 않을지도 모르지만, 의심할 여지 없이 그것은 '경제적 문제'로 볼 수 있다.

많은 사람이 '경제'라는 것에 겁을 먹는다. 용어, 권위, 관행, 그리고 논의 전체에 흐르는 이해 불가성 때문일 것이다. 대규모 금융 위기가 터지기 직전까지의 기간 동안 우리는 경제를 전문가들의 손에 맡겨야 한다는 이야기를 들어 왔다. 경제 전문가들이 문제 해결책을 찾았지만 우리는 능력이 부족해서 이를 이해할 수 없다는 말도 들렸다. 그 기간 동안 중앙은행에서 일하는 사람들은 이 자율을 낮춰 서구 문명을 구했다는 칭송을 들으며『타임』의 '올해의 인물'로 뽑히는 등 유명 인사의 지위를 누렸다.

그 시대는 이제 지나갔다.

이 책은 매혹에 관한 이야기다. 이 이야기는 특정한 경제학적 시각이 아무도 모르는 사이 은밀하게 우리의 의식 속에 기어들어오게 된 과정을 다룬다. 그 시각이 가치관을 어떻게 장악했는지, 그리하여 세계경제뿐 아니라 우리 자신의 삶에까지 얼마나 큰 영향을 미쳤는지를 말한다. 여성과 남성을 논하며, 우리가 장난감을 현실로 끌어들인 후 결국 어떻게 그 장난감의 지배를 받게 되었는지에 관한 이야기다.

전후 사정을 모두 이해하려면 처음으로 거슬러 올라가야 한다.

1장

애덤 스미스의 어머니는 누구였을까?

Who
cooked
Adam Smith's
Dinner?

저녁 식사는 어떻게 식탁에 올라올까? 이는 경제학의 근간이 되는 질문이다. 간단해 보이지만, 극도로 복잡한 문제다.

우리 대부분은 날마다 소비하는 것들의 극히 일부분만을 직접 생산한다. 나머지는 구입한다. 빵은 가게 선반에 있고 전등 스위치를 켜면 전기가 전선을 통해 흐른다. 그러나 빵 두 개, 전기 1킬로와트조차 전 세계 수천 명의 긴밀한 공조를 필요로 한다.

밀을 수확하는 농부. 빵 봉투 제조 회사. 빵을 납품하는 제빵 공장. 그리고 빵을 파는 슈퍼마켓. 이 모든 게 제 기능을 해야 우리가 슈퍼마켓에 가서 빵을 구매할 수 있다. 그 외에도 농기구를 파는 사람들, 상품을 운반하는 사람들, 그 교통수단을 정비하는 사람들, 슈퍼마켓을 청소하고 상품을 정리하는 사람들 모두 필수적인 요소들이다.

이 모든 과정이 얼추 제시간에, 얼추 순서에 맞게 진행되어야 빵 코너의 선반이 비지 않게 된다. 그리고 이 과정은 빵 한 개에만 그치는 것이 아니라, 책 한 권, 바비 인형 한 개, 폭탄 한 개, 풍선 한 개 등 우리가 사고팔 수 있다고 상상하는 모든 물건에 해당된다. 현대의 경제 활동은 이런 정교한 과정을 거쳐 이루어진다.

이에 경제학자들은 생각에 잠겼다. 도대체 이 모든 것을 한데 아우르는 것은 무엇인가?

경제학은 사랑이라는 감정을 아끼는 방법에 대한 과학이라고 묘사되어 왔다. "사랑은 희소성이 있다"는 것이 이 개념의 기본 전제다. 따라서 사랑은 아껴서 사용해야 하고, 불필요한 곳에 써 버려서는 안 된다. 사랑으로 사회를 움직이면 개인적인 삶에서 사용할 사랑은 남아 있지 않을 것이다. 사랑은 찾기 어렵고, 유지하기는 더 어렵다. 바로 이런 이유에서 경제학자들은 사회를 조직하는 데 사랑 말고 다른 것을 사용해야 한다고 생각했다.

그렇다면 사랑 말고 자기 이익을 추구하려는 욕구를 사용하면 어떨까? 아주 풍족해서 남아도는 요소 아닌가?

1776년, 정치경제학의 아버지 애덤 스미스Adam Smith는 경제학에 대한 현대적인 정의를 내린 문장을 적었다.

"우리가 저녁을 먹을 수 있는 것은 푸줏간 주인, 양조장 주인, 혹은 빵집 주인의 자비심 덕분이 아니라 자신의 이익을 추구하려는 그들의 욕구 때문이다."

애덤 스미스는 푸줏간 주인이 돈을 벌기 위해서 일한다고 생각했다. 친절을 베풀기 위해서가 아니라는 이야기다. 빵집 주인이 빵을 굽고, 양조장 주인이 술을 빚는 것도 사람들을 행복하게 하기 위해서가 아니라 자신의 이윤을 취하기 위해서다. 빵과 맥주의 맛이 좋으면 사람들이 구입할 것이다. 바로 이 때문에 빵집 주인과 양조장 주인이 일하는 것이다. 사람들에게 좋은 빵과 맛있는 맥주를 공급하는 것에 관심이 있어서가 아니다. 그건 원동력이 아니다. 원동력은 자기 이익을 추구하려는 욕구다.

자기 이익을 추구하는 욕구는 명확히 존재한다. 그리고 그 욕구는 무한하다.

사랑은 다르다. 사랑은 희소성이 있어, 사회 전체에 골고루 나눠줄 만큼 풍부하지 않다. 따라서 사랑은 개인적인 용도로 사용할 수 있도록 병에 넣어서 잘 보존해야 한다. 그러지 않으면 모든 게 엉망진창이 되고 만다.

"길이는 100미터에 속도는 달팽이이며, 양배추만 먹고 사는 것은 무엇일까?"

답은 "소련의 빵집 앞에 늘어선 사람들의 줄"이다.

소련처럼 되는 것은 아무도 원하지 않는다.

애덤 스미스는 자유시장이 효율적인 경제를 만드는 데 가장 좋다고 생각했다. 자유와 자율성에 대한 그의 생각은 혁명적이고 급진적이었다. 의무와 규제를 집어치우고 시장을 자유롭게 돌아가도록 두면, 경제는 자기 이익을 추구하려는 욕구라는 무한한 공급원을 동력 삼아 시계처럼 잘 맞아떨어져 돌아간다는 논리를 폈다. 모두가 자신의 이익을 위해 일하면 모든 사람이 각자 필요한 재화를 손에 넣을 수 있다. 빵은 슈퍼마켓의 선반에서 구할 수 있고, 전기는 전선을 통해 흐른다. 그리고 저녁 식사는 식탁에 오른다.

모두가 자신의 이익을 추구하다 보면 전체가 잘 돌아가게 된다. 성원 중 누구도 전체를 생각하지 않아도 된다. 마치 마술 같지 않은가. 그리고 이는 우리 시대에 가장 각광받는 이야기가 됐다.

경제학의 초창기에는 이기심이 세상을 돌아가게 한다는 것이 확실해 보였다.

1800년대 말, 경제학자들은 "경제학의 제1원칙은 모든 주체가 자기 이익만을 위해 움직인다는 것이다"라고 말했다. 현대 경제는 '자기 이익 추구라는 화강암처럼 견고한 바탕 위에 세워진 것'으로, 우리 모두 감탄의 눈길로 그것을 우러러봤다.

경제학은 돈에 관한 것이 아니었다. 애초부터 경제학은 사람을 어떻게 볼 것인가를 살피는 학문이었다. 본질적으로, 경제학은 주어진 상황에서 사람들이 이익을 보기 위해 어떻게 행동하는지를 기술하는 역사였다. 모든 상황에서, 결과가 무엇이든 상관없이.

이것은 여전히 주류 경제학 이론의 시작점이 되고 있다. 일상적인 대화에서 우리가 "경제학자처럼 생각한다"라고 말하면, 보통 '사람은 자신에게 이익이 되기 때문에 특정 행동을 한다'는 것을 전제로 한다는 것을 뜻한다. 인류가 보여 주는 가장 아름다운 모습은 아닐지 모르나, 가장 정확하다. 그리고 어떤 일이든 이루어 내려면 현실적이지 않으면 안 된다는 말을 듣는다. 도덕성은 세상이 어떻게 돌아갔으면 좋을지에 대한 우리의 기대치를 표현하고, 경제학자들은 그 세상이 실제로 어떻게 돌아가는지를 이야기해 준다.

적어도, 그들은 그렇게 말한다.

그리고 우리는 그 이상 알 필요도 없다. 이것이 우리가 살아가는 방식이다. 이 덕분에 사회가 유지된다. 보이지 않는 손이라도 있는 것처럼. 그것이 가장 큰 역설이다. 그리고 우리도 잘 알고 있듯, 신은 항상 역설적으로 자신의 뜻을 표현하지 않는가.

'보이지 않는 손'은 경제학에서 가장 유명한 표현이다. 애덤 스미스가 만들어 냈지만 이 말을 유행시킨 것은 후대 경제학자들이다. 보이지 않는 손은 모든 것에 영향을 주고, 모든 일의 방향을 정하고, 모든 곳에 존재하고, 모든 것을 결정한다. 그러나 누구도 그것을 보거나 느낄 수 없다. 그것은 밖에서 개입하는 것이 아니고, 손가락으로 방향을 가리키거나 물건을 움직여 배치하는 것도 아니다. 보이지 않는 손은 개인의 행동과 선택에 영향을 주고, 행동과 선택 사이에서 작용하기도 한다. 그것은 안에서부터 작용해서 시스템을 돌아가게 하는 원동력이다. 이 개념은 애덤 스미스 본인보다 후대 경제학자들의 이론에서 더 중심적인 역할을 했다. 정치경제학의 아버지 애덤 스미스는 이 표현을 『국부론The Wealth of Nations』에서 단 한 번밖에 사용하지 않았지만, 현대에 와서 이 개념은 경제학과 그 학문이 그리는 독특한 세상의 기초가 되었다.

애덤 스미스가 보이지 않는 손에 관해 이야기하기 약 1세기 전, 아이작 뉴턴Isaac Newton은 『자연 철학의 수학적 원리Philosophiae Naturalis Principia Mathematica』를 펴냈다.

천문학자이자 수학자, 자연과학자, 연금술사였던 뉴턴은 달이 경로에서 벗어나지 않도록 작용하는 힘을 설명했다. 그는 행성들의 움직임과 서로 당기는 힘, 그리고 사과가 땅에 떨어지는 이유 등을 연구하여 이 모든 것이 천체를 움직이는 힘인 중력에 의한 것이라고 설명했다.

뉴턴은 우리에게 현대 과학을 소개함으로써 존재에 대한 완전히 새로운 관점을 제시했다.

뉴턴의 시대에 수학은 신성한 언어로 간주됐다. 인류는 신이 부여한 자연이라는 책을 수학이라는 언어를 통해 이해했다. 신이 우리에게 수학을 선물한 이유는 인간이 신의 창조물을 이해할 수 있게 하기 위함이었다. 뉴턴의 발견에 전 세계가 도취됐다.

그중 가장 깊이 도취된 것은 아마도 애덤 스미스와 이제 막 싹트기 시작한 정치경제학 분야였을 것이다.

이전까지만 해도 신만이 알았던 태양계의 법칙을 과학적 방법을 통해 이해할 수 있게 되면서 세상을 보는 관점이 변했다. 신이 개입해서 벌을 주고, 바다를 가르고, 산을 옮기고, 매일 수백만 송이의 꽃을 피우던 세상에서, 이제 신이 창조하고 태엽을 감아 놓은 후 자리를 비웠으나 스스로 잘 돌아가는 우주로 변화한 것이다.

우리는 세상을 하나의 기계로 인식하기 시작했다. 이제 세상은 하나의 기계이자 엄청나게 큰 로봇, 내부의 다양한 요소가 자동으로 맞물려 돌아가는 거대한 공연장이 되었다. 당시 지식인들 사이에서는 뉴턴이 행성들의 움직임을 설명한 것과 같은 방법으로 모든 것을 설명할 수 있다는 믿음이 점점 강해졌다. 뉴턴이 자연의 법칙을 밝혀내면서 세상을 위해 신이 마련해 놓은 설계도도 밝혀진 것이다.

애덤 스미스는 이와 동일한 접근법으로 사회의 법칙과 인류를 위한 신의 설계도까지 밝혀낼 수 있을 것이라고 생각했다. 자연이 움직이는 모종의 메커니즘이 있다면, 사회에도 메커니즘이 있을 것이다. 천체가 움직이는 데 적용되는 법칙이 있다면, 인간이 움직이는 데 적용되는 법칙도 분명히 있을 것이다.

그리고 그 법칙은 과학적으로 표현할 수 있어야만 한다.

이를 이해할 수만 있다면 사회를 그에 맞춰 흘러가도록 조정할 수 있을 것이다. 그리고 진정한 설계도에 맞춰 조화롭게 살 수 있을 것이다. 물길을 거스르는 게 아니라 물결에 따라 헤엄칠 수 있고, 무엇보다도 모든 것을 이해할 수 있게 될 것이다. 사회는 시계가 작동하는 것처럼 마찰 없이 잘 돌아가면서, 우리에게 제일 좋은 방향으로 정확히 움직일 것이다.

바로 이것이 애덤 스미스와 경제학이 스스로 맡겠다고 나선 임무였다. 쉬운 임무는 아니었다. 자연스러운 조화를 어떻게 이루어 낼 수 있을까?

태양계에서의 인력과 동일한 역할을 사회에서 해내는 힘, 그것은 바로 자기 이익을 추구하는 욕구다.

뉴턴은 "나는 천체의 움직임을 계산해 낼 수 있지만 인간의 광기는 이해할 수 없다"라고 말했다. 그러나 아무도 그 말에 신경 쓰지 않았다. 애덤 스미스는 세상에 관한 신의 설계도를 밝혀낸 듯했다. 그리고 그것은 뉴턴의 물리학에 완벽하게 상응하는 천부의 자유권*에 대한 발견이라고 묘사되었다.

무엇인가를 이해하고 싶다면, 그것을 분해해 보면 된다. 뉴턴이 사용한 방법론이다. 전체를 쪼개서 작은 조각으로 나눈다. 그래도 이해할 수 없으면 또 나눠 본다. 더 작은 조각으로 잘게 쪼개는 것이다. 그 과정을 계속 반복한다. 마침내 전체를 나누고 나눠서 더 이상 쪼갤 수 없을 만큼 가장 작은 조각을 얻게 된다. 그것은 모든 것을 만드는 원료가 된 근본적인 레고 블록이다. 소립자. 원자. 가장 작은 구성 요소. 이제 그것을 연구하면 된다. 그 조각을 이해

• 　자연율 외의 것으로부터 제약을 받지 않는 자유.

하면 모든 것을 이해할 수 있다.

　전체가 변화하는 것은 근본이 되는 입자들이 변화해서가 아니다. 이 입자들은 자신이 구성하고 있는 전체로부터 독립적이다. 변화가 일어나는 것은 입자들이 배열되는 패턴이 달라졌기 때문이다. 이 입자들의 움직임은 자연의 법칙에 따른다. 그리고 세상은 시계가 작동하는 것처럼 질서정연하게 돌아간다.

　경제학자들도 이 기술을 사용하고 싶어 했다. 이들은 경제를 이해하고자 작은 단위로 쪼갠다. 원하는 날 아무 때나 푸줏간에 가서 고기를 살 수 있도록 만드는 그 모든 복잡한 톱니바퀴 같은 구조를 쪼개 본다. 그래도 이해가 안 가면 더 작은 단위로 쪼갠다. 조각을 점점 더 작게 쪼갠 끝에 경제학자들은 전체를 분해해서 얻을 수 있는 가장 작은 단위를 발견했다. 그리고 그것을 '개인'이라고 불렀다.

　이 개인이라는 것을 이해하면 모든 것을 이해할 수 있다고 그들은 생각했다. 당시 물리학이 더 이상 쪼갤 수 없는 원자에 집중했던 것처럼 경제학자들도 자유 의지를 가진 개인을 연구하는 데 온 정신을 바쳤다. 사회는 이 개인들의 총합에 불과했다. 경제가 변화한다면 이 개인들이 변화해서가 아니다―개인의 정체성은 다른 요소의 영향을 받지 않으므로. 대신 개인은 선택을 한다. 변화가 발생하는 것은 개인들이 배열된 패턴이 변하기 때문이다. 한 개인이 다른 개인과의 관계 안에서 행한 선택들 때문이다. 이 선택들은 직접 만나지는 않지만 서로에게 영향을 끼치게 된다. 마치 당구대 위의 당구공들처럼. 그러나 개인으로서 가진 의식 자체는 영원히 변치 않는다.

그 외의 것들은 모두 침묵을 지킨다.

애덤 스미스의 가장 큰 업적은 이제 막 싹트기 시작한 경제학이라는 분야를 물리학적 세계관과 연관시켰다는 점이다. 그 세상은 논리적이고 합리적이며, 예측이 가능하다. 당시 물리학이 그렇게 보였다. 그것은 시간과 공간이 융합됨으로써 서로 분리될 수 없는 시공간이라는 개념이 탄생하기 전이었다. 우주가 관측할 때마다 분할되어 관측 당시에 얻을 수 있는 결과의 수만큼이나 많은 세계가 존재한다는 것을 알기 전이었다. 하지만 어차피 경제학은 현대 물리학에는 별 관심이 없다. 그들은 뉴턴이 바라보던 하늘에 있던 과거의 별들을 아직껏 쳐다보고 있다.

"내가 진정으로 관심 있는 것은 신이 세상을 창조할 때 다른 선택의 여지가 있었느냐 하는 것이다." 20세기 초, 현대 물리학의 아버지 알베르트 아인슈타인Albert Einstein은 다른 가능성을 생각해보며 자문했다. 뉴턴의 물리학 법칙을 대체할 수 있는 미지의 법칙이 존재할까? 세상을 다른 식으로 해석하는 법칙이 있을까?

우리 시대의 경제학자들은 이런 식의 의문을 거의 갖지 않았다. 그들은 너무나도 자신만만했다. 1945년, 영국의 경제학자 라이어널 로빈스Lionel Robbins는 "경제학 이론은 일반적으로 적용 가능한 이론으로, 그 상당한 정확성과 중요성에 의문을 제기하는 것은 무식하거나 비뚤어진 사람뿐이다"라고 말했다. 이 발언의 요점은 이 이론을 대체할 만한 다른 이론이 없다는 것이다. 시장은 인간의 본성에 깃들어 있고 경제학자들은 시장을 연구한다. 따라서 그들은 인간을 연구한다.

과거 제왕들은 죽은 동물의 내장의 형태를 보고 점을 치는 사람들을 고문으로 불러들였다. 그들은 동물 내장의 색과 모양을 들여다보고 지배자가 내리는 정치적 결정에 신이 어떤 식으로 반응할지 예측하고 조언했다. 선사시대 이탈리아 지역에 살던 에트루리아 인들은 양의 간 외벽을 열여섯 부분으로 나눠서 분석하곤 했다. 그러나 그 후 세상은 많은 진보를 거듭했다. 이제 이 고문들의 역할은 경제학자들에게 넘어갔다. 그들은 동물의 내장을 보며 이런저런 예측을 했던 점쟁이들처럼, 정치인들이 도입하려는 정책이 시장에 어떤 반응을 불러올지 예측하려 했고, 점쟁이들과 마찬가지로 때로는 맞고 때로는 틀렸다.

우리 대부분은 시장경제market economy에서 살기를 원하지, 시장사회market society에 살고 싶어 하지는 않는다. 그런데 우리는 둘 중 하나를 택하면 다른 하나도 따라오는 것이라고 배웠다. 피델 카스트로Fidel Castro는 "다국적 자본주의에 착취당하는 것보다 더 나쁜 것이 하나 있다면 그것은 다국적 자본주의에 착취당하지 않는 것이다"라고 말했다. 어쩌면 맞는 말인지도 모르겠다. "대안이 없다"라고 마거릿 대처Margaret Thatcher도 말했다. 자본주의는 (적어도 2008년 금융 위기 전까지는) 세상의 위대한 종교들마저도 실패한 목표를 성취하는 데 성공한 듯 보였다. 온 인류를 하나의 유대로 단결시킨 것이다. 그것은 바로 세계시장이다.

시장은 철의 가격과 사람들이 무엇을 필요로 하는지, 그리고 유모, 항공기 조종사, 최고경영자들이 금전적 보상을 얼마나 받아야 하는지 결정할 수 있다. 그들이 립스틱과 잔디깎이를 얼마에 사고, 자궁 적출 수술에 얼마를 지불해야 하는지도 시장이 결정한다. 시장은 또 한 투자은행이 국고를 얼마나 털어도 되는지도 결정한다 (1년에 약 820억 원). 북유럽의 복지 국가에서 87세 할머니가 숨을 거두는 순간 그 떨리는 손을 잡아 주는 일의 가치가 돈으로 얼마나 되는지 환산해 내는 것도 시장이다(시간당 약 1만 5000원).

애덤 스미스는 식탁에 앉았을 때 푸줏간 주인과 빵집 주인이 자신에게 친절을 베풀어서 저녁 식사를 할 수 있다고 생각하지 않았다. 바로 각자의 이익을 추구하려는 욕구가 교환을 통해 충족되었기 때문이라고 생각했다. 애덤 스미스의 저녁 식사가 식탁에 오른 것은 자기 이익을 추구하려는 욕구 때문이었다.

그런데 정말 그럴까? 그렇다면 스테이크를 실제로 구운 것은 누구였을까?

애덤 스미스는 평생 결혼하지 않았다. 이 경제학의 아버지는 거의 평생을 어머니와 함께 살았다. 어머니가 집안일을 돌봤고, 사촌이 돈 관리를 했다. 애덤 스미스가 관세 위원으로 에든버러에서 일하게 되자 어머니도 함께 이사했다. 그의 어머니는 평생 아들을 돌봤지만, 저녁 식사가 어떻게 식탁에 오르는지를 논할 때 애덤 스미스가 언급하지 않고 넘어간 부분에 속해 있다.

애덤 스미스가 『국부론』을 집필할 당시 푸줏간 주인, 빵집 주인, 양조장 주인이 일하러 가기 위해서는 그들의 부인, 어머니, 혹은 누이들이 하루 종일 아이들을 돌보고, 청소하고, 음식을 만들고, 빨래하고, 눈물을 훔치고, 이웃과 실랑이를 해야 했다. 어떤 식으로 시장을 바라봐도 그것은 또 하나의 경제에 기초하고 있다. 우리가 거의 이야기하지 않는 경제 말이다.

매일 아침 15킬로미터를 걸어가서 식구들에게 필요한 땔감을 모아 오는 11세 소녀는 국가의 경제 발전에 큰 역할을 한다. 그러나 한 나라의 총 경제 활동을 측정하는 GDP를 계산할 때 그녀는 포함되지 않는다. 경제 성장에도 중요하지 않다. 아이를 낳아 기르고, 정원을 가꾸고, 형제자매들이 먹을 음식을 만들고, 집에서 기르는 소의 젖을 짜고, 친척들의 옷을 만들고, 애덤 스미스가 『국부론』을 쓸 수 있도록 돌보는 일은 고려 대상이 아니다. 이 활동 중 어떤 것도 주류 경제학 모델의 '생산 활동'에 포함되지 않는다.

보이지 않는 손이 닿지 않는 곳에 보이지 않는 성이 있다.

프랑스의 작가이자 페미니스트인 시몬 드 보부아르Simone de

Beauvoir는 여성을 '제2의 성'이라 규정했다. 남성이 항상 먼저다. 남성만이 의미가 있다. 세상을 정의하는 것은 남성이고 여성은 '그 외 인물'이다. 여성은 남성이 아닌 모든 것인 동시에, 남성이 남성으로서 존재하기 위해 필수적으로 의존하는 존재다.

의미 있는 존재가 아니면 아무 의미도 없다.

'제2의 성'이 있듯 '제2의 경제'가 존재한다. 전통적으로 남성이 맡아 온 일들은 의미 있는 것으로 간주된다. 이 시각이 경제학적 세계관을 정의한다. 여성의 일은 '그 외의 일'이다. 남성이 하지 않는 일, 그러나 그들이 하는 일을 하기 위해서 남에게 의존해야만 하는 일들이 모두 여기에 포함된다.

의미 있는 일을 하지 않으면 아무 의미도 없다.

애덤 스미스는 경제학의 근본적인 문제에 대한 절반의 답을 찾은 데 불과하다. 그가 저녁 식사를 할 수 있었던 것은 상인들이 자신의 이익을 추구했기 때문만이 아니다. 그의 어머니가 매일 저녁 식사가 식탁에 오를 수 있도록 보살폈기 때문이다.

이제는 경제가 '보이지 않는 손'뿐 아니라 '보이지 않는 가슴'으로도 만들어졌다는 이야기가 간혹 나오기도 한다. 그러나 그것은 사회가 역사적으로 여성들에게 맡겨 왔던 임무들을 지나치게 이상적으로 그린 것일지도 모른다. 애덤 스미스의 어머니가 아들을 돌봤던 진짜 이유를 우리는 알지 못한다.

그저 그녀가 아들을 돌봤다는 사실을 알 뿐이다.

1장

애덤 스미스의
경제적 인간을
소개합니다

WHO
COOKED
Adam Smith's
DInneR?

『곰돌이 푸Winnie the Pooh』의 저자 A. A. 밀른A. A. Milne은 어린이들이 무인도 이야기에 특히 흥미를 느낀다는 사실을 알아차렸다. 낯설고 고립된 세상에서 살아가는 이야기는 어린이들의 상상력을 독특한 방식으로 자극했다.

밀른은 고립된 무인도가 현실에서 가장 효과적으로 도피할 수 있는 공간이기 때문이 아닐까 추측했다. 부모와 형제자매가 없고, 가족에 대한 책임과 의무, 갈등, 힘의 대결도 없는 곳. 완전히 새롭고 더 깔끔하며 단순한 세상이다. 자유롭고 독립적으로 존재하며, 모래에 발자국을 남기는 사람은 오직 나뿐인 곳.

바로 자신이 왕위를 차지하고, 태양의 신이라고 선언할 수 있는 세상이다.

어떤 면에서는 경제학자들도 아이들 같다고 할 수 있다. 많은 경제학자들이 『로빈슨 크루소Robinson Crusoe』에 엄청난 집착을 보인다. 경제학을 공부한 학생들 대부분은 교수들이 대니얼 디포Daniel Defoe가 1719년에 출간한 이 소설을 어떤 식으로든 언급하는 것을 들은 적이 있을 것이다. 간혹 인종차별주의자 백인 남성이 26년 동안 섬에서 혼자 살다가 '야만인savage'과 친구가 되는 이야기가 현대 경제에 대해 무엇을 말해 줄 수 있는지 의아해할 사람도 있을지 모르겠다.

그것은 경제학의 핵심을 이해하지 못했기 때문이다.

난파선에서 살아남은 로빈슨 크루소는 경제학자들이 경제적 인간이라고 부르는 존재의 궁극적인 청사진이 되었다. 그는 사회적 규범과 법이 없는 무인도에 혼자 떨어진다. 이곳에는 그의 행동에 제약을 가할 사람이 아무도 없기 때문에 자신의 이익을 전적으로 추구할 수 있다. 또한 경제의 원동력인 자기 이익의 추구가 다른 고려 사항들로부터 독립적으로 존재하기 때문에 로빈슨 크루소의 이야기는 경제학자들이 즐겨 쓰는 교습 도구가 되었다.

시장에 참여할 때 우리는 모두 익명의 존재로 간주된다. 이 때문에 시장이 우리를 자유롭게 놓아두는 것이다. 개개인이 누구인지는 상관없으며 개인적 특성과 다른 사람과의 감정적 연대는 시장에서 설 자리가 없다. 오직 중요한 것은 지불 능력이다. 사람들은 과거의 기억이나 상황적 맥락이 없는 상태에서 독립적으로 자유롭게 선택한다. 모두가 바다에 떠 있는 섬과 같다. 아무도 우리를 판단하지 않고 어떤 것도 우리를 구속하지 않는다. 유일한 한계는 유한한 시간과 자원 같은 기술적인 요소들뿐이다. 로빈슨 크루소는 자유인이고, 다른 이들과의 관계는 무엇보다 그들이 자신에게 무엇을 해줄 수 있는가에 의해 결정된다.

그는 나쁜 의도를 가지고 행동하지 않는다. 그건 합리적이지 않다. 적어도 소설이 기반으로 하고 있는 논리에 따르면 말이다.

소설 속 로빈슨 크루소는 영국의 요크에서 태어났다. 아버지는 무역상이고, 그의 위로 형이 두 명 있다. 형 한 명은 전쟁터에서 죽고, 또 다른 형은 행방불명된다. 로빈슨 크루소는 법을 공부하지만, 영국 중산층의 편안한 삶에 매력을 느끼지 못하고 아프리카로 향하는 배에 오른다. 몇 차례의 여정을 거친 후 그는 마침내 브라질에 상륙한다. 그곳에서 그는 성공적인 플랜테이션plantation*이 될 대규모 농지를 발견하고 점점 부유해진다. 그러나 그는 더 큰 부자가 되고 싶었고, 마침내 노예를 구하러 아프리카로 향하는 많은 배 중 하나에 뛰어올라 이에 동참한다. 마지막 항해 구간에서 그가 탄 배가 침몰하고, 로빈슨 크루소는 근처 무인도에 홀로 표착한다.

바로 여기서 모험이 시작된다.

로빈슨 크루소는 몇 년 동안 완전히 고립된 생활을 한다. 그러다 '야만인'과 식인종들이 해변에서 큰 소동을 일으키는 것을 보고, 일지에 표를 만들어 돈과 물건뿐만 아니라 행운과 불행의 목

• 원주민이나 이주 노동자의 값싼 노동력을 이용하는 대규모 농장.

록도 적어 내려간다.

그는 무인도에 있다. 그러나 살아 있다.

그는 홀로 고립되어 있다. 그러나 굶지는 않는다.

그는 옷을 걸치지 않았다. 그러나 날씨는 좋다.

로빈슨 크루소는 각 상황의 이점을 논리적으로 도출한다. 그리고 상당히 행복해한다. 그는 의무와 질투, 자존심에 얽매이지 않는다. 다른 사람들로부터도 자유롭다. 그는 승리감에 젖어서 자신이 원하는 것은 뭐든 할 수 있다고 적는다. 원하면 자신을 섬 전체의 황제라고 칭할 수도 있다. 얼마나 기쁜 일인가! 마음을 어지럽히는 일이나 육체적 욕망으로부터 자유로운 그는 이제 소유와 지배에 정신을 집중한다. 섬은 그의 정복을, 자연은 그의 지배를 기다린다.

『로빈슨 크루소』는 보통 개인의 창의력과 독창성에 관해 이야기할 때 언급되곤 한다. 로빈슨 크루소는 옥수수를 수확하고, 냄비를 만들고, 염소젖을 짠다. 염소 기름으로 양초를 만들고 마른 쐐기풀을 꼬아 양초 심지를 만든다. 그러나 그의 독창성만이 이 자그마한 1인 사회를 구성하는 건 아니다. 그는 열세 번이나 난파선에 가서 여러 물건과 도구를 섬으로 가져온다. 이는 다른 사람들이 만든 것이다. 즉, 로빈슨 크루소는 그들의 노동에 완전히 의존한다. 그는 이 도구들을 이용해 자연을 정복하고 결국에는 다른 사람들을 지배한다.

이 섬에서 26년을 보내는 동안 로빈슨 크루소는 야만인을 만난다. 그는 이 야만인을 식인종들로부터 구출한 후, 두 사람이 만난 요일을 따서 그에게 이름을 지어 준다. 프라이데이Friday는 고마워서 어쩔 줄 모른다. 그는 로빈슨 크루소를 부모처럼 따르고 노예처럼 일한다. 원래 식인종이었던 프라이데이는 인육을 그리워하지만 로빈슨 크루소를 위해 식생활을 바꾼다.

두 사람은 그 후 3년 동안 저자가 묘사하듯 '완벽하게, 그리고 전적으로 행복하게' 함께 생활한다. 그러다 그들은 구조되어 유럽으로 돌아간다.

리스본에 도착한 로빈슨 크루소는 자신이 엄청난 부자가 되어 있다는 사실을 알게 된다. 브라질의 플랜테이션을 노동자들이 잘 관리해서 그가 없는 사이에 막대한 이익을 냈기 때문이다. 그는 자기 지분을 팔고 결혼해서 자녀를 셋 둔다. 그리고 아내가 죽는다. 이 일련의 사건들―결혼, 자녀들의 탄생, 그리고 아내의 죽음―은 소설에서 단 한 줄로 묘사된다.

그리고 로빈슨 크루소는 다시 바다로 나선다.

아일랜드의 작가 제임스 조이스James Joyce는 로빈슨 크루소를 가리켜 "남자다운 독립성, 무의식적 잔혹함, 끈기, 느리지만 효율적인 지적 능력, 성에 대한 무관심 (…) 계산적인 과묵함의 전형"이라고 평했다.

로빈슨 크루소는 고립된 존재다. 경제학자들은 사람을 고립시켜 생각하는 것을 좋아한다. 무인도에 조난된 로빈슨 크루소는 세상사에 방해받지 않으면 사람이 어떻게 행동할 것인지 추측할 수 있게 해 준다. 대부분의 주류 경제학 모델은 바로 정확히 이런 조건을 토대로 하고 있다. 경제학 교수들은 세테리스 파리부스ceteris paribus, 즉 '다른 모든 조건이 동일하다는 가정'으로 설교를 시작한다. 여러 변수를 포함하는 경제 모델 안에서 하나의 변수를 따로 떼어 내지 않으면 모델은 제대로 돌아갈 수 없다. 이 접근법이 가진 모순을 똑똑한 경제학자들은 항상 알고 있었지만, 그럼에도 불구하고 이 방법은 계속해서 '경제학자처럼 생각하기'의 근간이 되어 왔다. 세상을 예측하기 위해서는 단순화할 필요가 있고, 애덤 스미스의 정신을 살려 이렇게 단순화하는 방식을 선택한 것이다.

소설에서 로빈슨 크루소는 재빨리 경제 체제를 만들어 낸다. 그는 물건을 교환하고, 무인도에 화폐가 없음에도 자기가 필요한 물건을 구매한다. 그리고 재화의 가치는 수요에 의해 결정된다.

경제학자들이 수요에 의해 결정되는 재화나 서비스의 가치를 설명할 때 인용하는 무인도의 사례가 또 하나 있다.

무인도에 두 사람이 있다고 가정해 보자. 한 사람은 쌀 한 포대를, 또 다른 사람은 금팔찌 200개를 가지고 있다. 이들은 배가 난파되어 아무도 살지 않는 무인도로 흘러 들어왔기 때문에 각자가 지닌 물건의 가치가 달라졌다.

쌀을 가진 사람은 이제 상대방의 팔찌 전부와 쌀 한 그릇을 바꾸겠다고 할 수 있다. 또는 교환 자체를 하지 않겠다고 할 수도 있다. 무인도에서 금팔찌를 가지고 뭘 하겠는가? 경제학자들은 이런 종류의 이야기를 하는 것을 좋아한다. 그러고는 고개를 끄덕이며 인류가 어떤 식으로 기능하는지에 대해 심오한 진리를 밝혀냈다고 생각한다.

그들이 하는 이야기는 무인도에 난파한 두 사람이 외로워하고 대화를 시작할지도 모른다는 가능성을 전혀 염두에 두지 않는다. 이들은 두려움에 빠지거나 서로를 필요로 할지도 모른다. 얼마간 이야기를 나누다가 두 사람 모두 어렸을 때 시금치를 싫어했고, 알코올 의존증이 있는 삼촌이 있다는 공통점을 발견할 수도 있다. 이런 대화를 나눈 후 두 사람은 밥을 지어 같이 나눠 먹을지도 모른다. 사람들이 같은 상황에서 다르게 반응할 수 있다는 사실은 경제적으로 전혀 중요하지 않은 것일까?

경제학자들의 이야기에 등장하는 이 사람들은 단순히 무인도에 갇힌 것만이 아니다. 이들은 내면으로 침잠할 수밖에 없는 상황이다. 아무도 없이. 고립된 상태로. 바깥 세상의 영향력이 닿을 수 없는 곳에서. 이곳에서는 거래와 경쟁 외에는 다른 사람들과 상호작용할 방법이 없으며, 주변 세계는 재화 제공자의 역할밖에 하지 못한다. 이곳에서는 모든 것이 가장 많은 이득을 남기는 방법으로 사고팔리며 교환되어야 한다.

로빈슨 크루소는 경제적 인간의 전형적인 예다. 경제학자들이

'호모 에코노미쿠스Homo economicus'라고 부르는 이 사람은 우리가 아는 경제 이론의 기초를 제공하는 존재다. 경제학에서는 연구해야 할 대상을 개인이라고 정했고, 따라서 이 개인이 어떤 방식으로 행동하는지에 대해 단순화된 이야기를 만들어 낼 필요가 있었다. 그렇게 해서 그때부터 지금까지의 경제적 사유를 결정짓는 인간 행동의 모델이 탄생한 것이다.

게다가 이 인간은 엄청나게 매력적이기까지 하다.

경제학을 배울 때 우리는 한 남자가 세상을 살아가며 맞닥뜨리는 상황적 조건들을 이용하고 장애물을 피하며 자신의 이익을 극대화하는 이야기를 접한다. 그의 행동은 단순화되기는 했지만 보편적이고, 인간이 어떤 존재인지를 보여 준다. 여성이든 남성이든, 부유하든 가난하든, 어떤 문화와 종교를 가졌든 상관없이. 경제적 인간은 우리 모두 안에 있는 순수한 경제 의식을 대변한다고 주장한다. 우리의 욕망을 구성하고 그것을 충족시키는 의식 말이다.

그는 합리적이고 이성에 의해 움직이는 존재로, 꼭 해야 하는 일이 아니면 하지 않고, 자신의 쾌락을 위해서나 고통을 피하기 위해서만 움직인다. 그는 가능한한 많이 가지려 하고, 궁극적으로 그의 길을 가로막는 것들을 파괴하기 위해 무슨 일이든 한다.

주류 경제학 모델들은 이 경제적 인간이 본질적으로 우리 자신이라고 말한다. 우리 자신의 일부는 늘 경제적으로 의미가 있다. 따라서 경제학자들은 이 일부를 연구해야 한다. 가장 근본적인 인간의 특성은 모든 것을 무한정 원한다는 점이다. 모든 것을. 지금. 당장. 사람들의 이러한 욕구를 제한하는 것은 자원의 희소성과 다른 모든 사람들도 똑같이 모든 것을 무한정 원한다는 점뿐이다. 모든 것을. 지금. 당장. 바로 이 희소성에서 선택이라는 것이 탄생한다. 원하는 것을 모두 가질 수 없다면 선택해야 한다.

선택은 상실된 기회를 의미하기도 한다. 하나를 선택함으로써 자동적으로 포기하게 된 다른 선택지의 이익. 한 길을 선택하면 다른 길은 가지 않은 길로 남게 된다.

경제적 인간은 자신만의 선호 체계를 가지고 있다. 그가 데이지보다 장미를, 장미보다 튤립을 좋아한다면, 이는 데이지보다 튤립을 더 좋아한다는 뜻이기도 하다.

그리고 그는 항상 합리적이기 때문에 자신의 목표를 이루는 데 가장 적은 비용이 드는 경로를 선택한다. 이를 위해 A지점과 B지점 사이의 가장 짧은 거리를 계산한다. 원하는 것을 가능한한 저렴하고 최대한 많이 얻을 수 있도록. 이게 전부다. 당신은 무엇을 갖고 싶은지 생각하고 그것들의 우선순위를 정한다. 나도 무엇을 갖고 싶은지 생각하고 그것들의 우선순위를 정한다. 그리고 모두가 그것을 갖기 위해 노력한다. 준비, 땅. 여기서 인생이 시작된다. 사실 인생이 끝나는 곳도 여기다. 싸게 사고, 비싸게 팔기.

경제적 인간의 큰 장점은 그가 예측 가능하다는 점이다. 바로 그 덕에 그가 마주하는 모든 문제들을 우아한 수학으로 표현해 낼 수 있는 것이다. 만약 사람들이 항상 경제적 인간처럼만 행동한다면 계산이 가능하다. 자기 이익을 추구하는 욕구 외에는 살아 있는 것이 없는 죽은 세계에서, 우리는 사회를 지배하는 자연 법칙을 세운다.

로빈슨 크루소가 그랬던 것처럼 경제적 인간은 구시대의 비합리적인 압제에서 자신을 해방시킨 현대의 기업가다. 로빈슨 크루소처럼 경제적 인간도 자신을 스스로 돌보고, 복종해야 할 왕이나 황제도 없다. 그 자신이 스스로의 왕이자 황제이며, 아무에게도 속하지 않은 자유인이다. 바로 경제학이 새 시대에 소개한 새로운 인간인 것이다.

경제적 인간은 자신의 삶은 자기가, 다른 사람의 삶은 그 사람이 직접 결정하도록 한다. 그는 탁월한 능력을 지닌 사람이다. 순전히 인간이라는 이유로 그런 능력을 지닌 것이다. 탁월한 이성 덕에 그는 다른 사람의 하인이나 노예가 되지 않고 자기 세계의 주인으로 군림한다. 그는 자유롭다. 그리고 모든 상황에서 모든 가능성과 대안을 번개 같은 속도로 분석하고, 가능한 최선의 결정을 내린다. 그는 선택지로 가득한 자신의 상황에서 세계적인 체스 선수가 체스말을 쓰듯 능수능란하게 움직인다. 그것이 1800년대 경제학자들이 말하는 인간의 본성이다. 그는 관용 또한 지녔다. 다른 사람을 판단할 때 그 사람의 출신보다 어떤 방향으로 나아가는지를 더 중요시한다. 그는 호기심이 많고 변화에 열린 마음을 가졌다. 항상 더 잘살고 싶어 한다. 더 많이 가지고, 더 많이 보고, 더 많이 경험하고 싶어 한다.

경제적 인간은 일 자체에는 가치가 없다고 생각하지만, 어딘가로 나아가기 위해서는 일을 하지 않으면 안 된다는 것을 알고 있다. 그는 목표를 세우고 그것을 얻기 위해 투쟁한 후, 또 다른 목표를 향해 나아간다. 그는 과거에 얽매이지 않고 앞만 보고 전진한다. 그가 당신을 원한다면 당신을 차지하기 위해 무슨 일이든 할 것이다. 거짓말, 도둑질, 싸움은 물론 자신이 가진 모든 것을 팔수도 있다. 그는 홀로 존재하지만 그의 공허함은 욕망으로 가득차 있다. 그는 자신의 욕망을 만족시키기 위해 무엇이든 하지만, 폭력보다는 협상과 타협을 선호한다. 어머니 젖을 모두가 동시에 먹을 수는 없는 일 아닌가. 세상의 자원은 한정되어 있으니까.

경제적 인간은 성공한 사람들을 존경한다. 결국 즐거움이 관건이다. 그것이 인생이다. 열심히 노력해서 얻은 것을 손에 감싸 쥐고 "이건 내 거야"라고 말하는 즐거움. 영화가 끝나면 그는 황혼이 지는 지평선 너머로 홀로 말을 타고 사라진다.

감정, 이타심, 배려, 연대감은 주류 경제학 모델의 경제적 인간이 지닌 특성이 아니다. 그는 연대감이나 특정 감정을 표현할 수 있지만, 그것은 배보다 사과를 좋아하는 것과 마찬가지로 '선호'에 불과하다. 그는 감정을 느끼는 경험을 하고 싶어 한다. 그러나 감정은 결코 그의 일부가 아니다. 경제적 인간에게는 어린 시절도 없고, 다른 사람에게 의존하지도 않을뿐더러 사회의 영향도 받지 않는다. 그는 자신이 태어난 순간을 기억한다. 모든 것이 그런 식이다.

합리적이고 이기적이면서, 환경으로부터 완전히 독립적인 존재. 무인도에서든 사회에서든 늘 혼자인 존재. 어디든 똑같다. 사회는 단순히 개인들이 모인 집단에 지나지 않는다.

경제학은 '사랑을 아끼는 법'을 다루는 과학이 되었다. 사회는 자기 이익을 추구하려는 욕구로 유지된다. 애덤 스미스의 보이지 않는 손에서 경제적 인간이 탄생했고, 그 후 사랑은 사적 영역으로 옮겨 갔다. 사랑은 경제적 세상 밖에 격리되어야 했다.

그러지 않으면 꿀이 다 떨어져 버릴 테니.

1714년, 영국에서 활동하던 네덜란드 인 의사 버나드 드 맨더빌Bernard de Mandeville은 저서 『꿀벌의 우화The Fable of the Bees』를 발표했다. 그는 이 책에 모든 꿀벌이 자신의 이익을 추구하면 벌집 전체에 가장 이로운 것이 무엇인지 파악할 수 있다는 메시지를 담았다. 꿀벌들이 누군가의 방해를 받지만 않으면 자기 이익 추구를 통해 공동체 전체에 더 큰 부를 가져다준다. 만약 누군가가 간섭하면 꿀을 얻을 수 없다. 허영, 시기심, 욕심이 역설적으로 벌집의 전체적인 행복도를 증가시킨다. 이 저급한 감정들은 꿀벌들이 더 열심히 일하도록 만든다. 경제는 성장하고 꿀은 끝없이 흐른다. 욕심은 좋은 것이다. 결국 우리가 믿고 의지할 수 있는 것은 '자기 이익을 추구하려는 욕구'다.

모든 사람이 이기적으로 생각하고 행동하기만 하면 이 이기심은 마술처럼 전체에 가장 이롭게 변신할 것이다. 애덤 스미스가 설파한 것도 같은 이야기다. 경제의 '보이지 않는 손'이 우리의 이기심과 욕심을 조화로움과 균형으로 탈바꿈시킬 것이다. 이는 우리에게 삶의 의미를 부여하고 죄를 용서하는 가톨릭교회의 심오한 신비에 반하는 이야기다. 욕심과 이기심을 통해 다른 사람들과 함께 조화롭게 살 수 있다니.

드와이트 D. 아이젠하워Dwight D. Eisenhower 미국 대통령은 "미국은 깊이 뿌리박힌 믿음 없이는 설명할 수 없는 나라지만, 그 믿음이 무엇인지는 신경 쓰지 않는다"라고 말한 바 있다.

경제가 보이지 않는 손에 의해 움직인다는 믿음은 수 세기에 걸쳐 내려오면서 거의 시장이 역사에 종말을 고할 수 있다는 신화로까지 발전했다. 이 신화에서는 전쟁을 하지 말고, 대신 돈을 벌자고 말한다. 마치 그 두 가지가 서로 아무 관계도 없는 것인 양. 사람들은 서로의 경제적 이익이 밀접하게 얽히면 과거에 존재했던 원초적 갈등은 사라지게 될 것이라고 생각했다. 사촌과 경제적 이익을 공유하고 있다면 그가 이슬람교도라고 해서 총을 쏘지는 않을 것이다. 사업의 성패가 이웃의 손에 달려 있다면 그가 자신의 딸과 잠자리를 같이했다고 해서 그를 죽이지는 않을 것이다.

보이지 않는 손이 그런 행동들을 막는다.

그러나 20세기 내내 벌어진 유혈 참사는 사람들이 위와 같이 단순하지 않다는 것을 보여 준다. 물론 이야기 자체는 좋다. 좋은 이야기를 꼬치꼬치 따지고 드는 사람은 별로 없다. 그런 사람이 있다 해도 자진해서 하는 것은 아니고, 깊이 파고들지도 않는다.

시장이라는 기계는 사람들의 평범하고 기본적인 감정 같이 단순한 것을 가지고 세계 평화와 모든 이의 행복을 창조해 내는 것으로 가정되었다. 따라서 모두가 이 이야기에 매혹된 것도 놀랍지 않다. 착취를 개인적 악감정으로 생각해서는 안 된다. 시급 7000원을 받으며 등골이 휘게 일하는 여성도 사악한 누군가가 강요해서 그러는 게 아니다. 죄를 지은 사람은 아무도 없고, 책임져야 할 사람도 없다. 문제는 경제야, 이 바보야. 그리고 경제학은 피할 길이 없어. 우리의 본성에 있으니까. 사실 그게 우리의 본질이야.

우리는 모두 경제적 인간이니까.

3장

차별을
합리화하는
경제학자들

WHo
Cooked
Adam Smith's
Dinner?

남성은 항상 자신의 이익을 추구하는 행동을 하도록 되어 있었다. 경제학에서도 그랬고 성 문제에서도 그랬다. 여성에게 이 자유는 금기 사항이었다.

완전히는 아닐지라도.

여성에게는 자신의 이익을 극대화하는 것이 아닌 다른 사람들을 돌보는 임무가 주어졌다. 여성은 출산과 생리라는 신체적 제약 조건이 있기 때문에 사회적으로 합리적일 수가 없고, 이 때문에 그들은 합리성과 정반대의 개념이라고 규정되었다.

여성의 욕망은 남성의 그것보다 늘 훨씬 혹독하게 비판받았다. 그것은 위협적이고 파괴적이며, 자연스럽지 않은 무언가로 간주됐다. 영국의 소설가이자 비평가인 레베카 웨스트Rebecca West는 "짓밟혀도 불평하지 않는 사람이나 창녀와 나 자신을 구별 지으려 할 때, 사람들은 나를 페미니스트라고 부른다"라고 했다. 여성은 절대 남성만큼 이기적이도록 허용되지 않았다.

만일 경제학이 자기 이익의 추구를 연구하는 과학이라면 여성은 여기에 어떻게 적용될까?

"남성은 자기 이익을 추구하는 역할, 여성은 손상되기 쉬운 사랑을 지키는 역할이 주어졌다"가 정답이다. 그리고 이 역할 때문에 여성은 소외되었다.

'경제'를 뜻하는 단어 '이코노미economy'는 그리스 어로 가정이라는 의미의 '오이코스oikos'에서 유래됐지만, 경제학자들은 집에서 일어나는 일에 흥미를 잃은 지 오래였다. 여성들은 내재된 '자기희생적 특성' 때문에 사적 영역에 묶이게 되었고, 이에 따라 여성은 경제적인 존재로 간주되지 않았다.

자녀 양육, 청소, 빨래, 다림질 등의 가족을 위한 활동은 사고팔거나 교환할 수 있는 유형의 재화를 생산하지 않는다. 이에 따라 1800년대의 경제학자들은 여성이 경제적 번영에 기여하지 않는다고 생각했다. 경제적 번영은 오직 운반이 가능하고 공급이 제한되어 있으며, 사람들에게 직간접적으로 즐거움을 주거나 고통을 피하게 해 주는 것들과 관계가 있었다.

이 정의로 인해 여성들이 시간과 노동력을 들여 해 주는 모든 일은 보이지 않게 되었다.

남성이 노동한 결과는 측정할 수 있고 돈으로 환산할 수 있다. 여성이 노동한 결과는 보이지 않는다. 털어 낸 먼지는 어느새 다시 쌓인다. 밥을 해 먹여도 금방 또 배고파한다. 아이들은 재우면 다시 일어난다. 점심을 먹으면 설거지를 해야 한다. 설거지를 마치면 저녁 식사를 준비할 시간이다. 이제 또 설거지를 해야 한다.

가사노동은 그 성격상 되풀이될 수밖에 없다. 따라서 여성의 노동은 '경제적 활동'이 아니며, 이들이 지닌 아름답고 다정다감한 본성이 자연스레 발현된 것에 불과하다. 여성은 이 일을 언제까지나 계속할 것이기 때문에 그 성과를 측정하는 데 시간을 쓸 필요가 없다. 이것은 경제적 논리와 상관없는 다른 곳에서 나온다.

여성스러움이랄까, 아무튼 뭐 그런.

이런 식의 접근 방법은 1950년대 들어 변화하기 시작했다. 시카고대 경제학과 소속의 남성 몇 명이 인간의 모든 행위, 심지어 여성의 경제적 활동까지 포함한 모든 행위를 경제학 모델을 이용해 분석할 수 있다고 믿기 시작한 것이다. 합리적 개인은 상여금을 놓고 남들과 경쟁하고 자동차 구매 시 더 좋은 조건을 취하려고 흥정을 벌일 뿐 아니라, 소파 뒤까지 청소하고, 빨래를 널고, 자녀를 낳는다고 생각한 것이다. 이들 중 가장 유명한 사람은 게리 베커Gary Becker라는 펜실베이니아 출신의 젊은 경제학자였다.

게리 베커는 시카고대의 동료 연구원들과 함께 가사노동, 차별, 가정생활과 같은 현상을 경제학 모델에 포함시키기 시작했다.

신자유주의 이데올로기의 본산이자 경제학에 대한 광신으로 유명한 시카고대에서 이런 움직임이 시작되었다는 것이 이상해 보일 지도 모르겠다.

시카고대 경제학과는 2차 대전 후 꽃을 피워, 정부의 시장 개입을 비판하는 학파로 유명세를 얻었다. 이곳 미시간 호숫가에서는 규제 완화와 감세를 옹호하는 목소리가 전 세계 어느 곳보다 높았다. 후에 마거릿 대처 등의 우파 정치인들에게 거의 종교적인 영향을 미친 밀턴 프리드먼Milton Friedman은 1946년 시카고에 왔고, 그의 친구 조지 스티글러George Stigler가 1958년에 뒤를 따랐다.

그렇다면 왜 경제학자들, 특히 시카고대의 경제학자들이 여성에게 관심을 기울이기 시작했을까?

1979년, 프랑스의 철학자 미셸 푸코Michel Foucault가 파리의 콜레주 드 프랑스Collège de France*에서 일련의 강연을 했다. 같은 해, 대처가 영국의 수상으로 취임하고 신우익 이데올로기가 정당성을 띠기 시작했다. 푸코는 걱정이 많았다. 그는 강연에서 사회의 모든 부분을 경제학적 논리로 분석할 수 있다고 보는 게리 베커와 시카고 학파의 생각에 대해 이야기했다. 베커는 모든 사람이 경제적 인간과 같다고 주장하며 경제 논리 하나로 세상을 이해할 수 있다고 말했다. 세상의 어떤 면을 연구하고 싶어 하든 상관없었다. 모든 것이 경제학이었다. 따라서 경제학은 세상 전체에 관한 이론으

---

* 프랑스의 고등 교육 기관.

로 확장되어야 한다고 주장했다.

푸코는 베커의 주장이 하나의 현상으로는 흥미롭지만 너무 극단적이라고 생각했다. 주류 경제학이 경제학적 제국주의의 길을 추구하지는 않을 것이기 때문에 너무 과하다고 생각한 것이다. 당시 급성장하기 시작한 신자유주의적 우파들마저도 이를 그대로 받아들이지 못했다. 척 봐도 말이 안 되지 않는가. 그로부터 13년 후인 1992년, 게리 베커는 노벨 경제학상을 수상했다.

그때는 미셸 푸코가 세상을 뜬 지 7년이 지난 시점이었고, 게리 베커가 내린 정의, 즉 경제학은 세상 만물에 적용 가능한 논리라는 정의가 보편적으로 받아들여지고 있었다. 경제적 인간은 이제 모든 것을 주도하는 개념이 되었고, 경제학자들은 이제 더 이상 어떤 활동이 가격을 매길 수 있는 재화를 생산해 내는지 여부에 상관하지 않게 됐다. 경제적 인간의 세계에서는 모든 것에 가격표가 달리게 마련이기 때문이다. 유일하게 다른 것은 화폐뿐이다. 이렇게 해서 전통적으로 여성의 몫이었던 일도 갑자기 경제적으로 분석하는 것이 가능해졌다.

시카고 학파는 여성을 경제의 일부로 진지하게 고려한 최초의 경제학파였다. 문제는 그들이 사용한 방법이었다. 경제학자 바버라 베르크만Barbara Bergmann은 이에 대해 "그들이 처음부터 이 문제를 페미니즘적 원리로 접근한 것이 아니었다고 말하는 것은 뱅골호랑이가 초식동물은 아니라고 말하는 것만큼이나 절제된 표현이다"라고 서술했다.

시카고 학파 경제학자들은 사회가 여성에게 부과한 세계를 들여다봤다. 그들은 자신들의 경제학 모델로 무장한 채 알고 있는 것을 재확인하는 작업에 들어갔다. 답은 나와 있었다. 바로 경제적 인간이다. 모든 것을 뒤섞어 넣고 끓이면 하나의 육수로 졸여진다는 꿈 같은 질서. 그것은 객관적이고 깔끔하고 명확한 상태이며, 모든 것이 필연성을 갖는 체제였다.

여성들이 수천 년 동안 경제적·정치적 힘을 행사할 수 있는 사회적 영역에서 대대적으로 소외되었던 것이 사실이긴 하지만 그저 우연히 생긴 실수였던 게 틀림없다. 여성도 남성과 마찬가지로 경제적 인간이 될 수 있다. 남성이 독립적이고 자립적 인간으로서 경쟁하는 삶을 살 수 있다면, 여성도 그럴 수 있다. 분명 가능하다. 그렇지 않다면 달리 어떤 형태의 인간이 존재할 수 있겠는가?

이어서, 시카고 학파 경제학자들은 동일한 경제학적 논리를 이용해 완전히 새로운 질문을 던지기 시작했다. 사람들은 왜 결혼을 할까? 자신의 효용을 극대화하기 위해서. 사람들은 왜 자녀를 가질까? 자신의 효용을 극대화하기 위해서. 사람들은 왜 이혼을 할까? 자신의 효용을 극대화하기 위해서.

경제학자들은 이를 바탕으로 공식을 만들었다. 봐 봐! 모델이 성립하잖아! 심지어 여성들을 넣었는데도 말이야.

여성의 보수가 적다면, 그럴 만한 이유가 있기 때문일 것이라고 그들은 추론했다. 세상은 합리적인 곳이고 시장은 언제나 옳았다. 시장에서 여성에게 더 낮은 보수를 줘야 한다고 결정했다면 합당한 이유가 있음이 분명했다. 경제학자들은 이런 경우에 시장이 어떻게 올바른 판단을 내렸는지를 단순히 설명하기만 하면 됐다.

시카고 학파 경제학자들은 여성이 생산성이 낮기 때문에 보수가 낮은 것이라고 결론지었다. 여성이 게으르거나 재능이 부족한 것은 아니지만 그들이 직장에서 남성과 동일한 노력을 기울이는 것은 합리적이지 않다. 우선 여성이 출산을 위해 몇 년 동안 직장을 떠나야 하는 것부터가 그렇다. 즉, 고등 교육을 받기 위해 남성만큼 노력해야 할 이유가 없는 것이다. 따라서 여성은 커리어를 위해 투자를 덜 하고 결국 더 적은 보수를 받을 수밖에 없다.

이러한 분석은 큰 영향력을 가졌다. 그러나 이를 실제 현실과 비교해 보면 그다지 합당하지 않다는 것이 분명했다. 많은 여성이 남성만큼 고등 교육을 받고 아무리 열심히 일해도, 여전히 더 낮은 보수를 받고 있었다. '차별'이라고 부를 만한 이 현상을 시카고의 경제학자들은 어떻게 설명했을까?

지금까지 시카고 학파에서 나온 설명 중 게리 베커의 인종차별에 관한 이론이 가장 잘 알려진 시도다. 베커는 일부 사람들이 흑인들과 섞이는 것을 원하지 않기 때문에 인종차별이 생긴다고 주장했다. 모든 사람이 합리적인데 차별이 생긴다면, 차별마저도 합리적이라는 것이다.

인종차별주의자가 흑인이 있는 식당에 가지 않기를 선호하는 것은 커피에 크림을 네 스푼 넣기를 선호하는 것과 비슷한 맥락이다. 베커는 이런 선호도를 이유로 들며, 사람들이 흑인 점원이 일하는 가게에 가는 것을 싫어할 수 있다는 논리를 폈다. 따라서 고용주들은 그 손실을 보충하기 위해 흑인 직원에게 더 낮은 임금을 지불한다. 인종차별 성향을 가진 백인 직원들도 흑인과 함께 일하는 것에 대한 보상으로 더 높은 임금을 요구할 수 있고, 인종차별 성향을 지닌 고객들은 상품의 가격을 낮출 것을 요구할 수 있다. 흑인 직원을 고용하고도 이런 고객들을 끌어들이기 위해서는, 이들이 흑인의 손으로 만든 상품을 사는 데 대한 보상을 해야 한다. 결국 이 모든 것이 합쳐져 흑인의 임금을 낮추게 된다.

베커는 차별이 그다지 유쾌한 일은 아니라고 생각했다. 그러나 그는 시장이 이러한 문제까지도 해결할 수 있다고 확신했다. 우리가 해야 할 일은, 아무 일도 하지 않는 것이다.

백인과 흑인 종업원을 함께 고용한 A가게는 흑인 종업원만 고용해 총비용이 적게 드는 B가게와의 경쟁에서 패배해 시장에서 결국 퇴장하게 될 것이다. 그리하여 기업들은 인종에 관계없이 고용하되, 노동자들을 분리하여 일을 시키면 비용이 적게 든다는 것을 깨닫는다. 같은 기업에서 일하지만 백인과 흑인을 나눠 서로 다른 공간에서 일하도록 하면 백인 종업원에게 보상의 의미로 더 높은 임금을 지불할 필요가 없게 되는 것이다. 이렇게 되면 총비용을 줄

일 수 있고, 결국 차별도 없어질 것이다.

문제는 상황이 경제학자들의 예상대로 돌아가지 않았다는 점이다. 차별은 사라지지 않았다. 흑인에 대해서도 여성에 대해서도.

경제학자들은 성차별에 관해 또 다른 설명을 시도했다. 다음은 집안일에 관한 게리 베커의 이론이다.

결혼한 여성이 퇴근하면 무엇을 하는가? 부엌을 치우고 다림질을 하고 아이들의 숙제를 돕는다. 결혼한 남성이 퇴근하면 무엇을 하는가? 신문을 보고 텔레비전을 보고 잠깐씩 아이들과 놀아 줄 것이다. 직장에서 일하는 여성은 여가 시간을 집안일에 많이 쓰고, 그래서 아무것도 하지 않는 것보다 더 피곤해진다. 베커는 바로 이 점 때문에 여성에게 더 낮은 보수를 주는 것이 합리적이라고 주장했다. 아이들에게 책을 읽어 주고 부엌을 치우느라 여성은 남성보다 더 피곤하다. 따라서 근무 시간에 남성과 동일한 노력을 기울일 수가 없다는 것이다. 이것이 베커의 생각이었다.

동시에 경제학자들은 이와 정반대의 설명도 내놓았다. 여성이 집안일을 더 많이 하는 이유는 그들의 수입이 더 낮기 때문이다. 여성의 수입이 더 낮기 때문에 결과적으로 여성이 집안일을 하는 것이 가족 전체로 볼 때 손해가 덜하다는 설명이다.

다시 말해, 여성의 보수가 낮은 것은 집안일을 더 많이 해서고, 여성이 집안일을 더 많이 하는 것은 보수가 낮기 때문이다.

시카고 학파의 설명은 자가당착적이다.

여성과 가사노동에 관한 다른 이론들은 여성이 집안일에 맞게 태어났다는 생각에 기초하고 있다. 여성이 설거지를 하고, 아이들의 코를 닦아 주고, 장보기 목록을 만드는 일을 더 많이 하고 있다면, 그렇게 하는 것이 가장 효율적인 분업이기 때문이라는 논리다. 경제학자들은 가족을 단일한 의지를 가진 하나의 단위, 즉 하나의 기능으로 작용하며 독립적으로 행동하는 일종의 작은 기업으로 보고 모델을 만들었다.

남성은 서류 가방을, 여성은 오븐 장갑을 집어 들었다. 여성이 집안일을 더 잘하기 때문에, 남성이 오븐 장갑을 집어 들면 효율성이 떨어져 가족 전체로 보면 손해다. 경제학자들은 이것을 어떻게 알 수 있을까? 음, 만약 여성의 가사노동으로 가족 전체가 혜택을 보지 못했다면 지금쯤 남성이 집안일을 하고 있을 것이다. 그런데 보다시피, 남성들은 집안일을 안 하고 있지 않은가?

그들은 왜 여성의 가사노동이 더 효율적인지 증명하려 노력하지 않았다. 이에 대해서는 늘 생물학적 이유라고만 간단히 언급하고 넘어가 버렸다.

가부장제를 합리화할 때 논쟁은 항상 육체의 문제로 귀결되곤 한다. 인간이라면 지성이 육체를 장악할 수 있어야 하는데 여성은 이러한 능력이 부족한 것으로 간주되었다. 따라서 여성은 인간으로서 권리를 가질 수 없다는 것이 사회의 지배적인 생각이었다. 결과적으로, 남성이 '정신'이, 여성은 '육체'가 되었다. 남성이 육체적으로 해방되기 위해 여성은 점점 더 육체적 현실에 얽매여 갔다.

시카고 학파 경제학자들은 이러한 문제에 대해 생물학적 이유를 대며 가볍게 넘어갔다. 수백 년 동안 자연스럽게 받아들여진 것은 변화할 수도, 변화해서도 안 된다는 것을 의미했다. 우리는 '자연스러운 것'과 '가능한 것' 사이의 관계를 이런 식으로 받아들이도록 배웠다. 남성과 여성이 생물학적으로 다르다는 점은 곧 정치적 위계를 정당화했으며, 이를 부정하는 것은 곧 남성과 여성의 생물학적 차이를 부정하는 것으로 받아들여졌다.

그러나 남성과 여성이 생물학적으로 차이 난다는 점은 문제가 아니다. 중요한 것은 그 차이에서 어떤 결론을 내리는가 하는 것이다.

여성이 임신과 출산을 한다는 것의 의미는 임신과 출산을 한다는 것일 뿐이다. 여성이 집에 머무르면서 아이가 대학에 갈 때까지 돌봐야 한다는 의미는 아니다.

여성의 육체에 여성 호르몬이 더 많이 분비된다는 것의 의미는 말 그대로 육체에 여성 호르몬이 더 많이 분비된다는 것이다. 수학을 가르쳐서는 안 된다는 의미는 아니다.

여성만이 쾌감만을 느끼기 위해 존재하는 신체 부위를 가졌다는 것의 의미는 여성만이 쾌감만을 느끼기 위해 존재하는 신체 부위를 가졌다는 것일 뿐이다. 이사회의 임원으로 일할 수 없다는 의미는 아니다.

지크문트 프로이트Sigmund Freud는 실제로 여성이 청소를 더 잘하도록 타고났다고 주장했다. 이 정신분석학의 아버지는 그 이유를 여성의 질이 본래 더럽기 때문이라고 생각했다. 여성이 문지르고 닦고 터는 것은 자신의 신체에서 느끼는 더러운 느낌을 보상하기 위한 것이다. 그런데 프로이트가 질에 대해 알면 얼마나 안다고?

여성의 성기는 자체 조정 기능을 갖춘 기관으로, 사람의 입보다도 깨끗하다. 수많은 유산균—요구르트에 들어 있는 것과 같다—이 끊임없이 활동하면서 청결을 유지한다. 건강한 질은 pH 5인 블랙 커피보다 약간 높고, pH 2인 레몬보다 낮은 산도를 유지한다. 프로이트는 자기가 무슨 말을 했는지도 모른다.

여성이 생물학적으로 무보수 가사노동에 더 적합하다는 증거는 없다. 그리고 공공 부문의 일자리에서 터무니없는 저임금을 받으면서 혹사당해야 할 이유도 없다. 그러므로 경제력과 남성의 성기를 묶는 전 세계적 추세를 제대로 합리화하려면 다른 데서 이유를 찾아야 할 것이다. 시카고 학파 경제학자들은 그 단계에 이르지도 못했다. 심지어 자기들이 만들어 놓은 틀 안에서도 갖게 되는 의문점이 너무나 많다. 가정 내의 엄격한 분업을 유지하는 것이 과연 합리적인가? 성인 한 명은 가사노동에, 또 다른 한 명은 직장생활에 전념하는 것이 실제로 '가치 있는' 일인가? 세상이 완전히 합리적이라고 가정하더라도, 가족 중 성인 한 명은 모든 시간을 무보수 가사노동에 쓰고, 다른 성인 한 명은 모든 시간을 집 밖에서 보수를 받는 노동에 쏟아붓는 것이 과연 이치에 맞는가? 누가 무슨 역할을 맡는지 따지지 않는다 해도, 이 분업 관계가 진정 효율적인가?

그럴지도 모른다. 아이가 열넷 정도 되고, 식기세척기가 없고, 천 기저귀를 날마다 마당에 있는 커다란 솥에서 삶아야 된다면 그럴지도 모르겠다. 집안일이 그 정도의 시간과 노력을 필요로 하는 일이라면 그 일에만 전념하는 사람이 있는 게 더 효율적일 가능성이 높다. 깨어 있는 시간 전부를 이 어렵고 복잡한 일에 몰두할 테니 숙련도도 더 높을 것이다. 이런 경우 한 사람이 그 일을 전문적으로 맡는 것이 가족 전체의 생산성을 높일 것이다. 그러나 자녀의 수가 적어진 현대 사회의 가정에서는 그다지 큰 이득을 볼 수 없는 형태의 분업이다. 또한 식기세척기의 버튼을 눌러 작동시키고 진공청소기의 먼지 주머니를 교체하는 일은 10년 내내 그 일을 전업으로 했더라도 더 숙련될 여지가 거의 없다.

그러나 시카고 학파 경제학자들은 그다지 진보적인 사고를 하지 않았다.

게다가 그들은 가사노동을 통해 쌓은 경험이 자유시장에서 유용하지 않다는 가정하에 논리를 펼친다. 가사노동을 맡았던 사람은 직업 경험 면에서 뒤떨어지기 때문에 더 낮은 임금을 받는 게 당연하다는 것이다. 말하자면 집안에서 무보수로 일하면서 배운 경험과 지식은 집안에만 적용된다는 의미다.

하지만 가정이 잘 돌아가도록 운영하면서 얻은 경험이 더 나은 상사가 되는 데 도움이 되지 않는다고 누가 말할 수 있을까? 예를 들어, 아이들을 잘 돌보는 사람이 더 날카로운 애널리스트가 될 수 없다고 누가 말할 수 있을까? 부모 노릇을 하면서 우리는 경제학자, 외교관, 잡역부, 정치가, 요리사, 간호사의 역할을 모두 해내지 않는가?

부모는 놀아 주고, 참을성을 발휘하고, 타협해야 한다. 난해한 질문들도 감당해야 한다. 엄마, 하늘은 왜 파래요? 아빠, 캥거루는 왜 새끼를 배주머니에 넣고 다니죠? 엄마, 영원이라는 건 얼마나 긴 시간이에요?

시카고 학파 경제학자들처럼 가족을 단일한 기능으로 작용하는 하나의 단위로만 보면 그 안의 갈등은 간과하게 된다. 현실에서는 집 밖에서 벌어온 수입이 가족 내 역학관계에 영향을 주고 가족이 내리는 결정들에 영향을 미치게 된다. 아버지가 돈을 벌기 때문에 어머니의 발언권은 상대적으로 약하다.

어디에나 그토록 중요하게 등장하는 경쟁과 구매력이라는 개념이 가정 내에서만은 전혀 의미가 없다고 하는 것은 ─ 우리가 경제학이라고 부르는 이 학문의 다른 많은 부분들과 마찬가지로 ─ 말도 안 되는 가정이다.

경제학자들은 어떤 식으로 계산을 하든 상관없이 늘 여성의 종속적 위치는 합리적이라는 결론을 내리곤 한다. 전 세계적으로 여성들의 경제적 지위가 더 낮은 것은 자유 의지가 작용한 결과다.

그것 말고 또 어떤 원인이 있겠는가?

경제학적 서술에 등장하는 개인은 육체가 없고, 따라서 성별의 구분이 없다. 그러나 경제적 인간은 우리가 전통적으로 남성성과 동일시하는 문화적 특성들을 모두 지녔다. 그는 합리적이고, 냉담하고, 객관적이고, 경쟁적이고, 독립적이고, 이기적이고, 상식에 의해 움직이고, 세상을 정복하는 것이 목표인 사람이다.

그는 자신이 원하는 것이 무엇인지 정확히 알고 그것을 얻기 위해 단호히 행동한다.

그가 갖지 않은 특성 — 감정, 육체, 의존성, 연대감, 자기희생, 부드러움, 자연, 예측 불가능성, 수동성, 인간관계 등 — 은 모두 전통적으로 여성과 결부되는 것들이다.

하지만 경제학자들은 이것이 단지 우연에 불과하다고 말한다.

여성이 존재한다는 사실을 발견한 시카고 학파 경제학자들은 여성도 경제적 인간(남성)과 동일한 존재인 양 그대로 모델에 추가했다. 그러나 그것은 게리 베커가 예상했던 것보다 훨씬 더 어려운 일로 드러났다. 애덤 스미스 시대부터 경제적 인간에 관한 이론은 늘 그를 돌보고 그가 필요할 때 의지할 수 있는 존재가 옆에 있다는 가정을 기반으로 하고 있었다. 경제적 인간이 이성과 자유를 대변하는 것은 누군가가 그 반대 역할을 담당해 줬기 때문에 가능했다. 세상은 자기 이익을 추구하려는 욕망에 의해 움직인다고 하지만, 그것은 다른 무엇인가에 의해 움직이는 또 다른 세상이 있기 때문에 가능하다. 그리고 그 두 세상은 계속 분리 상태를 유지해야 한다. 남성성은 한쪽에, 여성성은 다른 한쪽에.

경제학의 일부가 되고 싶다면 경제적 인간처럼 되어야 한다. 그의 남성성을 받아들여야 한다. 그러나 이와 동시에 우리가 경제학이라고 부르는 것의 뿌리에는 항상 또 다른 이야기가 존재한다. 바로 경제적 인간이 그 모습을 유지할 수 있게 만든 모든 것에 대한 이야기다.

그가 "이 밖에 다른 건 존재하지 않는다"라고 말할 수 있도록 만든 모든 것.

그가 이성이 되기 위해서는 누군가가 감정이 되어야 한다. 그가 육체의 속박으로부터 자유롭기 위해서는 누군가가 육체가 되어야 한다. 그가 독립적이려면 누군가는 의존적이어야 한다. 그가 세상을 정복하기 위해서는 누군가는 복종해야 한다. 그가 이기적이기 위해서는 누군가가 희생해야 한다.

애덤 스미스가 저녁 식사에 들어간 노동을 가치 없다고 말할 수 있기 위해서는 누군가가 그를 위해 스테이크를 요리해야만 한다.

나장

세상에 유일한 진리는 경제학뿐?

Who
Cooked
Adam Smith's
Dinner?

"경제학이란 돈, 그리고 돈이 왜 좋은지를 이야기하는 학문이다." 영화감독 우디 앨런Woody Allen은 이렇게 말했지만, 문제가 그렇게 간단하지만은 않다는 말을 덧붙이지 않을 수 없다.

영국의 경제학자 존 메이너드 케인스John Maynard Keynes는 탐험가 프랜시스 드레이크Francis Drake가 1580년 스페인에서 강탈해 엘리자베스 여왕에게 갖다 바친 돈의 가치를 환산했을 때, 당시의 1파운드가 350년 후 10만 파운드의 가치를 가지게 됐다고 말했다. 이 금액을 전부 합치면 대영제국이 최전성기에 유럽 대륙 밖에서 보유하고 있던 부에 맞먹는다.

케인스가 이 논문을 썼던 것은 1930년이었다. 바로 전해에 월스트리트의 주가 대폭락이 있었고 세계는 대공황의 문턱에 들어서고 있었다. 1만 1000개에 달하는 은행이 파산하고 실업률이 25% 가까이 치솟으며, 미국 어린이의 절반이 음식을 충분히 못 먹고 성장하게 될 시기가 코앞에 닥쳐 있었다. 그 여파는 전 세계로 퍼져 나갔다. 1930년 이후 국제 교역이 교착상태에 빠지고, 파시즘이 힘을 얻어 앞으로 나섰으며, 어둠이 유럽을 덮었다. 케인스가 거주하던 영국은 1920년대 중반부터 이미 불황에 빠져 있었다. 장밋빛 전망과는 거리가 먼 시대였다. 그러나 케인스는 낙관주의자였다.

그는 프랜시스 드레이크가 들여온 돈을 불어나게 한 것과 비슷한 방법을 투자에 적용해, 20세기의 경제 문제도 해결할 수 있다고 생각했다. 자원을 올바르게 투자하기만 하면 몇 배로 증식시키는 것이 가능하고, 이자에 이자가 붙으면 1세기 후에는 아무도 굶주리지 않게 될 것이다.

세계의 경제 문제는 통제 가능하게 만들 수 있었다. 우리는 그렇게 해야만 했다. 그러면 경제적 문제는 지독히 궁핍한 시대에 겪었던 과거의 기억으로만 남을 날이 올 것이다. 열악한 주거 환경, 식량 부족, 의료 체계의 부족 등도 해결될 것이다. 빈곤. 절망. 기아. 굶주리는 아이들. 희망이 없는 공허한 눈빛의 어른들도.

해결책은 경제 성장이었다. 케인스는 경제를 성장시킬 수만 있다면 2030년이면 적어도 유럽과 미국에서는 위에 열거한 문제가 없어질 것이고, 우리는 모두 잘살게 되어 결국 일을 하지 않아도 될 날이 올 것이었다. 그렇게 되면 우리는 예술, 시, 영적 가치, 철학, 삶의 즐거움을 누리고 '들에 핀 백합'을 감상하는 데 시간을 바칠 수 있다. 케인스의 표현을 빌리자면 말이다.

성장은 도구고, 들에 핀 백합은 목표였다.

1930년 런던의 블룸즈버리에서 글을 쓰던 케인스는 사람들이 시장을 중심으로 삶을 조직해야 한다고 생각했다. 그것이 세계의 물질적 문제를 해결할 수 있는 유일한 길이었다. 이때 따라오는 많은 것이 케인스에게도 무척 불쾌하기는 했다.

시기, 욕심, 경쟁. 케인스는 과거 200년 동안 인류가 이런 것들을 신봉할 수밖에 없었다고 말했다. 이기적인 꿀벌 없이는 꿀도 없기 때문에 다른 여지가 없었다. 케인스는 정의가 불의고, 불의가 정의인 것처럼 가장하고 사는 수밖에 없다고 했다. 불의는 유용하고 정의는 그렇지 않기 때문이다. 욕심은 효과가 있다. 불행하게도.

애덤 스미스와 마찬가지로 케인스도 사랑을 희소한 것이라고 생각했다. 경제라는 기차는 자기 이익 추구라는 기관을 이용해 추진력을 얻는다. 그리고 그 기차는 앞으로 나아가야만 한다. 이 모든 빈곤을 보라. 물질적 필요를 해결하는 것을 최우선에 놓아야 한다. 백합이나 영적인 가치 등은 좀 기다릴 수 있다. 마하트마 간디Mahatma Gandhi도 말하지 않았던가. "세상에는 극도의 굶주림을 겪는 사람들이 있는데, 그들에게는 신마저도 빵 말고 다른 형체로 모습을 드러낼 수가 없다."

경제적 인간과 그가 대변하는 이상은 우리를 부유하게 만들 것이다. 그 목표가 달성되면 그를 기차 밖으로 던져 버리면 된다. 경제학은 도구에 불과하고 목표는 들에 핀 백합이다. 백합은 나중에 즐기자. 지금 당장은 시간이 없다. 케인스에게 경제적 인간은 유용한 멍청이였다. 결국에는 "지금까지 고마웠어. 이제는 안녕"하고 없애 버릴 수 있는 존재.

그는 경제 문제를 해결하고 나면 사람들이 경제적 인간의 정체를 직시할 수 있다고 생각했다. 케인스는 경제적 인간을 "범죄자 기질과 정신병이 조금 있어서, 우리가 몸서리치며 정신과 전문의에게 넘기게 되는 종류의 사람"이라고 말한 바 있다.

케인스는 사람들이 삶을 누리는 데 진정으로 몰두할 수 있는 날이 오기를 고대했다. 경제 문제가 해결되면 경제에 관한 것들은 한쪽으로 밀어 둘 수 있다. 그렇게 경제는 '치아 진료'처럼 소수의 전문가들에게 맡겨도 되는 문제가 되어야 했다.

"경제학자들이 자신들을 겸손하고 유능한, 말하자면 치과의사 정도 수준의 전문인으로 여길 수 있는 날이 오면 무척 기쁠 것이다!"라는 케인스의 발언은 이제 유명해졌다.

그의 희망은 실로 헛된 것이었다.

어떻게 보면 케인스가 옳았다. 우리는 더 부유해졌다. 세계경제는 모든 예측을 뛰어넘는 수준의 성장을 이루었다. 사실 우울했던 1930년대 초까지만 해도 경제가 성장한다는 것 자체가 전혀 확신이 서지 않는 전망이었다. 그럼에도 불구하고 낙관주의자였던 케인스는 성장의 위력을 믿었다. 그러나 그조차도 현대 중국이 보여 준 모습은 상상조차 하지 못했다. 중국은 지난 30년 동안 매년

9%의 성장률을 보였고, 15년 사이에 중산층 인구가 1억 7400만 명에서 8억 600만 명으로 증가했다.

중국은 확실히 예외적이다. 그러나 서구의 성장 또한 케인스의 기대를 넘어섰다. 경제뿐 아니라 의학과 생화학, 컴퓨터 기술, 통신, 운송 등이 엄청나게 발전했다. 만일 이 모든 것이 경제적 인간 덕분이라면 그에게도 좋은 점이 있는 것이 확실하다.

그런데 케인스가 경제 성장의 다음 단계에 나타날 것이라 상상했던 것들─고요, 행복, 백합, 겸손하고 유능한 치과의사 같은 경제학자 등─은 낌새조차 없다.

우리 사회는 그 어느 때보다 경제학에 집착하고 있다. 케인스가 경제 성장 이후 옆으로 치워 두게 될 것이라고 생각했던 '경제적 사고'는 오히려 문화적으로 더 깊이 뿌리내렸다.

케인스는 우리가 경제적 이상과 합의할 수 있다고 생각했다. 즉, 경제적 풍요를 달성한 후 이 덕분에 삶을 영위할 수 있게 된다는 시나리오였다. 그러면 훨씬 나은 삶을 이룰 수 있었다.

실제로 경제적 인간은 풍요를 만들어 냈다. 그러나 그는 한 걸음 뒤로 물러서지 않았다.

오히려 그는 모든 것을 장악했다.

그리고 케인스가 생각했던 것처럼 우리가 예술, 영적인 가치, 삶을 즐기도록 경제학이 뒤편으로 물러서는 일은 결코 일어나지 않았다. 오히려 그 반대였다. 경제학이 모든 것에 적용되기 시작한 것이다. 예술, 영적인 가치, 삶을 즐기는 방식에까지.

서점과 가판대에는 『괴짜경제학Freakonomics』, 『경제학 패러독 스Discover Your Inner Economist』 같은 책이 넘쳐 난다. 또 『32세, 남편을 찾아라Find a Husband After 35: Using What I Learned at Harvard Business School』* 같은 책은 어떠한가. 시장 원리를 애정 문제부터 병원 진찰까지 모든 곳에 적용하는 방법을 담은 책들이 베스트셀러 반열에 끊임없이 오른다. 『괴짜경제학』은 전 세계적으로 400만 부 이상 판매됐다. 이 책은 사람들의 생각과 행동 등 인간의 모든 면을 시장 논리로 설명할 수 있다는 가정에서 출발한다. 경제학의 도움을 받으면 계산해 내지 못할 게 없다. 바닐라 아이스크림의 이점부터 인간 생명의 가치에 이르기까지 말이다.

당신이 할머니와 함께 있는 것을 좋아하고 초콜릿 푸딩을 먹는 것도 좋아한다고 가정해 보자. 주류 경제학 모델은 당신이 할머니를 영영 보지 못하는 것을 상쇄할 만한 푸딩의 양이 얼마나 되는지 계산할 수 있다고 말한다. 또한 이 모델은 인생에 있어 대부분의 것을 설명할 수 있다고 주장한다.

이런 경향이 대중 서적에서만 드러나는 것은 아니다. 학계에서는 경제학자들이 모든 것을 시장 논리로 분석하는 성향이 점점 더 두드러진다. 자살 문제―생명의 가치도 기업 가치를 측정하는

---

* 하버드 경영대학원에서 배운 것을 바탕으로 한 남편 찾기 프로젝트를 묘사한 책.

것 같이 계산할 수 있다. 그리고 이제는 이에 대해 더 논의할 필요도 없다―부터 가짜 오르가슴―그녀의 눈동자가 위로 돌아가는지, 입이 벌어지는지, 목이 붉어지는지, 등이 활처럼 젖혀지는지 확인할 필요가 없다. 오르가슴이 진짜인지 아닌지 계산할 수 있으니까―에 이르기까지.

문제는 케인스가 데이비드 갤런슨David Galenson 같은 경제학자를 어떻게 생각할까 하는 점이다. 갤런슨은 어떤 예술 작품의 의미를 계산하는 통계학적 방법을 개발했다. 그에게 20세기의 가장 유명한 예술품이 무엇인지 물으면 〈아비뇽의 처녀들〉이라고 대답할 것이다. 그가 계산한 바에 따르면 그렇다.

무엇을 숫자로 표현하면 그 즉시 확실한 것이 된다.

바르셀로나 아비뇽 거리의 매춘굴에서 일하는 다섯 명의 벌거벗은 여성 매춘부들. 위협적이고 각이 진 몸에 사지는 각기 따로 놀고, 그중 두 명은 아프리카 민속 가면 같은 얼굴을 하고 있다. 이 커다란 유화는 피카소Picasso가 1907년 완성한 것으로, 갤런슨의 계산에 따르면 20세기의 가장 중요한 예술품이다. 책의 삽화로 가장 많이 출현하기 때문이다. 바로 이것이 그가 사용한 잣대다. 채소나 친환경 연료의 가격을 설명하는 것과 동일한 경제학적 분석법으로 예술 작품의 가치를 설명한 것이다.

경제학은 케인스가 생각했던 것처럼 우리를 물질적인 것으로부터 해방시켜 예술을 즐기도록 도와주는 매개체가 되지 않았다. 경제학은 이제 우리가 예술을 보는 데 적용해야 하는 논리가 되었다. 이 밖의 다른 모든 것에도.

어떤 예술 작품의 경제적 가치에 대한 논의는 충분히 가능하다. 왜 어떤 작품은 1200만 달러고 어떤 작품은 1억 달러를 호가하는지에 대한 논의 말이다. 그러나 『문화예술 경제학The Economics of Art and Culture』의 공저자 찰스 그레이Charles Gray의 발언은 차원이 완전히 다른 문제다. "우리는 모두 예술에는 뭔가 특별한 것이 있다고 믿고 싶어 한다. 그러나 나는 예술적 가치와 경제적 가치가 같지 않다는 말에 동의하지 않는다."

이렇게 말하는 것은 모든 것의 가치를 계량경제학적으로 분석할 수 있다고 주장하는 것과 같다. 즉, 계량경제학적 분석만이 세상에 존재하는 유일한 방법이라는 말이다. 이렇게 되면 경제학은 더 이상 우리가 중요한 일에 집중하도록 돕는 학문이 아니다. 오히려 경제학적 논리만이 진실인 것처럼 되어 버린다.

케인스는 종국에는 인류가 경제적 인간과 맺은 계약에서 벗어나기를 바랐다. "욕심은 좋은 것이다"라고 했던 건 그냥 해 본 말이었기를 바랐다.

물질적으로는 성장했지만 '경제 문제'가 해결될 전망은 요원해 보인다. 자, 전 세계의 연간 성장의 정도를 금액으로 환산해 세계 인구 65억 명으로 똑같이 나눠 보자. 그러면 일인당 대략 1200만

원 정도로 떨어진다. 이 정도면 아무도 굶지 않아도 된다. 그러나 실제 세상을 보면 상황은 완전히 다르다.

세계 인구의 절반 이상이 하루 약 2500원 이하로 먹고살아야 한다. 이들 중 대다수가 여성이다. 빈곤은 여성의 문제가 되었고, 수백만 명의 여성들이 더 나은 삶을 위해 아주 멀리, 많은 경우 자녀들로부터 멀리 떨어진 곳으로 떠나야 한다. 돈을 벌기 위해 다른 사람의 자녀를 사랑하고, 청소하고, 식당에서 일하고, 공장이나 농장에서 일하고, 성매매 산업이나 지하 경제에서 일해야 한다.

엄청난 부국 옆에 엄청난 빈국이 위치하고, 부국과 빈국 모두에서 엄청나게 부유한 사람이 엄청나게 가난한 사람들로부터 몇 블록 떨어지지 않은 곳에 산다. 경제의 세계화로 서구 여성들과 개발도상국의 여성들이 함께할 수 있는 기회가 생겼다. 그들은 이제 한 지붕 아래서 사는 경우도 많다. 그렇다고 같은 세상에 사는 것은 아니다 ― 그들은 고용주와 고용인, 또는 주인과 하인의 관계로 만난다.

매년 약 50만 명의 여성이 분만 과정에서 목숨을 잃는다. 그중 대부분은 의학의 도움을 받으면 살 수 있었던 경우다. 모든 국제기구는 하나같이 가난한 나라의 발전에 여성이 핵심 요소라는 내용을 담은 멋진 보도 자료를 발행하지만, 세계는 여전히 여성의 교육과 건강에 투자하는 데 구조적인 실패를 거듭하고 있다. 세계에서 가장 부유한 나라 미국에서 여성이 출산 도중 목숨을 잃을 위험은 다른 40여 개국보다 높다.

남성의 목숨은 귀중하다. 여성의 목숨은 남성의 목숨과 관련된 경우에만 귀중하다. 의료 혜택과 식량은 남성에게 먼저 주어진 후 여성의 몫이 된다. 이 때문에 북아프리카, 중국, 남아시아의 일부 지역에서 여성 사망률이 상승한다. 남아는 가족의 경제적 가치를 높인다. 기술의 발전으로 태아의 성별을 미리 알아내는 것이 가능해졌고, 남아시아, 중국, 한국, 싱가포르, 대만 등지에서 여아를 낙태하는 일이 벌어진다.

중국은 여성 대 남성의 비율이 100 대 107이다. 인도는 108이다. 경제학자 아마르티아 센Amartya Sen은 여성이 남성과 같은 보살핌과 영양 공급을 받았다면 현재 여성이 전 세계적으로 1억 명쯤 더 살아 있을 것이라고 추정했다.

이 1억 명의 '실종된 여성'은 세계 빈곤층의 70%가 여성일 수밖에 없는 구조에서 발생한 극단적인 결과다. 이 구조에서 미국 인구의 1%가 총수입의 4분의 1을 가져간다. 그리고 홍콩, 팜스프링스, 부다페스트의 부자들은 빈민층 여성들을 고용해 집을 청소하고 자녀들을 보살피게 한다.

현재 우리가 살고 있는 세상의 경제 문제는 케인스가 절대 상상할 수 없었던 종류의 것이다. 빈국의 가난한 사람들은 영양 부족으로 죽고 부국의 가난한 사람들은 비만으로 목숨을 잃는다. 캘리포니아 같은 부유한 주에서는 대학보다 교도소에 돈을 더 많이 쓴다. 부모들은 가족을 부양하기 위해 돈을 버느라 일을 너무 열심히 해 가족과 함께할 시간이 없을 정도다. 대부분의 사람들 — 심지어 상당히 잘사는 중산층마저도 돈이 충분치 않다고 걱정한다.

그와 동시에 소수의 세계적 엘리트들은 끝없는 소비와 사회 계층의 완벽한 분리가 가능하다는 환상을 품게 됐다. 케인스의 백합이 아닌, 이런 삶을 이상적으로 보기 시작한 것이다. 이 유명한 경제학자는 우리가 부유해지면 일을 덜 하고 소비도 덜 할 것이라고 생각했다.

이보다 더 틀린 생각도 있을까.

1991년 12월 12일, 로런스 서머스Lawrence Summers는 한 내부 메모에 서명했다. 그가 빌 클린턴Bill Clinton 대통령 내각의 재무부 차관, 하버드대 총장, 버락 오바마Barack Obama 행정부의 백악관 국가경제회의National Economic Council˙ 의장이 되기 훨씬 전의 일이다. 당시 서머스는 세계은행의 수석 이코노미스트였고, 이 메모는 네 사람에게 전달됐다.

메모에는 "우리끼리 이야기지만, 세계은행은 환경에 해로운 산업을 저개발국으로 더 많이 이전하도록 권장해야 하는 것 아닌가? 나는 아프리카의 인구가 적은 국가들이 오염도가 지나치게 낮다

● 　미국의 대통령 직속 경제 정책 최고 결정 기구.

고 생각해 왔다 (…) 이런 저임금 국가에 유해 폐기물을 갖다 버리는 것은 흠잡을 데 없는 생각으로, 우리는 이 사실을 인정해야만 한다"라고 적혀 있었다.

후에 서머스가 이 메모를 직접 쓰지는 않았다는 사실이 밝혀졌다. 서머스 밑에서 일하던 젊은 경제학자가 썼고, 서머스는 메모를 읽은 후 이에 무게를 실어 주기 위해 서명한 것이었다. 서머스는 그 메모를 자기가 쓴 것인 양 변호했다. 물론 그가 보기에 경제학적 논리는 '흠잡을 데 없었다'. 그는 내용의 맥락이 무시되었다는 입장을 고수했다. 그는 이 메모가 주의를 환기하기 위해 쓰인 것이라고 했다. 어쨌든 이 목표는 달성됐다. 메모가 보도된 후 환경보호론자들의 분노가 하늘을 찔렀기 때문이다. 세계은행 같은 국제기구가 어떻게 이런 논리를 펼 수 있는가? 유해 폐기물을 가난한 사람들에게 버리라고?

서머스의 메모를 보도한 『이코노미스트Economist』는 이를 훨씬 더 차분하게 다루며 "내부 메모라는 점을 감안해도 어조가 너무 무감각"하기는 하지만 "경제학적 논리는 서머스가 말한 대로 흠잡을 데 없다"라고 논평했다.

경제학을 조금도 공부해 보지 않은 사람이라면 이해가 잘 가지 않을 수도 있다. 그러나 잊지 말아야 할 것은 '경제학적 논리'라는 것은 그냥 아무 논리가 아니라 '인간 존재의 의미에 관한 거대한 담론'이라는 사실이다. 사람들의 근본적인 동기가 경제적이기 때문에 경제학자들이야말로 인간을 이해하는 사람들이다. 그들은 세상을 어떻게 조직해야 우리의 가장 내적인 본성에 이로운가를 알려 줄 수 있다. 우리의 가장 내적인 본성은 물론 '이익을 거두는 것'이다.

가장 낮은 가격을 찾아라 — 어떤 대가를 치르더라도.

서머스의 논리는 우리가 환경에 해로운 산업을 독일의 프랑크푸르트에서 케냐의 몸바사로 이전하면 두 도시 모두에 이익이라는 것이다. 프랑크푸르트는 더 나은 환경을 즐길 수 있고, 몸바사는 일자리를 얻을 수 있기 때문이다. 몸바사 사람들에게 공해를 먹을 자유를 주자!

서머스의 메모에 담긴 내용이 무정하게 들릴 수 있다. 하지만 그게 핵심이다. 더 아름다운 이야기를 할 수도 있지만 경제학만이 진실을 이야기한다. 주류 경제학 모델에 따르면 경제적 인간이 우리의 본질이고 우리가 원하든 원치 않든 이 사실에는 변함이 없다.

물론 폐기물은 몸바사 주민에게 해를 끼칠 것이 틀림없다. 프랑크푸르트에서처럼 말이다. 그러나 서머스의 메모에서 언급되었듯, 건강에 이로운 깨끗한 환경에 대한 수요는 매우 높은 소득탄력성을 보일 것이다.* 그는 전립선암이 발병할 확률이 높아지는 고령

---

* 소득탄력성은 소득 변화율에 따른 수요의 변화율을 나타내는 것으로, 소득탄력성이 높으면 소득이 변화했을 때 수요의 변화가 더 큰 폭으로 일어난다.

까지 사는 사람들이 많은 나라에서 전립선암의 문제가 더 심각할 것이라고 계산했다. 5세 미만 아동의 사망률이 20%에 이르는 나라―곧 케냐―에서는 전립선암보다 다른 걱정거리가 더 많을 것이라는 이야기다.

따라서 서구 국가들이 폐기물과 함께 전립선암 발병 위험성 또한 수출한다는 사실은 몸바사 주민들의 걱정거리에 들지도 않을 것이다. 그들은 제안을 받아들일 것이다. 돈이 필요하고 일자리가 필요하기 때문이다. 이 방법은 분명 합리적이다. 그렇지 않다면 몸바사 측에서 제안을 받아들일 리가 없다. 사람들이 하는 일은 모두 합리적이니까.

경제학자들은 케냐를 국가가 아니라 한 개인으로 가정해 보라고 말한다. 그냥, 늘 국가 자체를 한 개인으로 생각해도 되겠다. 국가는 합리적인 인간과 전혀 다르지 않으니까. 그렇다면 독일도 합리적 개인이라 생각하고 독일을 미스터 지, 케냐를 미스터 케이라고 불러 보자.

미스터 케이는 가난하고 배가 고프다. 미스터 지는 부유하고 배도 부르다. 미스터 지에게는 방사능 폐기물이 한 통 있다. 미스터 지는 미스터 케이에게 200유로를 주는 대신 그 폐기물을 처리해 달라고 제안한다.

미스터 지에게 200유로는 그다지 큰돈이 아니다. 그러나 미스터 케이에게는 거액이다. 그리고 미스터 케이는 그 폐기물이 방사성인 것에 별로 상관하지 않기 때문에 — 그는 주린 배에 온 신경을 쓰고 있어서 다른 데 관심을 기울일 여력이 없다 — 제안을 받아들인다. 모두 더 부유하게 된다. 모두 더 행복하다. 모두에게 이익이다.

이 논리는 우리 모두가 자명하고 안정적인 선호도를 바탕으로 매사에 계산을 하는 합리적 인간이라는 가정에서 출발한다. 그러나 이 모델에서는 미스터 지가 프랑크푸르트에 있는 자기 아파트에서 그 폐기물을 계속 가지고 살아야 할 경우 어떤 일이 일어날지 고려하지 않는다. 이 경우 미스터 지는 문제를 장기적으로 해결할 수 있는 기술을 개발했을지도 모른다. 그러나 이 모델에서는 미스터 케이에게 문제를 팔아 버리는 경우만을 고려하고, 미스터 케이는 장기적 해결책을 개발하기에는 교육 수준이 너무 낮다. 따라서 폐기물 처리에 대한 장기적 해결책은 영원히 찾을 수 없게 되고 만다. 따라서 사회 전체적으로는 손해다. 이것이 합리적인가?

서머스가 제안한 모델은 이런 가능성을 하나도 고려하지 않는다. 미스터 케이가 얼마나 배고픈지는 상관없다. 그는 여전히 합리적이고 계산적인 개인으로, 자신이 하는 일을 완벽히 제어할 능력이 있다. 그가 미스터 지의 쓰레기 처리장 역할을 하는 데 동의하는 것은 그것이 합리적이기 때문이다. 이 흠잡을 데 없는 경제학적 논리에서는 오직 무인도에 고립된, 각각 필요한 것이 있는 두 명의 개인만을 본다. 맥락도, 미래에 대한 고려도, 연결 고리도 없다.

"당신의 추론은 완벽히 논리적이지만 완전히 미쳤다고밖에 생각할 수 없습니다." 당시 브라질의 환경부 장관 호세 루첸베르거José Lutzenberger가 로런스 서머스에게 보낸 서한이다.

흠잡을 데 없는 경제학적 논리는 일단 그렇다 치자. 중국 구이위 지역 문제는 어쩔 것인가?

중국 광둥 성에 있는 구이위에는 매년 100만 톤의 전자제품 폐기물이 도착한다. 15만 명이 그 폐기물을 분류하고 분해하는 데 매달린다. 대부분이 영세한 가족 단위 업체 소속이고, 많은 수가 여성이다.

컴퓨터, 스크린, 프린터, DVD 플레이어, 복사기, 자동차 전지, 전자레인지, 스피커, 휴대폰 충전기, 전화기. 이 모든 것을 간단한 연장과 맨손으로 모두 분해한다. 집적 회로는 가열해서 칩을 회수한다. 전선은 태워서 안에 든 금속을 추출한다. 마이크로칩에 들어 있는 금을 추출할 때는 부식성이 강하고 독성이 있는 산성 액체를 사용한다. 구이위 근처의 토양에는 납, 크롬, 주석을 비롯한 여러 가지 중금속이 잔뜩 배어 들어 있고, 지하수는 독성을 띤다. 강물은 새까맣다. 주변 지역과 비교했을 때 이 지역 아이들의 혈중 납 수치는 88%나 높다.

중국은 전자제품 폐기물의 수입을 법으로 금지하고 있다. 중국 정부는 전자제품 폐기물이 가난한 나라들로 이전되는 것을 금지하는 바젤 협약에 조인까지 했다. 그러나 지금까지 아무런 효력을 발휘하지 못하고 있다. 미국 내 전자제품 폐기물의 90%가 중국과 나이지리아로 수출된다.

경제학적 논리는 흠잡을 데 없을지 모른다. 그러나 구이위의 물값은 이웃의 천뎬에 비해 10배가 비싸다. 이제는 천뎬에 가서 물을 구해야 한다. 구이위의 물은 독극물이다.

케인스 이후 80년 동안 케인스처럼 경제학의 목적이 세상에서 빈곤을 없애는 것이라고 정의한 경제학자는 거의 없다. 경제과학은 자신을 더 이상 이렇게 보지 않는다.

부자와 빈자, 권력을 가진 자와 가지지 못한 자, 기업과 노동자, 남성과 여성 사이에서 편을 들어야 할 경우, 최근 몇십 년 동안 경제학자들은 항상 같은 편을 들어 왔다. 돈이 있고 권력이 있는 사람들에게 좋은 것은 거의 항상 경제에 좋은 것으로 간주됐다. 그와 동시에 경제과학은 점점 더 추상적이 되었다. 가상의 가계, 가상의 기업, 가상의 시장에 대한 연구. 모든 것이 경제적 인간에 기초한다.

경제학자들은 인종차별에서 오르가슴에 이르기까지 모든 것에 자신들의 모델을 적용하는 데 열을 올려 왔고, 실제 시장이 어떻게 작동하는지 연구하는 데는 점점 관심을 잃었다.

동시에 케인스가 걱정하던 문제들은 해결될 기미조차 없다. 많은 경우 그 문제들은 눈에 보이지 않게 되어 버렸다.

우리 모두가 합리적인 개인이라는 가정을 받아들이면 인종, 계층, 성별 등에 대한 의문은 의미 없어진다. 우리는 모두 자유로운 존재들 아닌가. 콩고에 사는 한 여성처럼 말이다. 그녀는 통조림 세 개를 얻기 위해 민병대 군인들과 성관계를 맺어야 한다. 칠레에 사는 한 여성처럼 말이다. 그녀는 과일 수확을 하며 살충제를 들이마셔 2년 후에 신경이 손상된 아이를 출산할 것이다. 혹은 모로코에 사는 한 여성처럼 말이다. 그녀는 공장에 일자리를 얻으면서 큰딸을 자퇴시키고 집에서 동생들을 돌보게 했다. 그들은 모두 자신의 행동이 가져오는 결과를 늘 완벽히 이해하고 있다. 그리고 언제나 가능한 한도 내에서 최선의 결정을 내린다.

자유라는 단어는 단어에 불과하다. 정말로 단어에 불과하다.

경제학자들은 자기들이 인간 행동의 근본적인 원인을 설명하는 모델을 만들어 내고 있다고 확신한다. 그들에 대한 비판은 이에 대한 깊은 이해가 없기 때문이다. 데이터를 샅샅이 연구하면 진실이 드러나게 되어 있다. 모든 것이 경제적 인간이라는 진실 말이다.

논리도 하나. 세상도 하나. 존재하는 방법도 하나. 백합은 무슨 백합?

5장

경제학이 여성을
가뿐히 무시하는
방법들

Who
cooked
Adam Smith's
Dinner?

"이 건물에서 내 물건cock*이 제일 커!" 미국에서 가장 무시무시한 여성 기업인들 중 하나인 주디스 리건Judith Regan이 자신의 출판사 사무실에서 외쳤던 말이다.

1970년대 여성운동계의 여성들은 이제 자신들이 결혼하고 싶어 했던 남성들처럼 되기 시작했다고 자랑스레 외쳤다.

남성을 원했던 여성들은 이제 '남성이 가진 것'을 원하게 되었다. 이러한 발전은 여러 면에서 의미 있지만, 그럼에도 불구하고 여성운동 프로젝트는 여전히 같은 주제를 맴돈다.

바로 남성이다.

"우리가 해냈다!" 『이코노미스트』는 2010년 새해 첫 호 표지에서 환호성을 올렸다. OECD 가입국 전체의 대학 졸업생 중 여성의 수가 남성의 수를 앞질렀기 때문이다. 대부분의 부국에서는 그 어

• 남자의 성기를 가리키는 비속어.

느 때보다 많은 여성이 직업 전선에 나서고 있다. 여성을 2등 시민 취급하곤 했던 기업들을 이제 여성들이 경영한다.

그러나 직장에서 풀타임으로 일하기 위해서는 집안일을 풀타임으로 돌봐 줄 사람이 있어야 한다는 사실은 변하지 않았다. 오늘날 여성들은 직장에서 일하지만, 그 시간 동안 집안일을 돌볼 사람을 구할 수 있는 것은 그만큼의 재력이 있는 소수에 불과하다. 청소하는 사람의 집은 누가 청소해 주는가? 보모의 딸은 누가 돌보는가? 이는 결코 수사적인 질문이 아니다. 세계경제를 감싸고 있는 복잡다단한 돌봄 체계를 들여다보지 않고는 답할 수 없는 질문이다.

현재 세계 이민자의 절반 이상이 여성이다. 특정 국가에서는 이 수치가 80~90%에 이른다. 이민 여성들의 삶은 긴 노동 시간과 저임금으로 이루어진다. 가사노동은 힘들다. 고립되어 있고 규제하기 힘들다. 이들은 일하는 곳에서 거주하는 경우도 많다. 다른 사람의 집에서 산다는 뜻이다. 그녀는 가족의 일부이기도 하고 아니기도 하다.

이들이 제공하는 노동의 성과는 많은 부분 그들이 형성한 관계에 의해 측정된다. 고용주의 가족과 좋은 유대 관계를 형성하면 좋은 보모가 된다. 아이들은 어머니보다 보모와 더 많은 시간을 보낼 확률이 높다. 물론 아버지보다 많은 것은 거의 확실하다. 어떤 경우에는 아이들이 보모를 사랑할 것이다. 그러나 이 유대 관계는 그녀의 급여와 근무 조건 등을 재협상할 때 어려움이 될 수 있다. 역할을 구분하기가 거의 불가능해지기 때문이다. 보모가 아이들을 돌보는 것은 자신의 이익을 위해서인가, 아이들을 사랑해서인가? 아니면 둘 다인가?

고용주들은 흔히 이 애매모호한 상태를 이용하기도 한다.

유대 관계를 잘 형성하지 못한 보모는 임무 수행에 실패한 것이다. 그러나 이 관계를 형성하는 데 성공한 보모도 실패한 것은 마찬가지다. 아이가 보모에게 더 애착을 느끼면 부모가 좋아할 리 없기 때문이다. 금방 해고될 위험이 높다. 균형을 잡기가 보통 어려운 일이 아니다.

전 세계적으로 가사노동에 고용된 사람들은 다른 어떤 일보다 긴 노동 시간, 불안정한 조건, 예측 불가능한 업무를 감수하고 있다. 인권 단체 휴먼라이츠워치Human Rights Watch의 조사에 따르면, 이 산업에 종사하는 여성들은 고용주의 허락 없이는 집 밖으로 나가는 것조차 허용되지 않는 경우가 많다. 언어적·물리적·성적 폭력이 흔히 일어나지만 거의 알려지지 않는다. 게다가 이들 중 상당수가 그 나라에 불법 체류하고 있기 때문에 당국에 알려지는 것을 두려워한다. 이들은 항상 걱정에 휩싸여 살아간다. 그중 대부분은 지구 저편에 있는 자녀들에 대한 걱정일 것이다.

이것이 방정식의 한쪽이다.

방정식의 다른 한쪽에는 홍콩에서 일하는 필리핀 출신 가사 도우미가 있다. 그녀는 필리핀 시골 지역의 남성 의사만큼 수입을 올린다. 그런가 하면 이탈리아에서 일하는 외국인 보모들은 고국에서 버는 것보다 7배에서 15배 많은 수입을 올린다.

이들은 피해자인가? 그렇다면, 누구와 비교해서?

이 여성들은 이런 방식으로 자신과 가족의 생계를 해결한다. 이들이 힘을 갖는 길이기도 하다. 아버지와 전남편을 극복할 수 있는 힘. 그리고 자유. 많은 나라에서 여성 이민자들이 고국에 보내는 돈은 해외 원조와 외국인 투자를 합친 것보다 국가 경제에 더 큰 기여를 한다. 필리핀은 이 송금액이 GDP의 10%를 차지한다.

그러나 한편으로, 원래 청소를 해야 했을 사람 — 서구 가족의 여성 — 의 시급보다 가사 도우미의 시급이 현저히 낮지 않으면, 가사 도우미를 고용하는 것은 경제적으로 의미가 없다. 다시 말해, 이 상황이 유지되려면 여성 사이의 불평등이 지속되어야 한다는 의미다.

여성은 보수를 받는 고용 시장에 진입했고, 이에 따라 집안일의 많은 부분에서 해방되는 자유를 살 수 있게 되었다. 그럴 수밖에 없었다. 커리어 우먼으로 성공하려면 직장에 출근할 때 집안일은 버려 둬야 했다. 이제 능력을 발휘할 시간, 그리고 이기적이 되어야 할 시간이다. 모든 걸 바쳐야 할 시간이다. 그러나 대체 무엇을 어디에 바친다는 말인가?

고용 시장에서는 여전히 인간을 형체와 성별이 없고, 가족이 없으며, 상황에 대한 고려 없이 이윤 추구를 목표로 하는 개인이라고 정의한다. 여성은 그런 존재 중 하나가 되거나, 반대로 눈에 띄지 않고 희생을 통해 균형을 맞춰 주는 존재가 되어야 한다.

그리고 많은 경우 이들은 상황 때문에 본인의 의사와 상관없이 한쪽을 선택해야만 한다.

페미니스트 경제학자 메릴린 웨어링 Marilyn Waring 은 짐바브웨의 로펠트에 사는 한 젊은 여성이 제공하는 무보수 노동을 예로 든다. 그녀는 새벽 4시에 일어나 11킬로미터를 걸어서 양동이 하나에 물을 채운다. 집에 돌아오면 세 시간이 지나 있다. 물론 맨발이다. 땔감을 모으고, 설거지를 하고, 점심을 차리고, 또 설거지를 한다음 채소를 수확하러 나간다. 또 물을 길으러 길을 나선다. 돌아와서 저녁을 짓고 동생들을 재우면 밤 9시가 된다. 경제학적 모델에 따르면 그녀는 일을 하지 않는 비생산적·비경제적 존재다.

고기 다지기, 밥 차리기, 접시 닦기, 아이들 옷 입히고 학교에 데려다주기, 쓰레기 분류, 창틀 먼지 청소, 침대보 세탁, 잔디깎이 수리, 차에 기름 넣기, 바닥에 널브러진 책과 레고 조각들 정리, 전화 응대, 현관 청소, 아이들 숙제 돕기, 마루 닦기, 계단 청소, 침구 정리, 공과금 납부, 싱크대 청소, 아이들 재우기. 이 모든 게 여성이 하는 일이다.

가사노동을 GDP에 포함하지 않는 것의 가장 주요한 논거는 '그럴 필요가 없다'는 것이다. 한 사회에서 수행되는 가사노동의 양은 거의 항상 동일하기 때문이다. 그러나 경제학자들은 그 수치를 통계에 한 번도 포함해 보지도 않고 어떻게 안다는 말인가?

전 세계적으로 여성은 전체 일하는 시간의 3분의 2를 무보수 노동에 바친다. 남성의 무보수 노동 시간은 4분의 1이다. 농업 부문이 큰 개발도상국에서는 이 격차가 더 크다. 네팔에서는 여성이 남성보다 매주 21시간 더 일한다. 인도는 12시간이다.

아시아와 아프리카 국가들에서는 남성들이 도시로 이주하고 여성들이 뒤에 남겨지는 경우가 많다. 남은 여성들은 남성과 국가로부터 아무 지원도 받지 못한 채 직장 근무, 가사노동, 농사일을 모두 혼자 해내야 한다.

경제학자들은 남성이 자기 가사 도우미와 결혼하면 그 나라의 GDP가 감소하고, 자기 어머니를 양로원에 보내면 GDP가 상승한다고 농담을 하곤 한다. 농담이기는 하지만 경제학자들이 성 역할을 보는 관점을 잘 나타내는 예다. 이처럼 똑같은 일이 어떤 때는 GDP에 포함되고 어떤 때는 포함되지 않기도 한다.

결혼한 여성들이 노동 시장에 투입된 후, GDP에 포함되는 일 — 집 밖에서 하는 일 — 을 하는 시간이 늘고, 그러지 않는 일 — 집안일 — 에 들이는 시간이 줄었다. 이에 따라 서구에서는

GDP가 극적으로 증가했다. 그러나 이 증가치는 정확한가? 그동안 아무도 가사노동을 경제적으로 환산하지 않았기 때문에 부의 증가분을 실제보다 더 높이 평가했을 수도 있다. 사실 세탁기, 전자레인지, 믹서 등의 보급으로 인해 가사노동에 들이는 시간이 줄어들었기 때문에 이 증가분이 생각보다 그리 크지 않을 수도 있다. 그러나 중요한 건, 실상은 아무도 모른다는 사실이다.

경제 전체를 제대로 파악하기 위해서는 인구의 절반이 노동 시간의 절반을 들이는 활동을 무시해서는 안 된다.

가사노동은 우리가 GDP에 포함하는 다른 많은 것들에 비해 측정하기가 특별히 더 쉽지도 더 어렵지도 않다. 예를 들어, 우리는 농부가 농장에서 생산은 하지만 시장에 내다 팔지 않는 농산물의 가치를 측정하는 데 큰 노력을 기울인다. 가사노동에는 이와 같은 시도가 이루어지지 않는다. 여성의 노동은 측정할 필요를 못 느끼는 천연자원처럼 취급된다. 늘 존재할 것이라 추정하기 때문이다. 여성의 노동은 비가시적이지만 사라지지도 않는 인프라로 간주된다.

캐나다의 국가 통계청에서 무보수 노동의 가치를 계산한 결과, GDP의 30.6~41.4%를 차지하는 것으로 측정되었다. 30.6%라는 수치는 무보수 노동을 보수 노동으로 대체하면 어느 정도의 비용이 들 것인지를 기준으로 계산한 것이다. 41.4%는 가사노동자가 집안일 대신 다른 노동을 했을 때 얼마나 벌 수 있을지를 기준으로 계산한 것이다.

어떤 기준으로 보든 엄청난 수치다.

경제가 번영하려면 한 사회는 사람, 지식, 그리고 신뢰를 갖춰야한다. 그리고 이 자원들은 상당 부분 무보수 가사노동의 결과로 양성된다. 행복하고 건강한 아이들은 모든 긍정적 성장의 기반이다—심지어 경제 성장에도 말이다. 한편 경제적 인간은 아동기도 사회적 맥락도 없는 존재다. 그는 땅에서 버섯이 자라나듯 생겨났다. 모든 사람이 이런 인간이라고 가정하면 경제의 큰 그림을 보는 것이 불가능해진다.

현실에서는 이것이 여성을 제외하는 요인 중 하나가 된다.

경제적 인간이 보편적이라는 생각을 관철하기 위해서는 여성도 그와 동일한 것처럼 간주해서 경제학자들의 모델에 맞게 구겨 넣어야 한다. 바로 여기에 동등한 권리와 자유가 있으니 시장에서 마음껏 경쟁하라. 그곳으로 나아가 정복하라!

바로 이런 이유 때문에 여성은 본질적으로 남성의 필요에 따라 만들어진 노동 시장에서 자신의 가치를 증명해야 한다. 남성이 남성을 위해 만들어 낸 구조 안에서 앞으로 전진해야 하는 것이다. 그것도 여성을 제외하는 현실 안에서. 이는 문제를 일으킬 수밖에 없다. 모델에 단순히 여성을 첨가해서 섞어 버리는 것으로는 문제를 해결할 수 없다.

1957년, 세 아이의 어머니이자 여성운동가인 36세 여성 베티 프리댄Betty Friedan은 동창생들에게 설문지를 돌렸다. 스미스대를 졸업한 지 15년이 지난 후였고, 이들은 곧 동창회를 통해 다시 만날 예정이었다. 이 엘리트 여대의 졸업생 대부분은 프리댄과 마찬가지로 가정과 아이들을 돌보는 데 전념하고 있었다. 그러나 프리댄은 프리랜서 작가로도 일하고 있었다. 임신 후 기자로 일하던 직장에서 해고된 그녀는 동창생들이 스스로의 삶을 어떻게 보는지 알고 싶었고, 이를 바탕으로 기사를 쓸 수 있겠다고 생각했다.

베티 프리댄은 심리 상태를 알기 위한 질문도 몇 개 포함해 설문지를 발송했다. 돌아온 답들은 충격적이었다. 설문지에 마음을 쏟아 낸 여성들 대부분이 심각하게 불행해하고 있었다. 그것은 금기 중에서도 금기에 해당하는 감정이었다.

불안감, 성적 불만, 절망감, 그리고 우울증은 주부들이 느끼는 실제 감정이었고, 이는 대중 매체에서 쏟아 내는 행복한 교외 주택단지에 사는 행복한 주부들의 이미지와 극도로 대조적인 모습이었다. 때는 2차 대전 후, 미국은 (소련과의) 우주 개발 경쟁, 기록적 성장세, 그리고 해맑은 웃음을 띤 아이들이 앞뜰에서 뛰노는 모습으로 대표되고 있었다. 프리댄은 설문지를 통해 알아낸 사실을 어떻게 불러야 할지 알 수 없었다. 이 현상을 논할 언어조차 존재하지 않았다. 그녀는 이를 '이름 없는 문제'라고 부르기 시작했다.

불만족, 혼란, 안정제 복용, 정신분석에 미혹되고 사회에서는 소외된 사람들. 이것이 바로 주부들의 진정한 모습이었다. 프리댄은 기사를 썼다. 그러나 어떤 잡지도 그 기사를 실으려 하지 않았고, 결국 그녀는 이를 모아 직접 책으로 낼 수밖에 없었다.

이렇게 해서 1963년 『여성의 신비The Feminine Mystique』가 미국에서 출간됐다. 프리댄은 이 책에 완벽한 교외 주택단지의 집에 갇혀 눈물로 베개를 적시는 중상류층 여성들의 이야기를 썼다. 남자를 잡고, 그 남자를 지키고, 아이들을 기르는 데 집중하면서 자신의 욕구와 필요는 무시하고 사는 삶이 어떻게 그들을 안에서부터 서서히 갉아먹는지에 대해서. 그리고 어떻게 그 모든 것을 기적의 알약과 함께 삼키고 꾹꾹 눌러 담아 이상적인 모습을 유지해야만 하는지에 대해서. 그리고 여성들이 집에 머무르면서 자녀를 낳고 소비만 해야 하는 아이 같고 섬세한 존재라고 설득하는 속임수에 어떻게 넘어가는지에 대해서.

이 책은 200만 부 이상 팔렸고, 앨빈 토플러Alvin Toffler의 말을 빌리자면 그야말로 '역사의 방아쇠를 당기는 역할'을 했다.

이제 여성이 성취하고, 존재하고, 생각하고, 말하고, 흥분할 수 있는 대상의 한계가 단 한 세대 사이에 완전히 허물어졌다. 그 변화는 너무 빨리 일어나서 반대파가 진열을 제대로 정비하기도 전에 혁명 자체가 끝나 버린 것처럼 보였다. 이제 우리는 미국 드라마 〈매드맨Mad Men〉에 나오는 페기, 조앤, 베티를 신기한 눈으로 바라본다. 1960년대 초 뉴욕의 광고회사를 배경으로 한 이 드라마에서 여성들은 무시되거나 물건 취급을 받고, 위스키를 채운 술잔을 들고 줄담배를 피우며 서로의 모습에서 자신의 모습을 확인하는 독선적인 백인 남성들의 벽에 부딪혀 투명 인간처럼 살아간다. 불과 50여 년 전 노동 시장이 정말 이랬다는 말인가?

그러나 여성운동의 놀라운 진보에도 불구하고, 우리는 높은 자존감을 지닌 딸들을 길러 내는 데 실패한 듯하다. 이제 학교에서는 여학생이 남학생보다 성적이 좋다. 그러나 이들은 훨씬 더 불행하다. 우울증은 여성의 병이 되었다. 여성은 많은 일에 적합하지 않고, 활력이 부족하고, 충분히 강인하지 못하다. 정체 모를 두려움이 끊임없이 밀려든다. 간호나 보육, 양로 등의 산업에 종사하는 여성만이 정신적·신체적으로 버거워하는 것은 아니다. 높은 보수를 받으며 사기업에서 일하는 여성도 같은 조건의 남성보다 신경쇠약에 걸려 장기간 병가를 내는 경우가 더 많다. 칭송받는 북유럽 복지 국가들에서도 마찬가지다. 전 세계 어느 나라보다 가정생활과 커리어를 동시에 추구하기에 좋은 조건을 제공하는 것으로 정평이 나 있는데도 말이다.

우리는 사적 영역이 공적 영역과 확연히 구분되어 있다는 가정 하에 '일과 가정 사이의 균형'을 말한다. 양쪽 영역 사이를 왔다 갔다 할 수는 있다. 그러나 이 구조를 아예 변화시킬 수는 없는가?

여성은 경제적 인간의 세상을 향한, 남성과 동등한 접근권을 보장받기 위해 여전히 투쟁하고 있다. 일터에서 책임감을 증명하기 위해, 그리고 그녀가 진정으로 있어야 할 곳은 집이라는 생각을 종식시키기 위해 더 열심히 일해야만 한다. 이와 동시에 여성은 남성과 달리 가정과 가족을 보살피는 능력도 심판받는다. 그 결과로 빚어지는 일과 가정 사이의 갈등은 여성의 문제로 묘사된다. 그것을 해결하는 것은 여성의 책임이다. 직장에서 의견을 더 자신 있게 표현하고, 근무 시간을 줄이고, 자기에게 맞는 배우자를 선택하고, 해야 할 일 목록을 더 효율적으로 만들고, 삶을 단순화하고, 핸드백을 정리하고, 요가를 더 열심히 하라는 조언을 듣는다. 그리고 뭘 하든 시간을 정확히 맞춰야 하고.

여성은 자신의 신체를 인간으로 사는 삶의 일부로 보는 대신, 가임기에 맞춰져 째깍대다가 승진 기회가 오는 순간 터지는 시한폭탄으로 보게 된다.

결국 그녀는 정체를 들키고 말 것이다. 여성이라는 정체 말이다.

어머니가 되면 모든 것이 충돌한다. 서로 분리돼야 할 공적 영역과 사적 영역이 갑자기 한데 섞인다. 출근할 때 버려두고 온 사적인 자아 곁에 임신한 배까지 두고 나오기가 불가능한 것이다. 보수를 받고 일하는 직장에 가정의 흔적을 가지고 가야만 한다. 자기 자신과 자기 자신 이상의 그 무엇을.

그것은 그녀도, 보수 노동의 세계도 어떻게 대처해야 할지 모르는 부분이다.

경제적 인간은 모유가 나오는 가슴도, 호르몬도 없다. 그에게는 육체가 없다.

아기가 그의 어깨에 토한 적도 없다.

앞으로도 그럴 일은 없을 것이다.

연구에 따르면 1970년대 이후 서구 여성은 자신이 덜 행복하다고 느낀다. 계층과 상관없고, 결혼을 했는지의 여부도 상관없으며, 돈을 얼마나 많이 버는지, 어느 나라에 사는지, 자녀의 유무도 상관없다. 평균적인 서구 여성은 (아프리카계 미국 여성을 제외하고) 삶에 대한 만족도가 예전에 비해 낮다. 반면 남성은 더 행복해졌다고 느낀다. 어쩌면 '평등'해졌기 때문에 그럴지도 모른다.

어쩌면 우리가 행복을 측정하는 방법이 잘못됐을지도 모른다. 어쩌면 이런 종류의 것들은 애초에 측정이 불가능할 수도 있다. 연구 결과에 대한 반론도 제기되었다. 유럽 전역에 걸쳐 지난 40년 사이 여성과 남성 모두가 더 행복해졌지만, 남성의 행복도가 더 빨리 증가했을 뿐이라는 것이다. 영국에서는 여성과 남성 사이의 행복도에 거의 차이가 없다고 본다. 예외적인 것은 이혼한 아버지들인데, 이들은 행복하지 않다고 대답했다.

그러나 실제로 선진국 전역에 걸쳐 여성은 남성에 비해 스트레스를 더 심하게 받고 시간 부족을 호소한다. 계층이나 직장과 무관하다. 이는 성별과 관계있는 차이다. 여성들이 이런 느낌을 받을 때 주로 비난받는 것은 페미니즘이다. 여성이 경제적 인간처럼 행동하면서 고통받는다는 사실은 여성이 공적 영역에 속하는 존재가 아님을 증명하는 것으로 받아들여진다.

사람들은 프레드 어스테어Fred Astaire°가 한 일을 진저 로저스Ginger Rogers°°도 모두 해냈고, 게다가 그녀는 하이힐을 신은 채 반대 방향으로 해냈다고 말한다. 그리고 여성들은 계속해서 정확히 그렇게 하고 있다. 여성들은 노동 시장에 진입했지만 남성은 그에 상응하는 정도로 집안일에 진입하지 않았다. 일과 가정 사이의 경계에 대한 우리의 생각은 근본적으로 변하지 않았다. 우리는 새로운 것을 만들어 내는 대신 이것저것 누덕누덕 기워서 쓰고 있을 뿐이다. 어느 쪽을 바라봐도 선택 범위는 너무 좁다.

이제 한 세대의 여성 전체가 '모든 것을 다 갖는 것'에 실패했다고 느낀다. 이제 쓸모없다는 눈빛으로 현대 여성들을 바라보는 것은 줄담배를 피우는 광고회사의 남성 간부들이 아니다. 자신이 회사의 간부인데도 이런 관점으로 스스로를 쳐다보는 여성들이다.

미국의 여성운동가 글로리아 스타이넘Gloria Steinem은 페미니즘을 '여성들이 기존의 파이에서 더 큰 조각을 얻기 위한 것'이 아니라, '완전히 새로운 종류의 파이를 만들기 위한 것'이라고 정의한다.

말은 쉽지만 실행에 옮기기는 어렵다. 우리는 단순히 솥에 여성을 추가해 섞었다. 한 세대 전체가 "너는 무엇이든 될 수 있어"라

° 미국의 남성 무용가이자 가수 겸 배우.
°° 미국의 여성 무용가이자 배우.

는 말을 "너는 무엇이든 되어야만 해"로 해석했다. '모든 것을 갖는 것'은 '모든 것을 하는 것'이 되어 버렸다.

그러지 않으면 쓸모없는 사람이 된다.

베티 프리댄이 『여성의 신비』를 출간한 후 반세기가 지나는 동안 우리는 새로운 종류의 '이름 없는 문제'들에 부딪혀 왔다. 페미니스트 나오미 울프Naomi Wolf는 "진정한 성공이란 자기 자신으로 살아가는 것이라는 정의를 우리 딸들에게 가르치는 데 실패했다"라고 말했다.

더 많이 해내라! 더 잘해내라! 경쟁자를 물리쳐라! 우리의 딸들은 경제적 인간이 이상적인 모델인 양 그에 맞춰 살아야 했다. 서구 사회에서 규정된 여성 해방이라는 것은 수행해야 할 일련의 임무와 달성해야 할 성취 항목이 되었다. 사실 여성 해방은 다양한 형태의 자유가 널리 허용된다는 것을 뜻해야 했다.

여기에는 그냥 자기 자신으로 살 수 있는 자유도 포함된다.

건물에서 제일 큰 '물건'이 없어도 상관없어야 한다. '물건'이 없어도 괜찮아야 한다. 여자여도 말이다.

사상최대의
도박장,
월스트리트

하늘 높이 날아가는 비행기를 지대공 사격하는 경우, 발포 순간 목표물을 조준하는 것은 아무 의미가 없다. 포탄이 날아가는 사이 비행기의 위치가 변할 것이기 때문이다.

따라서 사격하는 사람은 포탄이 날아가는 시간을 감안하여 포탄이 다다르는 순간에 비행기가 있을 위치를 조준해야 한다. 비행기 조종사도 이를 알고 있다. 따라서 가급적 예측 불가능하게 비행하려고 노력할 것이다.

오른쪽. 왼쪽. 왼쪽. 오른쪽.

사격하는 사람은 왼쪽으로 쏠지 오른쪽으로 쏠지 결정해야 한다. 그가 선택한 방향으로 비행기 조종사가 방향을 틀면 쾅! 조종사는 그 자리에서 죽을 것이다. 비행기가 그 반대편으로 방향을 틀면 조종사는 목숨을 부지할 수 있다.

따라서 조종사가 할 수 있는 최선의 방책은 비행기를 최대한 예측 불가능하게 조종하는 것이다. 그리고 사격하는 사람도 이런 생각에 맞춰 행동하는 게 최선이다. 비행기 조종사가 사격 패턴을 눈치채면 포화를 피할 확률을 높일 수 있다. 반대의 경우도 마찬가지다. 비행기가 왼쪽으로 방향을 트는 경향이 있다는 것을 사격하는 사람이 눈치챘다면 비행기를 맞힐 확률이 높아진다.

1944년 수학자 요한 폰 노이만Johann von Neumann은 위에서 묘사한 시나리오가 두 참가자가 벌이는 제로섬 게임zero-sum game과 같다고 결론지었다. 이때 비행기 조종과 지대공 사격을 맡은 게 사람이든 기계든 상관없다. 비행기 조종사의 행동은 시스템의 논리에 의해 결정된다. 조종사 개인의 특성과는 아무 상관 없다.

조종사가 어머니와의 관계는 어떠한지, 어떤 성장 배경을 가졌는지, 성격 검사에서 ESTJ형이라는 판정을 받았고, 아홉 살 때까지 이불에 오줌을 싼 것을 지금까지 부끄럽게 생각한다든지 하는 것들은 아무 상관 없다.

조종사는 폰 노이만이 계산해 낼 수 있는 방식으로 행동할 것이다. 상황에 따른 논리와 합리적인 사람들끼리 벌이는 게임의 규칙에 따를 것이기 때문이다.

폰 노이만은 사람들의 삶에서 특정한 면을 연구하는 대신, 사람이 지닌 컴퓨터 같은 특성에 집중해야 한다고 생각했다. 사실 컴퓨터라기보다는 당시 '수학 기계' 혹은 '전자 두뇌'라고 불리던, 밸브, 전선, 슬라이더 컨트롤 등이 복잡하게 얽힌 거대한 장치와 우리가 가진 공통점에 주의를 기울여야 한다고 주장했다.

존재 자체가 일련의 게임이고 합리적 참가자들의 행동은 더 큰 시스템에 의해 결정된다. 우리는 한발 한발 앞으로 나아가기는 하지만 그 결정을 주도하는 것은 우리 자신이 아니다. 누군가가 우리에게 달린 태엽을 감아 선반에 올려놓은 것이다. 인류, 세계, 역사의 진전은 기계적이고, 미리 설계되어 있으며, 비인격적 힘으로 추진된다. 선장이 없는 배다. 애덤 스미스의 경제적 인간이 진화해서 이제 우주 시대를 향해 전력 질주하고 있었다.

게임 이론은 1944년 폰 노이만과 오스카어 모르겐슈테른Oskar Morgenstern의 저서 『게임 이론과 경제적 행동Theory of Games and Economic Behaviour』의 출간과 함께 탄생했다. 폰 노이만은 다른 사람들이 선택을 한다는 것을 아는 가운데 자신도 선택을 해야 하는 상황을 묘사하는 데 '게임'이라는 용어를 사용했다. '게임'이란 참가자들이 내리는 모든 선택의 조합에 따라 정해진 결과가 도출되는 갈등 상황을 말한다. 게임이라고는 하지만 강아지나 고양이가 뛰노는 것 같은 종류의 게임이 아니다. 그보다는 포커에 더 가깝다. 허세와 추측이 난무하지만, 맞다. 합리적인 게임이다. 초기 게임 이론은 경제학의 오랜 꿈과 맥을 같이한다. 사회라는 책을 수학적인 관점으로 읽을 수 있으면 모든 것을 이해할 수 있다는 꿈 말이다. 폰 노이만은 결국 사회의 모든 것을 게임 이론으로 설명할 수 있다고 확신했다.

폰 노이만은 1903년 헝가리의 부다페스트에서 태어났다. 그는 수많은 과학자, 작가, 화가, 음악가, 문화와 예술을 사랑하는 영향력 있는 백만장자들이 부다페스트로 모여들던 시대, 즉 도시의 절정기에 이곳에서 성장했다. 그가 여섯 살 때 멍하니 있는 어머니에게 "뭘 계산하고 있어요?"라고 물었다는 일화가 있다.

그는 야노시라는 이름을 가지고 있었지만 사람들은 그를 조니라고 불렀다. 그의 아버지는 유대인 은행가였다. 귀족 작위를 돈으로 샀지만 정작 자신은 귀족 호칭을 한 번도 사용하지 않고 아들에게 물려주기만 했다. 폰 노이만은 18세에 베를린을 거쳐 취리히로 가 화학을 공부했고, 결국 수학으로 박사 학위를 땄다. 2차 대전이 가까워진 시기에 폰 노이만은 미국 프린스턴대로 떠났다. 그는 거기서 오스트리아 출신 오스카어 모르겐슈테른과 함께 일하기 시작했다. 히틀러가 조국 오스트리아를 합병할 때 미국에 있던 모르겐슈테른은 귀국하지 않기로 결심하고 미국에서 일하고 있었다. 그의 할아버지는 독일 황제 프리드리히 3세라고 알려져 있다.

두 사람의 혁명적인 저서가 나온 지 1년 후인 1945년 봄, 폰 노이만은 미국이 새로 개발한 원자폭탄을 일본의 어느 도시에 투하할지 결정하는 위원회에 영입되었다. 그는 이미 2년 전에 맨해튼 프로젝트에 참가해 원자폭탄을 개발하는 데에도 참여한 터였다. 이때 다수의 헝가리 과학자들이 관여했다. 폰 노이만은 이렇게 '통계적으로 확률이 낮은' 현상 — 이에 참여한 과학자 중 헝가리 출신이 많은 것 — 이 발생한 이유를 질문받자, "무엇인지 확실하지는 않지만, 어떠한 문화적 요인이 우연히 작용한 것"이라고 답했다. 즉, '헝가리가 위치한 중부 유럽 사회 전체에 대한 외부적 압력, 개인들이 가진 극도의 불안감에 대한 잠재의식, 그리고 독특한 것을 만들어 내지 못하면 소멸될지도 모른다는 압박감' 등이 그 요인이라는 것이었다. 그는 폭탄 투하 지역을 결정하는 위원회에서 계산 부문을 감독했다. 폭발의 규모, 예상 피해 범위, 인명 살상 최대 거리 등이 계산 대상이었다.

첫 번째 선택 대상은 교토였다. 그러나 육군 장관 헨리 스팀슨Henry Stimson이 거부권을 행사했다. 교토는 역사적·문화적으로 너무나 큰 의미를 지닌 도시였기 때문이다. 대신 폭탄은 일본 시간으로 8시 10분, 히로시마 상공 600미터에서 투하됐다. '리틀 보이Little Boy'라는 이름이 붙은 이 폭탄은 섭씨 5000도에 달하는 열을 내며 집을 통째로 녹였고, 다리와 건물을 무너뜨릴 정도의 바람을 몰고 왔다. 화염에 휩싸인 수천 명의 사람들이 피부가 너덜너덜 벗겨진 채 오타 강에 몸을 던졌다. 강에는 신원 확인이 불가능한 시체들이 산처럼 쌓였다. 그 후 방사능 비가 내렸다. 열과 바람에 죽지 않은 사람들은 비를 맞고 죽었다. 그 후 몇 달에 걸쳐 피부에 발진이 번지듯 죽음의 동심원이 빠른 속도로 퍼져 나갔다.

며칠 후, 두 번째 폭탄이 나가사키에 투하되었다.

2차 대전이 끝나고 냉전이 시작됐다. 폰 노이만의 게임 이론은 당시의 시대정신에 스며들었다. 어쩌면 그 반대였는지도 모른다. 그의 이론은 당시 세상을 지배하던 정치적 분위기에 안성맞춤이었다. 경제적 인간은 트렌치코트를 걸치고 동서의 세력 다툼이 낳은 스파이들 사이로 사라졌다. 미국과 소련이 벌이는 체스 게임에서 다음 말이 어디로 움직이느냐에 지구 전체의 생사가 달린 듯 보였다. 인터넷도, 다국적 테러 단체도 생기기 전의 일이다. 체스판에 앉은 사람들은 빨간 전화red telephone●로 상대방에게 연락을 취해 서로에게 위협을 가했다. 그 밖에 다른 관계들도 체스 게임 같이 보는 데에는 그다지 큰 비약이 필요치 않았다. 미래가 논리적으로 정해져 있다는 사실은 압박감과 해방감을 동시에 줬다. 모두가 같은 딜레마에 사로잡혀 있었다. 모두 체스판을 마주하고 있었고 각각의 말은 이성에 의해 필연적으로, 정해진 대로 움직였다.

이들은 히로시마 원폭 투하가 필연적일 수밖에 없었다고 말한다. 20세기의 가장 뛰어난 두뇌들이 그렇다고 했고, 그것을 수학적으로 보여 줬으니까.

초기 게임 이론가들은 소련을 패망시키는 최선의 방법은 나라 전체를 단 한 번의 원자폭탄 공격으로 단칼에 소멸시키는 것이라고 계산했다. 소련이 미국을 먼저 소멸시킬 기회를 잡기 전에 말

● 미국과 옛 소련의 소통 핫라인.

이다. 소련의 해체가 평화 시위, 위성 수신 안테나, 폴란드 출신 교황,[*] 끔찍한 원전 사고, 로큰롤, 체코의 극작가, 라이프치히의 시민 시위대에게 발포하기를 거부한 정치인들 등의 물결을 타고 이루어질 것이라는 예측은 그들의 수학 모델 어디에서도 찾아볼 수 없었다.

전쟁과 분쟁이 완전히 합리적이고 계산 가능하다는 생각은 현재까지도 계속되고 있다. 초강대국들이 벌이는 힘겨루기의 장이 베를린, 비엔나, 바르샤바를 떠나 카불, 테헤란, 페샤와르로 옮겨 갔지만, 게임 이론가들은 여전히 각 갈등이 처한 특정 상황들을 보는 대신, 맥락에 상관없이 전쟁을 예측 가능하게 하는 요소들을 봐야 한다고 주장한다. 그들은 '암을 연구하듯' 전쟁을 연구해야 한다고 말한다. 각 환자의 특정 사례에 함몰되는 대신, 암세포 자체가 어떻게 증식하는지 봐야 한다는 것이다.

전쟁은 합리적인 것이다. 그렇지 않다면 전쟁은 존재하지 않을 것이다. 그리고 합리적인 인간들이 싸우는 것을 멈추게 하는 방법은 간단하다. 단순히 전쟁의 '비용'을 높이면 된다. 경제적 인간은 비용이 더 낮은 출구가 없을 경우에만 폭력에 의존한다. 따라서 폭력보다 더 값싼 출구를 제공하면 된다.

●   동구권 국가 출신으로는 처음으로 교황이 된 요한 바오로 2세를 가리킨다.

폰 노이만은 1957년 세상을 떴다. 히로시마 원폭 투하 작전에 관여한 것 외에도 그는 현대 컴퓨터 개발에 기여했고, 이와 더불어 극지방의 만년설을 검은색으로 칠해서 아이슬란드도 하와이와 같은 기후를 누리도록 하자는 별로 도움이 안 되는 주장을 하기도 했다. 그의 게임 이론은 현대 금융의 기초가 되었다. 닥터 스트레인지러브Dr. Strangelove가 월스트리트에 출근한 것이다.*

과거, 모델과 이론들로 무장한 경제과학은 애널리스트들과 주식 거래인들이 금융시장에서 주식을 매매할 때 고려되지 않았다. 그러나 1950~1960년대에 이에 변화가 생겼다.

예를 들어, 한 기업이 확장하거나 신규 매장을 열기 위해, 또는 직원 수를 늘리거나 시설을 개선하기 위해 주식을 팔아 자본을 마련한다고 하자. 이 주식을 산 사람들은 주식 시장에서 이를 가지고 다른 회사의 주식을 매매할 수 있다. 매매의 결과 이익이나 손해가 생기고 주식의 가치가 올라가거나 내려간다. 주식 가치의 변화는 주식을 발행한 기업이 자본을 모으는 능력에 영향을 준다. 이런 주식 거래의 한 단계 위의 추상적인 거래로는 파생상품과 인덱스 펀드 등이 있다. 주식과 주식 시장이 기업에 대한 내기라면 파생상품과 인덱스 펀드는 내기에 대한 내기다. 여기에 투자된 돈

---

* 〈닥터 스트레인지러브〉는 스탠리 큐브릭Stanley Kubrick 감독의 영화로, 냉전의 본질과 핵무기 증강을 비판하는 내용을 담고 있다.

은 현실로 흘러나오지 않고 무한대로 자기 복제를 한다.

수학 모델은 시장에서 감수해야 하는 위험에 대한 계산을 더 쉽게 하고 더 수월하게 대처할 수 있도록 해 주었다. 경제에도 좋고, 사회에도 좋다. 그러나 수학 모델은 폰 노이만 때부터 그래 온 것처럼 현실보다 상위에 존재해서는 안 된다. 우리는 그로 인한 심각한 결과들을 목격해 왔다. 제일 먼저 떠오르는 것이 바로 2008년 세계 금융 위기다. 1980년대에 접어든 후 금융 산업은 거의 전적으로 추상적 수학에 기반을 두고 돌아갔다.

물리학자들이 물질과 에너지에 관한 법칙을 만들어 내듯 금융계에서는 주식과 파생상품에 대한 법칙을 만들어 내려 했다. 문제는 경제학이 물리학과 같은 과학이 아니라는 점이다. 에너지와 물질에 관한 법칙을 만드는 것과 같은 방법으로 경제에 대한 법칙을 만들어 낼 수는 없다. 물리학에서는 같은 실험을 여러 번 해도 항상 같은 결과를 얻을 수 있다. 쥐고 있던 사과를 놓으면 바닥에 떨어진다. 경제학에서는 그렇지 않다. 미국의 물리학자 머리 겔만Murray Gell-Mann을 이렇게 말했다. "전자electron가 생각을 할 수 있다면 물리학이 얼마나 어려워질지 상상해 보라." 시장은 사람들로 이루어져 있고, 그들은 생각을 할 수 있다. 그뿐 아니라 그들은 느낌을 가진 존재들이다. 시장은 게임이 아니다. 우리가 그것을 게임으로 만들지 않는 이상.

세상을 게임으로 보는 관점에서 출발한 경제학자들은 세상을 이해하기 위해 주사위 게임과 룰렛을 들여다보기 시작했다. 세상 전체가 게임이라면 금융시장은 카지노라고 볼 수 있겠다. 아주 논리적으로 들리지 않는가?

"월스트리트는 거대한 카지노와 같다. 내게는 월스트리트의 게임이 카지노의 도박판보다 규모도 훨씬 크고 훨씬 더 흥미롭다." 에드워드 소프Edward Thorp의 말이다.

소프는 수학 교수로, 블랙잭을 즐겨했으며 이후 헤지펀드 매니저가 됐다. 그는 1962년 출간한 저서 『딜러를 이겨라Beat the Dealer』에서 수학을 이용해 블랙잭 게임에서 이길 수 있는 방법을 설명했다. 5년 후에는 『시장을 이겨라Beat the Market』를 출간하고 수학을 이용해 주식 시장에서 이익을 내는 법을 설파했다. 카지노의 확률 게임과 기업의 가치. 라스베이거스와 월스트리트. 이 모든 것이 하나가 되었다.

경제학자들은 주사위 게임과 룰렛에 기초해 경제 모델을 만들기 시작하면서 시장도 같은 원리로 움직인다고 가정했다. 카지노에서 주사위를 굴려서 어떤 숫자가 나왔다고 해서 그것이 그다음 주사위를 굴려서 나올 숫자에 영향을 끼치는 것은 전혀 아니다. 금융시장이 카지노처럼 돌아간다는, 겉보기에 문제없는 가정 속에는 훨씬 더 거대한 가정, 즉 시장은 기억력이 없다는 가정이 숨어 있다. 모든 투자와 도박은 그 전 상황이나 전 게임과 아무 관련이 없다는 가정이다. 따라서 룰렛판의 공이 빨강이나 검정 포켓 어디에든

떨어질 수 있는 것처럼, 주가도 과거 어떤 일이 일어났는지에 전혀 상관없이 올라갈 수도, 내려갈 수도 있다. 시장은 잊기도 잘하고 용서도 잘한다. 그리고 아침이 되면 모든 것이 새로 시작된다.

이 원칙은 '효율적 시장 가설efficient market hypothesis'로 발전했다. 이 가설은 금융시장에서의 가격은 항상 어떤 것의 가치에 대해 가능한 최선의 평가를 반영한다고 말한다. 시장은 항상 옳다. 따라서 거품이 생길 수 없고, 혹시 생긴다 해도 시장이 알아서 조정할 것이다.

누구도 개입해서는 안 된다.

이 논리는 몇 가지 가정에 기초한다. 첫째, 모든 투자자와 매수자가 완전히 합리적이다. 둘째, 모든 사람은 판매되는 상품에 대해 정확히 같은 양의 정보에 접근할 수 있고, 그 정보를 동일한 방식으로 해석한다. 셋째, 매수자와 투자자는 서로에게 영향을 주지 않고 각자 완전히 독립적으로 결정한다.

정보가 퍼져 나가는 데 시간이 걸리기 때문에 시장은 특정 개인보다 늘 더 많은 정보를 가지고 있다고 추정된다. 그리고 시장은 모든 정보를 바로바로 흡수할 수 있다고 가정된다. 애덤 스미스의 전지적인 보이지 않는 손은 인간의 욕망이 만들어 내는 혼돈에 질서를 가져온다. 시장은 우리 모두를 이끌고 규칙을 바로 세우는 상위의 의식이 된다. 시장은 절대 틀릴 수 없다. 모든 정보를 끊임없이 분석해서 도달하는 결론 그 자체이기 때문이다.

신학자들은 효율적 시장 가설을 신의 복음과 비교해 왔다. 어떤 면을 비슷하다고 하는지 이해하기는 어렵지 않다.

시장은 우리보다 많은 것을 알고 있고 우리를 만족시킬 수 있다. 이와 동시에 시장은 결정을 내리는 주체다. 사실 이 '환상'은 여기저기 많이 인용되긴 했지만, 효율적 시장 가설에서만큼 극대화된 적은 없었다.

애덤 스미스는 모든 재화에 '자연가격natural price'이 있다고 주장했다. 모든 가격은 계속해서 이 고유의 자연가격을 향해 움직인다는 것이다. 예를 들어, 설탕 가격이 때때로 비싸졌다 싸졌다 할 수는 있지만 항상 자연가격 쪽에 가까워지게 마련이다. 경제는 절대 한 상태에만 머무르지 않는다. 그렇다면 체제 자체가 작동을 멈출 것이다. 경제는 성원 각자의 이익이 충돌하면서 끊임없이 여러 방향으로 왔다 갔다 하지만 늘 균형점을 구심점으로 소용돌이치며 돌아간다.

결국 이를 뒷받침하는 수학적 이론이 개발됐다. 시장은 수요와 공급에 의해 돌아간다. 우산의 수가 많고(공급이 많고) 해가 쨍쨍하면(수요가 적으면) 우산 가격은 떨어질 것이다. 반면 우산의 수가 적고(공급이 적고) 비가 많이 오면(수요가 많으면) 우산 가격은 오를 것이다.

시장을 이렇게 보는 것은 과학적이라기보다는 시적이다. 통계적으로 구성한 세계에는 정보로 인한 문제가 존재하지 않는다. 이 세계에서는 필요한 모든 정보가 이를 어떻게 이용해야 할지 아는 사람에게 아무 문제 없이 전달된다. 물론 실제 시장은 전혀 이렇게 마찰 없이 돌아가지 않는다. 그러나 실제 시장이 어떻든 이 이야기에서 가장 중요한 것은 시장경제의 '내재적 완벽함'이다. 옛 소련과 같은 상황에 처하고 싶은 사람은 아무도 없으니까.

마음이 편안해지는 이야기일 수 있다. 게다가 완벽하고 합리적인 경제적 인간들만 사는 통계의 세상에서 과연 시장경제가 효율적으로 운영될지 의문을 갖는 건 의미 없다. 모든 사람이 경제적 인간처럼 행동하고 변화가 없는 세상이라면 어떤 경제 체제라도 잘 돌아갈 테니까. 모든 사람이 모든 정보를 가지고 자신의 행동이 가져올 결과를 내다볼 수 있다면, 경제를 예측하는 것이 너무도 쉬워서 옛 소련 정부에서 주도한 중앙 계획경제와 별다르지 않을 것이다.

그러나 경제학자들이 만들어 내는 수학 모델들이 아무리 정교해도, 그 모델들이 실제 세상의 모습을 무시한 가정을 전제로 했다면 실제 세상을 설명할 수 없다. 효율적 시장 가설은 '금융 역사상 가장 큰 실수'라고 불린다.

시장은 항상 옳은 가격을 매기는 중립적인 기계가 아니다. 금융인 조지 소로스George Soros는 현실은 그 반대라고 말한다. 시장은 가끔 틀리는 정도가 아니다. 시장은 항상 틀린다. 시장에서 거래하는 사람들은 결함 있는 시각을 가지고 접근한다. 그리고 결국 시장에서 벌어지는 현상에 영향을 끼치는 것은 이 결함 있는 시각이다. 이 사실을 이해해야만 조지 소로스처럼 부자가 될 가능성이 생긴다. 적어도 소로스가 하는 말에 의하면 그렇다.

게임 이론의 세계에서는 격추되는 비행기 안에 사람이 있으나 없으나 상관없다. 날아드는 대공포를 어떤 식으로 피할 것인가는 체제의 논리에 의해 결정되니까. 그러나 금융시장은 합리적인 체제가 아니다. 사람들로 구성되어 있기 때문이다. 경제적 행동은 집단적으로, 감정적으로 벌어진다. 개별적으로, 합리적으로 진행되는 것이 아니다.

경제는 '균형점을 향해 끊임없이 수렴하는 합리적 체제 형성'이라는 청사진에 따라 수백만 개의 독립적인 부품이 조직되어 작동하는 로봇이 아니다. 경제는 그물처럼 얽힌 관계로 이루어져 있으며, 그 유일한 청사진은 관계 안에서, 그리고 전체적인 유기성을 고려해야만 도출해 낼 수 있다.

한편, 금융 이론들에 등장하는 경제적 인간은 시간이 일련의 고립된 사건의 연속으로 이루어진 세상에 살고 있는 듯하다. 다음 시간이 오는 순간 그 전의 시간은 사라지는 세상 말이다. 과거, 현재, 미래가 철저히 분리되어 있다. 그러나 현실에서는 투자자들이 일을 함께 한다. 이들은 자신들만의 논리에 따름과 동시에 새로운 논리를 만들어 내는 주체들이고, 이들의 움직임이 바로 시장의 움직임으로 나타난다. 전체는 부분이 모여 이루어졌지만 이를 세세히 쪼갠다고 해서 각 부분을 온전히 얻을 수는 없다. 게다가 시간은 복잡한 요소다. 어제의 기억과 내일에 대한 기대가 현재를 만든다. 기대가 기억에 영향을 끼치고, 기억이 기대를 형성한다.

그럼에도 불구하고, 시장의 자연적 균형이라는 개념은 1990년대까지도 제대로 심판대에 오르지 않았다. 너무도 우아하고 흠잡을 데 없어 보였기 때문이다. 이 단순한 메커니즘은 섹시하기까지 했다. 이 개념은 점점 더 복잡해지는 '수학적 성직자복'을 입는 것을 즐겼다. 월스트리트에서 학계에 이르기까지 사람들은 이 꿈을 믿고 싶어 했다. 그래서 그들은 믿었다.

2008년 9월 15일에조차도.

7장

『파우스트』속
황제의 궁정부터
현대의
금융 위기까지

Who
Cooked
Adam Smith's
DinneR?

요한 볼프강 폰 괴테Johann Wolfgang von Goethe의 위대한 희곡 『파우스트Faust』 2부가 경제에 관해 우리에게 주는 교훈은 무엇일까? 2부는 파우스트 박사가 악마의 사신 메피스토펠레스와 함께 황제의 궁정을 방문하는 것으로 시작된다.

제국은 경제적으로 심각한 어려움을 겪고 있다. 공식 화폐인 금이 제국이 지출하는 비용을 감당하기에 턱없이 부족했기 때문이다. 황제는 무분별한 소비를 지속하고 재정적 파국은 코앞에 닥쳐 있다.

이때 교활한 메피스토펠레스가 황제에게 제안한다. "폐하, 금이 충분하지 않더라도 아직 발견하지 못한 금이 어딘가에 있지 않을까요? 땅속 깊은 곳에 말입니다. 그리고 설령 그 금이 존재하지 않는다 하더라도, 우리가 금이 있다고 생각하는 것만으로도 가치는 있는 것입니다. 땅은 모두 폐하의 것이고, 폐하는 앞으로 발견될 금을 담보로 채권을 발행할 수 있습니다."

그 제안과 함께 악마의 사신은 지폐를 소개한다. 황제는 순식간에 빚에서 벗어난다. 마술처럼 황제는 부자가 되고, 나라는 융성한다. 그러나 제국의 기반 자체도 진짜 금에서 아무 가치가 없는 종잇조각으로 변해 버렸다.

번영의 가능성은 그야말로 거대하다. 그러나 그에 따른 위험도 그만큼 거대하다.

괴테는 인류 역사상 가장 위대한 시인이었을 뿐 아니라, 바이마르의 재무장관이기도 했다.

화폐의 역사는 유형에서 무형으로 옮겨 가는 과정이다. 경제 체제 초기의 화폐는 쓸모 있고, 세기 쉬운 물건이었다. 조개껍질, 가축, 소금 등이 가장 널리 사용되었다. 나는 당신에게 소 열 마리를 주고 땅을 산다. 소는 추운 겨울을 이겨 내는 동물인 데다, 식량으로 쓸 수 있어 실용적인 가치가 있다. 현대로 접어든 지 한참 후까지도 러시아 스텝 지역의 키르기스 인들은 말을 지불 수단으로 사용했다. 양은 단위가 작은 화폐였고, 양가죽은 잔돈이었다.

『돈의 철학 The Philosophy of Money』에서 게오르크 지멜 Georg Simmel은 돈과 우리의 관계가 신과 우리의 관계와 같다고 말했다. 신이 절대적인 존재인 것처럼 돈은 절대적인 교환의 매개체라는 의미다.

모든 재화의 가치는 돈으로 측정할 수 있다. 화폐가 없는 세상에서 누군가가 내 주전자를 손에 넣으려면 내가 그 사람이 가진 삽을 원해야만 가능하다. 내가 왜 원하지도 않는 물건과 내 주전자를 바꾸려 하겠는가? 내가 가지고 싶은 것을 상대방이 가지고 있을 때에만 교환이 성립하는 것이다. 다시 말하면, 경제학자들이 '개체 간의 상호 합의'라고 부르는 현상이 일어나야 하는 것이다.

반면 화폐가 존재하면, 내가 꼭 삽을 원하지 않더라도 나는 주전자를 내놓을 수 있다. 그는 삽 대신 돈을 줄 수 있고, 나는 그 돈을 가짐으로써 교환한 물건의 가치를 그대로 소유하게 된다. 장래에 내가 원하는 다른 물건과 돈을 교환하면 된다.

화폐의 기능 중 하나가 이런 식으로 가치를 저장하는 것이다. 교환이 훨씬 쉬워졌고, 따라서 더 잦아졌다. 이제 교환 행위는 그 자리에서 완성되는 대신 미래까지 연기될 수 있게 되었다.

기원전 1200년경 인도양과 태평양의 얕은 바다에 서식하는 개오지 조개껍질이 중국에서 화폐로 사용되기 시작했다. 석기시대 말에 이르러서는 조개껍질의 본을 떠 청동이나 구리로 화폐를 만들어 사용했다. 진정한 의미의 동전이 최초로 탄생한 것이다. 후에 이 동전들은 납작하게 만들어졌고, 시간이 흐르면서 중국에서는 가운데에 구멍을 뚫어 기다란 줄에 엮어 가지고 다녔다.

중국 외의 지역에서는 황제의 인장을 찍은 은 조각이 동전으로 사용됐다. 이 기술은 지금의 터키 지역에서 개발되어 그리스 인, 페르시아 인, 마케도니아 인, 그리고 후에 로마 인들에 의해 빠른 속도로 확산됐다. 단순한 금속이 사용되었던 중국과는 대조적으로, 다른 지역에서는 금, 은, 동으로 동전을 만들어 내기 시작했다.

세계 최초의 지폐는 가죽으로, 가로세로 30센티미터의 정사각형 하얀 사슴가죽 가장자리에 밝은색 물을 들여 사용했다. 800년경 중국에서 종이 화폐가 사용되기 시작했다. 이것은 500년 동안 계속 유통되다가 인플레이션 때문에 사용이 중단되고 말았다. 화폐를 더 찍어 내고 싶은 유혹이 너무 강했던 것이다. 특히 전쟁을 시작하면서 자금이 필요할 때면 그 유혹이 더 강했다. 얼마 가지 않아 지폐의 가치는 다른 물건들의 가치와 거의 상관이 없어졌고, 중국은 은에 기초한 경제로 회귀했다.

1816년 영국에서는 화폐를 금의 가치에 연동시켰다. 이미 수백 년 동안 지폐가 사용되어 왔지만, 그때부터 화폐의 가치를 금에 직접적으로 연계시킨 것이다. 미국에서는 금본위법*이 1900년에 통과되어 연방준비제도Federal Reserve System로 이어졌다. 정부에 돈을 가지고 가면 고정된 교환율이 적용되어 그 금액에 해당하는 가치만큼의 금을 받을 수 있었다.

1945년 브레턴 우즈 체제Bretton Woods system가 확립됐다. 2차 대전 연합국을 중심으로 한 동맹국 44개국의 대표들이 미국 뉴햄

●　　화폐가 일정량의 금의 가치와 연계되어 유통되는 제도.

프서 주의 작은 도시 브레턴 우즈에 모여 이 체제에 동참했고, 자국의 통화를 일정한 환율로 달러에 연동시키는 데 동의했다. 각국의 통화 가치가 보장되어 언제든지 달러와 교환할 수 있고, 달러는 또 언제든지 금과 교환할 수 있었다. 금은 녹슬지 않는다. 금은 영원하다. 역사상 지구에서 찾아낸 금을 모두 모아도 부피가 4.5세제곱킬로미터밖에 안 된다. 희귀한 것은 가치가 있다.

그러다가 1971년 브레턴 우즈 체제가 폐기됐고, 이제 지폐는 지갑 안에 있는 종잇조각에 불과하다. 화폐의 가치는 이제 다른 물건의 가치가 정해지는 것과 같은 방식으로 결정된다. 사람들이 더 많이 원할수록 가치가 올라가는 방식이다.

우리가 돈을 원하는 것은 다른 사람들이 돈을 원하기 때문이다. 모두 원하는 것이 같기 때문에 돈으로 재화와 서비스를 얻을 수 있다. 돈이 가치 있는 것이라고 믿는 한 모두가 돈을 벌기 위해 계속 일할 것이다. 이렇게 체제가 돌아가게 된다.

사람들에게 달러화, 크로나화, 유로화, 파운드화를 신뢰할 수 있다는 확신을 주는 일이 현대 중앙은행들의 임무다. 그들은 금고에 금을 실제로 얼마나 보관하고 있는지보다 신뢰도, 평판, 합법성에 더 신경 쓴다. 그리고 이는 이미지와 사람들의 기대, 심리적 요인과 관련 있다. 우리가 신뢰를 잃는 순간 경제는 풍비박산이 나고 만다.

돈은 사회적 산물이다. 종교에서와 같이, 금융시장에도 같은 말이 적용된다. 태초에 믿음이 있었나니.

아리스토텔레스Aristoteles는 철학자 탈레스Thales가 다음 해 올리브 수확량이 기록적으로 많을 것이라고 예측했을 때의 일화를 언급했다. 탈레스는 동네 기름집에 가서 다음 해 올리브 수확기에 착유기를 세낼 권리를 사겠다고 제안했다. 아무도 올리브 수확량이 어떨지 확신하지 못하는 차에, 기름집 주인은 탈레스의 돈이라도 받아 두면 손해는 보지 않을 것이라 생각했다. 그들은 계약을 맺었다. 시간이 흘렀고 탈레스의 예측이 맞았다. 올리브 농사가 대풍이 든 것이다. 올리브 농가는 모두 착유기를 필요로 했다. 탈레스는 미리 약속했던 가격으로 착유기를 빌려 웃돈을 받고 농가들에게 대여해 줬다.

탈레스가 했던 것과 같은 중개 거래를 현대에는 옵션 계약이라고 부른다.

금융계의 혁신은 항상 시간과 돈 사이의 관계를 다양하게 변화시키고 이용하는 방법으로 이루어져 왔다. 사실 수백 년 동안 사람들이 금융에 회의적이었던 것도 바로 금융이 시간을 가지고 장난친다는 점 때문이었다. 시간은 신에게 속한 것이고 신만이 관장할 수 있는 영역이다. 성경에서는 이자를 받고 돈을 빌려주는 고리대금업을 '시간을 파는 행위'라고 봤다. 고리대금업자는 돈을 빌려줌으로써 그 사람이 내년이 되기 전에는 살 수 없을 물건을 오늘 살 수 있도록 해 주는 것이다. 빌린 돈에 대한 이자는 대출을 받은 시점과 내년 사이에 경과하는 시간의 값이다.

그리고 시간에 값을 매기는 행위는 신성 모독으로 받아들여졌다.

아리스토텔레스는 빌린 돈에 이자를 물리는 것은 '돈 자체에서 이익을 거두는 것'이기 때문에 자연스럽지 않다고 말했다. 돈과 돈의 변태적인 결합으로 얻은 깨끗지 않은 돈. 비합법적인 돈. 돈이 돈을 낳는 현상은 성적 변태 같이 여겨졌다.

이 관점이 처음으로 바뀐 것은 장 칼뱅Jean Calvin의 종교개혁으로 개신교가 등장했을 때였다. 왜 시골에 땅을 소유해서 돈을 버는 건 되고, 기업이나 가게를 성장시켜 돈을 버는 건 안 되는가? 상인은 스스로 노력해서 이윤을 얻었으니 이를 갖는 것은 당연하다. 그리고 그 이윤을 더 키우면 안 될 이유가 있는가? 칼뱅은 이렇게 질문하며 빠르게 성장하는 도시 중산층에 개신교 신앙을 적용시키고자 노력했다.

고리대금업, 이자, 이윤은 더 이상 신학적으로 문제 되지 않았다. 이렇게 새로 도래한 시대에 기독교와 자본주의는 손에 손을 잡고 동반자가 되었다.

금융 상품은 정도의 차이는 있지만 경제적 위험 관리를 목적으로 한다. 위험을 감수할 수 없는 사람들의 손에 있는 기회를 그럴 능력이 있는 사람들에게 이전한다. 그해 올리브 농사는 화재가 나거나 서리 피해를 입어 흉작이 될 수도 있었다. 탈레스는 기름집 주인들의 위험을 대신 감수하고 그에 따라 이윤을 거둘 수 있었다. 금융시장은 위험을 감수하지 않고는 이익을 낼 수 없다는 의미에서 역설적이다. 그러나 사람들이 너무 많은 위험을 감수하면 시장이 무너진다.

1997년, 록의 전설 데이비드 보위David Bowie는 돈이 필요했다. 나이는 50세에 접어들었고, 오래전 결별한 매니저 토니 드프리스Tony Defries에게 아직도 보위의 수익 일부에 대한 권리가 있었기 때문에, 그에게 목돈을 주고 그 권리를 사 버리고 싶었다.

보위는 결코 가난하지 않았다. 돈은 늘 들어오고 있었다. 〈스페이스 오디티Space Oddity〉, 〈레벨 레벨Rebel Rebel〉, 〈진 지니Jean Genie〉, 그리고 〈지기 스타더스트Ziggy Stardust〉로 여전히 수익을 얻고 있었다. 앞으로도 몇십 년 동안 돈은 계속 들어올 것이다. 25장의 앨범과 287개의 곡을 발표한 데이비드 보위 아닌가.

그러나 그는 돈을 당장 손에 넣고 싶었다.

그는 시장에 일명 '보위 채권Bowie Bond'이라는 것을 내놓았다. 새로운 형태의 금융 상품이었다. 돈은 시간이고, 시간은 돈이었다. 그리고 그 둘 사이의 관계를 살짝 비트는 것은 가능했다.

보위는 작곡하고 녹음해 둔 곡들에 대한 미래의 수입을 판매했다. 이로써 보위 채권을 가진 사람들은 곡들의 저작권료의 일부를 영원히 받을 수 있는 권리를 갖게 되었고, 보위는 8700만 파운드(약 1280억 원)를 즉시 손에 쥐었다. 이제 해마다 들어오는 수입은 없겠지만 대신 뭉칫돈을 한 번에 받은 것이다.

그즈음 다른 가수들뿐 아니라 미국의 은행들도 보위와 비슷한 생각을 하고 있었다. 보위가 수백만 달러의 돈을 천천히 몇십 년에 걸쳐 나눠 받게 되어 있던 것과 마찬가지로, 은행들은 집을 산 사람들에게 대출해 준 돈 수십억 달러를 오랜 시간에 걸쳐 천천히 받고 있었다. 보위가 저작권을 판 것처럼 이 대출금을 받을 권리를 팔면 어떨까?

한 은행이 1만 가구에 각각 1억 원씩 빌려줬다고 가정해 보자. 앞으로 25년 동안 이 은행은 1조 원을 돌려받을 것이다. 은행은 종이 한 장을 꺼내 들었다. 이 종이를 소지한 사람은 대출금 상환액에 대한 권리를 가진다고 쓰여 있다. 은행은 다른 곳(연기금 등)에 이 종이를 판다. 이로 인해 은행은 마술처럼 또 다른 가구들에게 빌려줄 수 있는 1조 원을 다시 손에 쥐게 된다.

마술 같지 않은가. 1조 원을 빌려주고, 그 대출금을 팔아서 다시 1조 원을 손에 넣는다. 게다가 진짜 판매한 것은 빚 묶음일 뿐이다. 돈은 더 많이 생기고, 위험은 더 적어진다. 모든 사람에게 이득이다. 이는 많은 은행가들이 일하는 방법에 근본적인 변화를 가져왔다. 물론 문제는 위험이 그대로 존재한다는 것이다. 이 체제 어딘가에 말이다.

1997년 데이비드 보위가 보위 채권을 발행했을 때, 그의 곡들은 계속 수익을 올릴 것으로 예측되었고, 따라서 그는 8700만 파운드라는 목돈을 손에 쥘 수 있었다. 그것이 바로 그의 미래 저작권 수입에 대한 평가액이었다. 1997년 당시 음원 다운로드가 이토록 크게 확산될 줄 누가 짐작이나 했겠는가? 그리고 그로 인해 가수들의 수입이 얼마나 줄어들지 상상이나 했겠는가? 이제 모두가 그것을 알고 있다. 하지만 그건 데이비드 보위가 알 바 아니다.

그 문제는 채권을 사들인 사람들, 바로 그 사람들의 몫이다.

예전에는 채무자가 주택 담보 대출금을 상환하지 못하면 은행이 그 부담을 떠안았다. 당연히 은행들은 돈을 빌려줄 때 조심스러웠다. 이제는 이것이 완전히 거꾸로 뒤집혔다. 은행들은 누구에게 대출해 주는지에 점점 더 신경 쓰지 않게 되었다. 대출자산을 어차피 다른 곳에 팔아 치울 것이기 때문이다. 은행이 돈을 더 많이 빌려줄수록 팔 수 있는 대출자산은 더 많아졌고 ― 돈도 더 많이 벌었다.

이런 형태의 금융 상품을 평가하는 신용 평가사들은 위험성을 알아차렸어야 한다. 그러나 그들은 자신들이 평가하는 상품을 만들어 낸 은행들에게서 보수를 받았다. 게다가 신용 평가사들도 시장에 나와 있는 기업에 불과하기 때문에, 은행은 한 신용 평가사에서 매긴 등급이 마음에 들지 않으면 언제고 다른 평가사로 교체할 수 있었다. 게다가 은행들과 신용 평가사들은 동일한 경제 모델을 사용했다. 모든 사람이 경제적 인간처럼 행동한다는 생각에 기초한 모델 말이다. 이들은 집값이 걷잡을 수 없이 떨어지는 일은 없

을 것이라 생각했다. 시장은 틀릴 수 없었고, 따라서 은행들이 발행한 이 종이들은 '안전'했다.[*]

미 연방준비위원회Federal Reserve Board는 이 상황에 대한 대책을 세우는 대신 기록적인 최저 이자율을 유지했다.

미국 중산층의 생활수준은 1970년대 이후 거의 향상되지 않았다. 계층 간 격차는 더 심해지고 있었지만, 정치적 성향에 관계없이 정치인들은 모두 중산층이 게임의 승자가 된 느낌을 갖는 것이 중요하다고 여겼다. 점점 더 잘살게 되는 중산층 이야기를 빼면 미국이라는 나라의 정체성을 어디에서 찾을 수 있다는 말인가? 이를 상징적으로 나타내는 것이 바로 자기 집을 갖는 꿈이었다. 미국의 모든 가정이 집을 가질 기회를 가져야 한다. 집을 살 수 있는 능력이 아니라 집을 살 수 있는 기회 말이다. 이 생각은 시간을 팔 수 있다는 개념에서부터 시작됐다. 집값이 오른다면 빚을 같은 비율로 늘리는 것도 문제 될 것 없지 않은가? 계속 오르기만 하는 집값 자체가 '안전security' 장치였다. 수입은 별 상관, 아니 전혀 상관 없었다.

1997년에서 2006년까지 미국의 집값은 124% 상승했다. 거품이 최고조에 달했을 때는 매주 16만 명이 새로 집을 샀다. 인류 역

---

* 영어의 증권security이라는 단어와 안전하다secure라는 단어는 어원이 같다.

사상 가장 거대한 경제 거품이었다.

은행들은 갚을 능력이 없는 사람들에게 돈을 빌려줬다. 게다가 과도하게 많은 액수를 대출했고, 나중에는 해당 대출자산 상품을 다시 사들이기까지 했다. 신용 평가사들이 서류상 극도로 안전하다고 평가한 상품이니까. 결국 거품이 터진 후 은행들에는 돈이 남아 있지 않았고, 손에는 아무 가치도 없는 종잇조각만 들려 있었다. 무엇보다도, 그 종잇조각들은 이미 온 세계로 퍼져 나갔다. 아무도 이에 손대고 싶어 하지 않았다.

2008년 9월 15일, 리먼 브라더스가 파산했다. 재난을 알리는 첫 총성이었다. 미국 은행들은 자기들만 망한 것이 아니라 세계경제도 함께 끌어내렸다.

투기와 광기 어린 금융 행태로 인해 경제에 재난이 닥치는 것은 인류의 기억이 거슬러 올라갈 수 있는 만큼이나 오래전부터 반복되어 온 일이다. 우리는 항상 "이번에는 정말 달라"라고 반복적으로 말하곤 했다. 카르멘 M. 라인하트Carmen M. Reinhart와 케네스 S. 로고프Kenneth S. Rogoff의 공저 『이번엔 다르다This Time is Different: Eight Centuries of Financial Folly』에 나오는 이야기다. 사람들이 완전히 새롭고 독창적이라고 생각하는 무엇인가에 대해 집단적 환상에 사로잡히면 투기가 일어난다. 우리와 다른 존재들을 만들어 냄으로써 가치를 창출해 내고, 우리와 그 존재들 간의 간격을 좁히려 노력하는 것이다.

어떤 시장에서 사람들이 많은 수익을 올리고 있다는 소식이 알려지면 더 많은 사람들이 그곳에 투자한다. 가격이 올라가고, 그럴수록 더 많은 사람이 투자에 참여한다. 그리고 물론, 투자가 몰릴수록 가격은 더 올라간다. 무슨 일이 벌어지고 있는지 사람들이 깨닫기 시작해도 그 깨달음은 그다지 큰 영향을 끼치지 않는다. 사람들은 한껏 부푼 거품 속으로 계속 돈을 던져 넣는다.

결국 언젠가는 상황이 더 이상 지탱하지 못하는 시점이 되어 누군가가 "팔자!"를 외치는 순간이 온다. 공포가 확산되고, 모든 사람들이 동시에 출구로 몰려든다. 가격은 오를 때만큼이나 빨리, 혹은 그보다 더 빨리 떨어진다. 그러면 더 많은 사람들이 출구로 모여들고 가격은 더 떨어진다. 과장된 낙관주의가 과장된 비관주의로 변한다. 모두가 무지개가 끝나는 곳에 묻힌 황금 단지를 찾아 헤맨다. 그러다 그 단지는 연기처럼 순식간에 사라져 버린다.

사실 무에서 유를 창조할 수 있다는 생각이 들면 중간에 그만두기 어렵다.

경제적 가치는 집단적 환상 속에서 만들어졌다가 사라지곤 한다. 그리고 그 속도는 점점 더 빨라진다. 자본은 자유롭게 국경을 넘나들 수 있다. 그것도 빛의 속도로. 자본은 이제 더 이상 공장이나 물건이 만들어지는 곳, 혹은 천연자원이 채취되는 곳에 머물러 있지 않는다. 금융가들이 이윤을 얻는 방식은 서비스 산업에서의 고객 확보 경쟁이나 첨단기술 기업들의 상품 개발 경쟁과는 다르다. 그들은 투기를 통해 이윤을 추구한다. 변동이 크면 돈이 쉽게 들어오고, 위험도 커지고, 손실도 커진다. 건 돈에 돈을 걸고, 그것에 또 돈을 거는 몇 겹의 도박이다.

올리버 스톤Oliver Stone 감독의 1987년 영화 〈월스트리트Wall Street〉의 주인공 고든 게코가 말했듯 이제 제로섬 게임이 벌어지고 있다. 돈은 버는 것도 잃는 것도 아니라, 다만 이 관점에서 저 관점으로 계속 옮겨 가기만 하는 것이다. "환상이 현실이 됐어. 그리고 그게 더 현실적으로 보일수록 사람들은 더 간절히 원하게 마련이지." 그는 심드렁하게 말한다.

괴테의 『파우스트』에 나오는 메피스토펠레스도 이를 이해했다. 그는 파우스트의 영혼을 손에 넣고 그를 지옥으로 끌고 갈 기회를 호시탐탐 노리는 악마의 사신 아닌가. 파우스트 자신은 행복해지기를 원할 뿐이었다. 스위스의 경제학자 한스 크리스토프 빈스방거Hans Christoph Binswanger는 파우스트가 현대인을 대표하는 인물이라고 말한다. 그는 과학과 지식을 이용해 자연을 정복하고 새로운 경제 체제를 건설하고자 했다. 그는 자유와 번영, 세상의 모든 쾌락과 즐거움을 원했고, 이것이 영원히 지속되기를 간절히 기도했다. 욕심이 너무 과했던가?

오늘날 금융시장에서는 추상적 알고리즘이 주식매매 중개인들을 빠르게 대체해 가고 있다. 수학 모델에 따라 컴퓨터가 자동으로 주식을 사고판다. 영화 〈월스트리트〉에 나오는 멋진 맞춤 셔츠에 빨간색 멜빵을 하고, 땀을 뻘뻘 흘리며 커다란 화면을 향해 소리 지르며 손가락질하는 증권중개인들은 머지않아 사라질 것이다. 불행히도 그 패션 스타일은 더 널리 퍼질지도 모르지만.

이제 이들 대신 고등 수학에 기초해 자동 거래를 대량으로 수행할 수 있는 초고속 컴퓨터를 구비한 전문 기업들이 등장했다. 큰 은행들은 더 이상 월스트리트에 있지도 않다. 이미 거대한 컴퓨터 시스템을 설치하기 더 용이한 곳으로 이사한 지 오래다. 자금이 가장 많은 기업이 가장 큰 컴퓨터를 산다. 더 빠른 쪽이 이기게 되어 있다. 그들은 여러 시장에서 초 단위로 오르락내리락하는 가격 변동을 이용해 돈을 번다. 하지만 이 얼굴 없는 우주에서도 가끔 실수가 나온다. 13조 원짜리 주문이 기술적인 실수로 130억 원으로 변해 버리기도 한다. 소위 알고리즘이라고 하는 것이 완전히 정신을 잃고 폭주해 눈 한 번 깜빡하기도 전에 온 우주를 사들일 수도 있다. 이런 식의 거래는 눈 깜빡하는 시간의 1000배 정도 빨리 일어난다. 환상의 금융 세계에서 벌어질 수 있는 한 번의 기술적 오차가 다음번 대규모 공황을 촉발할 수도 있다. 불과 몇 분 사이에도 그런 일이 가능하다. 따라서 안전장치가 겹겹이 들어가 있고, 원활히 운행되도록 많은 점검을 거친다.

세계 주식시장이 한 번 출렁하고 나면 수백만 명이 일자리를 잃을 수도 있다. 수백만 명의 실업자는 한 나라의 재정 적자를 초래하고, 정부는 슬픈 표정을 지으며 노인들의 복지 예산을 줄여야 할 수도 있다. 그러나 먹이고, 간호하고, 손을 잡아 줘야 하는 노인들의 수는 변함없다. 더 적은 수의 간호사들이 같은 양의 일을 나눠서 해야 한다. 그들의 허리와 관절이 버텨 내지 못할 수도 있다. 이런 식으로, 금융 카지노에서 눈 깜짝할 사이의 가격 변화에거는 도박의 실수가 낳는 여파는 어느 간호사의 왼쪽 무릎 상태에까지 영향을 미칠 수 있다. 애덤 스미스나 금융계의 우두머리들이 계산에 넣겠다는 상상조차 하지 않았던 바로 그 무릎 말이다.

2008년, 위기가 더 이상 부인할 수 없는 현실이 되면서 미 연방준비위원회의 앨런 그린스펀Alan Greenspan 의장은 의회에 불려 가추궁을 당했다. 민주당의 헨리 왁스먼Henry Waxman 은 질문했다.
"의장의 세계관과 이데올로기가 옳지 않았고, 제대로 작동하지 않는다는 것을 깨달았습니까?"
"바로 그 점 때문에 저도 충격을 받았습니다. 지난 40여 년 동안 모든 것이 극도로 잘 돌아간다는 상당한 증거를 보아 왔기 때문입니다."

경제학은 자기들만의 우주 안에 적용되는 논리와 게임을 추구하는 학문이 됐다. 세계 모든 사람들이 경제적 인간으로, 그리고 결코 오류가 있을 수 없는 유일한 경제적 의식을 구현하는 개인으로 간주되었다. 그리고 일어나는 모든 일은 합리적이었다.

번영이라는 것은 우리의 주택 담보 대출 상환 능력이나 기업의 실적과 전혀 상관없이 존재하는 머나면 '재정적 우주'에서 창출된다. 가치는 어떤 식으로든 어차피 늘어나게 되어 있다. 모든 것이 우리와는 전혀 상관없는 차원에서 벌어진다. 황금은 신비로운 과정을 통해 나타났다 사라진다. 경제학과 시장은 마치 더 이상 우리와 아무 관련 없는 것처럼 돌아간다. 우리가 무엇을 생산하고, 어떻게 일하고, 무엇을 발명하고 필요로 하는지와 아무 상관이 없게 된 것이다.

기술적 변화는 언제나 시장을 변화시켰다. 돈이 점점 더 추상화되면서 — 처음에는 사슴가죽이나 쇳조각이었던 것이 나중에는 매매할 수 있는 대출자산 상품들의 묶음으로까지 변천하면서 — 점점 더 많은 사람들이 돈이 가까이 있다고 생각하게 됐다. 번영의 가능성은 실로 거대하지만, 그만큼 위험도 크다. 특히 우리가 애초에 생각했던 '번영'이라는 것의 의미를 잘 되새기지 않는 한 그 위험성은 더 커진다.

300마이크로초* 만에 온 세상을 열두 번 샀다 팔았다 할 수 있는 컴퓨터 시스템을 만들어 낼 능력이 있든 없든, 수학 모델의 우아함이 얼마나 유혹적이든, 경제학의 핵심은 인간의 육체에 기초하고 있다는 사실에서 벗어날 수 없다. 일을 하는 인간의 몸. 누군

---

* 1마이크로초는 100만분의 1초.

가를 돌보는 몸. 다른 몸을 만들어 내는 몸. 태어나고 나이 들고 죽어 가는 몸. 성별이 있는 몸. 인생의 여러 단계를 거치는 데 많은 도움이 필요한 몸 말이다.

그리고 그들을 지지하고 도와줄 수 있는 사회 말이다.

남자는 경제적으로 합리적이라는 착각

Who
Cooked
Adam Smith's
Dinner?

1950년대부터 심리학자들과 경제학자들은 주류 경제학 이론의 인간에 대한 가정들을 체계적으로 실험해 왔다. 그들은 인간의 사고와 의사결정 과정에 대해 실험하고 두뇌를 MRI로 촬영했다. 그들은 반복해서 자문했다. 이 경제적 인간은 대체 어떤 존재인가?

경제적 인간에 대한 최초의 전면 공격은 1979년에 시작됐다. 이스라엘의 학자 대니얼 카너먼Daniel Kahneman과 에이머스 트버스키Amos Tversky가 경제학자들이 주장했던 것과는 반대로, 우리의 결정이 객관적이거나 합리적이지 않다는 것을 보여 주는 데 성공한 것이다. 카너먼은 2002년 노벨 경제학상을 수상했다. 이쯤 되면 경제적 인간에 관한 논란은 끝났다고 생각하는 게 당연하다.

카너먼과 트버스키는 우리가 이익을 극대화하는 것보다 위험을 피하는 데 더 신경 쓴다는 사실을 증명했다. 우리는 문제가 어떤 식으로 묘사되는가에 따라 굉장히 다른 결론을 내리기 일쑤고, 우리가 사는 세상은 경제적 인간의 세상과는 달리 상황과 맥락이 중요하다. 또한 우리의 선호 순위는 항상 같지 않고, 각 상황에도 영향받는다. 우리는 이미 소유한 물건을 자연스레 더 가치 있다고 믿는 경향을 보이고, 10만 원을 얻어서 기쁜 것보다 10만 원을 잃어서 기분 나쁜 게 더 크다고 생각한다. 또 우리는 일반적으로 현 상황에서 아무 혜택을 보지 못하더라도 현상 유지를 선호하는 경향을 보인다.

무엇보다, 우리는 종종 자신보다 다른 사람의 복지를 더 중요하게 생각한다. 그 결과 자신이 손해를 본다 해도 말이다.

실제 사람들은 다시는 가지 않을 식당에도 팁을 남긴다. 경제적 인간이라면 그렇게 행동하지 않는다. 팁을 남기지 않아도 종업원이 자신의 수프에 파리를 넣는 등의 복수를 할 기회가 없기 때문에, 그는 두 번 생각하지 않고 팁을 다시 자기 주머니 속에 넣는다.

실제 사람들은 다른 사람과 힘을 합쳐 일하는 것을 마다하지 않는다. 경제적 인간은 자신에게 이익이 돌아오는 경우에만 그렇게 한다. 그는 또 어떤 상황에서 자신이 불공평하게 유리한 위치를 점했다 해도 별로 신경 쓰지 않는다. 이기기만 하면 되니까.

실제 사람들은 이런 것에 신경 쓴다.

협상할 때 사람들이 얼굴을 마주하는 것은 중요하다. 누군가의 눈을 보면 우리는 더 조심스러워진다. 경제적 인간에게는 그러거나 말거나 오십보백보다. 사실 전혀 의미 없다. 모든 상황은 동일하니까. 협상은 한 명 혹은 그 이상의 계산적인 개인들 사이의 교환일 뿐이다. 맥락이라는 것도 없다. 모든 게 독립적으로 존재하며, 다른 것과 연관된 건 없다. 그렇다. 모든 것이 경쟁이다.

현실에 존재하는 우리는 합리적이고 이기적인 개인이 아니다. 남녀노소를 막론하고 마찬가지다. 우리는 남을 배려할 때도 많고, 가끔은 혼란스러워하며, 희생정신을 보일 때도 있고, 걱정도 자주 하며, 비논리적일 때도 많다.

무엇보다, 우리는 누구도 섬처럼 홀로 존재하지 않는다.

우리가 경제에 관해 하는 이야기들은 서로 영향을 미치며, 경제가 좋아지고 나빠지는 데 일조한다. 우리는 다른 사람들이 어떻게 부자가 됐는지, 기업들이 어떻게 기록적인 이익을 달성했는지에 대한 이야기를 듣는다. 진실인지 아닌지는 별 상관없다. 그런 이야기를 듣고 있으면 모든 게 다 잘될 것 같다는 느낌이 든다. 그러다 보면 그 이야기가 진실이 된다. 어느 정도까지는. 우리가 그것이 진실인 것처럼 믿고 돈을 쓰기 시작하기 때문이다.

이와 마찬가지로 시장 가치가 곤두박질친다는 무시무시한 소식과 공포에 빠진 증권중개인들이 "팔자!"라고 외치는 소리는 우리로 하여금 허리띠를 더 졸라매게 만든다. 이런 식으로, 우리는 깊어지는 불황을 더 악화시키는 데 한몫한다. 우리의 감정이 우리의 이야기를 만들고, 그 이야기는 시장의 움직임에 영향을 미친다.

주위 사람들이 5억 원을 내고 새 아파트를 살 용의가 있다고 말하는 것을 들으면, 부동산 거품을 걱정하는 어두운 신문 기사는 별로 무섭게 들리지 않는다. 대신 부동산 중개인에게 2000만 원을 더 얹어 줄 테니 어서 거래를 성사시켜 달라고 조를 것이다. 호황은 사회 전반에 확산된 집단적 낙관주의의 효과로 간주된다. 우리가 공통적으로 느끼는 감정을 전깃불 끄듯 갑자기 꺼 버릴 수는 없다. 이런 감정까지 고려하는 경제 이론이 있었다면 아마 많은 문제를 피할 수 있었을 것이다.

그리고 우리 자신에 대해서도 어느 정도 이해할 수 있었을 것이다.

경제적 행동은 이성이 아니라 감정에 지배되는 면이 많다. 그리고 개별적이 아니라 집단적으로 나타나는 경우가 많다. 2008년 세계경제가 무너지는 것을 보면서 누구도 이것이 심사숙고한 계획에 따라 벌어지는 일이라고, 혹은 경제를 고려한 합리적 판단 결과라고 믿지 않았을 것이다. 우리가 내릴 수 있는 경제적 결정은 늘 심사숙고를 거치고 합리적일 수밖에 없다는 말을 들어 왔음에도 말이다.

1930년대에 이미 존 메이너드 케인스는 감정과 충동, 광적인 오해가 경제를 추진시키기도, 또한 무너뜨리기도 한다고 언급한 바 있다. 2008년 금융 위기 이후 그의 사상이 재조명받았다. 경제학자 조지 애컬로프George Akerlof와 로버트 실러Robert Shiller는 우리가 케인스의 이론 중 1930년대 대공황의 원인에 대한 설명을 잊어버렸다고 주장했다. 사람들은 케인스의 이론에서 다른 부분은 모두 받아들였으면서도 시장의 집단적이고 감정적인 면을 보지 못하고, 일관성을 갖춘 합리적 인간에 대한 개념을 여전히 포기하지 않았다는 것이다.

그러나 경제적 인간이 우리와 같지 않다면, 그는 과연 누구인가?

보통 공정함과 협력에 대한 기대는 사람들의 행동에 영향을 끼친다. 우리는 다른 사람들이 협력하고 함께 나눌 것이라 기대한다. 다른 사람들이 불공평하게 행동하면 우리는 이에 참여하기를 거부한다. 그렇게 해서 손해를 보더라도 말이다.

심리학자들은 유치원생들과 초등학교 2학년, 6학년 어린이들이 경제적 인간처럼 행동하는지 알아보는 실험을 했다. 7세 이상의 어린이들은 성인들과 동일하게 불의에 반응했다. 반면 그보다 어린 아이들은 경제적 인간과 동일하게 행동했다.

돈을 나눠 가질 때, 5세 어린이들은 돈을 공평하게 나누는 것에는 전혀 관심 없고 가능한 한 많이 가지고 싶어 했다. 가질 수 있는 액수가 적은 경우에도 아예 못 받는 것보다는 낫다고 생각했다. 손에 넣을 수 있는 것이면 무엇이든 일단 쥐고 봤다. 경제적 인간처럼 말이다. 그러나 세계경제를 운영하는 것은 5세 아이들이 아니다.

아니면 실은 5세 아이들인가?

연구를 진행한 연구원들은 7세 정도부터 정의와 공정성 같은 요소를 고려하기 시작한다고 말했다. 경제적 인간은 성장하면서 지나가는 하나의 단계에 불과하다. 적어도 단순화된 실험에서는 그렇게 보였다. 아마 다섯 살 먹은 아이들마저도 실제 상황에서는 실험실에서보다 더 복잡한 반응을 보일 확률이 높다.

욕심, 두려움, 자기 이익, 합리성만 가지고 돌아가는 인간 사회는 존재하지 않는다. 그런 사회는 작동할 수 없다. 경제학자이자 철학자인 아마르티아 센은 다음과 같은 예로 이 점을 잘 설명했다.

"기차역이 어디 있습니까?" 여행객이 물었다. "저쪽요." 동네 주민은 기차역과는 정반대의 방향을 가리키며 말했다. 그곳에는 우체국이 있다. "가는 길에 이 편지 좀 부쳐 주실래요?"

"물론이죠." 여행객은 이렇게 대답하면서 가는 길에 봉투를 열어 그 안에 값나가는 게 있는지 봐야겠다고 결심했다.

세상이 꼭 이런 식으로 돌아가지는 않는다.

경제적 인간의 행위를 설명하는 방정식은 약간 복잡한 수학 수준이다. 동시에 심리학 실험들을 살펴보면 사람들은 주어진 상황에서 가장 합리적인 선택을 하지 않는 경우가 많다는 것을 알 수 있다. 심지어 '가장 합리적인 선택'이 무엇인지 알지 못하는 경우도 많다. 게다가 이런 결과는 실험실에서 가짜 돈을 사용하는 단순한 실험 끝에 나온 것들이다. 이런 상황에서조차 사람들은 합리적으로 행동하는 데 실패한다. 실제 세상은 이보다 훨씬 더 복잡하다.

모든 것에 대한 전체적인 정보를 가지고, 모든 가능성을 비교 분석해서 이익을 계산하고 최대화할 수 있는 사람이 과연 존재할까?

우리는 과연 경제적 인간처럼 될 능력을 가지고나 있는 것일까?

이런 식의 비판에 신고전주의 경제학자 밀턴 프리드먼은 당구를 예로 들어 대응한 것으로 유명하다. 능숙한 당구 선수를 상상해 보자. 그는 공의 움직임에 대한 물리학 이론을 모를 수도 있다. 그러나 그는 그 이론을 잘 아는 것처럼 게임을 한다.

우리도 그 정도만 알면 된다는 것이다.

우리는 모델을 만들어 냄으로써 그의 행동을 예측할 수 있다. 모델을 만들 때 당구 선수가 물리학 법칙을 알고 있다고 가정해도 된다. 사실은 그렇지 않을지 모르지만 그에 상관없이 모델은 잘 돌아갈 것이다. 당구 선수가 물리학 법칙을 아는 것처럼 게임을 하기 때문이다.

다시 말해, 사람들은 경제적 인간과 다를지도 모른다. 그럼에도 불구하고 우리는 경제적 인간인 것처럼 행동한다. 따라서 경제적 인간에 기초한 모델을 통해 사람들의 행동을 예측하고 경제의 동향을 내다보는 게 가능하다는 것이 프리드먼의 논리다.

이 논리에 따르면 경제학자들은 그들의 인간에 관한 시각이 옳은지의 여부로 평가되어서는 안 된다. 대신 그들이 내린 결론이 시장에 참여하고 있는 사람들의 실제 행동과 부합하는지의 여부로 평가되어야 한다.

그러나 솔직히 말해, 경제학자들이 시장 예측을 특별히 잘하는 것도 아니다. 2008년 가을, 금융 위기가 몰아닥쳤을 때 엘리자베스 2세 여왕이 런던정경대를 방문했다. 그곳에 모인 전문가들은 당시 벌어지고 있는 위기에 대해 설명했다. 여왕은 놀란 얼굴로 물었다. "왜 아무도 이런 일이 생길 줄 몰랐나요?" 좋은 질문이었다.

하버드대 교수이자 미 외교관인 존 케네스 갤브레이스John Kenneth Galbraith는 신이 경제학자들을 만든 이유는 점성술사들이 더 높은 명성을 갖게 하기 위해서라고 꼬집었다. 이렇게 말하는 그 자신도 세계적으로 저명한 경제학자였다.

노벨 경제학상을 수상한 미국의 경제학자 로버트 루커스Robert Lucas가 여왕의 질문에 대답해야겠다고 마음먹었다. 그는 『이코노미스트』에 기고한 글에서 경제학자들이 위기를 예측하지 않은 것은 그들이 애초에 이런 일은 예측할 수 없다고 예측했기 때문이라고 답했다.

문제는 대답을 듣고 여왕의 궁금증이 풀렸는가 하는 점이다.

이제 시장은 이전 어느 때보다 강력하게 세계경제를 추동하고 있다. 그리고 최근 몇십 년 동안 우리는 이전 어느 때보다 경제학자들의 말을 경청해 왔다. 그럼에도, 이 기간은 위기의 연속이었다. 1987년 미국 주식시장 폭락. 일본 경제 붕괴. 1994년 멕시코 금융 위기. 1998년 헤지펀드사 롱 텀 캐피털Long Term Capital의 부도 후

닥쳐온 위기(롱 텀 캐피털이 절대 부도가 날 수 없는 이유를 설명한 이론으로 마이런 숄스Myron Scholes와 로버트 C. 머튼Robert C. Merton이 노벨 경제학상을 수상한 바로 그 다음 해에 벌어진 일이다). 같은 해 러시아 금융 위기. 아시아 경제 위기. 21세기 들어서 벌어진 닷컴 버블 붕괴. 그리고 가장 최근의 2008년 세계 금융 위기. 2008년 금융 위기는 대공황 이후 최악의 위기였다. 극소수를 제외하고 모든 경제학자들에게 이 일은 극심한 충격이었다.

소련 붕괴 후 국제통화기금IMF과 미 재무부는 기록적인 속도로 러시아에서 민영화를 추진했다. 상당수의 경제학자들이 몇 년이 아닌 며칠 사이에 러시아를 계획경제에서 시장경제로 바꾸려 했다. 그들은 공산주의의 겉껍질을 몇 겹 벗겨 내면 합리적인 경제적 인간들이 모인 나라가 드러날 것이라고 생각했다. 그리고 그 사람들은 언제 다른 경험을 했나 싶을 정도로 눈 깜짝할 사이에 생기 넘치는 자본주의 사회를 건설할 것이 분명했다. 러시아의 제도, 역사, 부의 분배 구조, 사회적 상식 등은 전혀 중요치 않은 문제로 간주됐다. 세부 내용에 신경 쓸 필요가 전혀 없었다. 경제적 원칙은 보편적이니까. 이는 어떤 상황에서든 어김없이 작동하는 원칙이다. 맥락이나 역사, 사회적 결속 형태, 그리고 우리가 보통 '존재하는 데 필요한 모든 상황'은 아무 상관이 없었다. 그들의 모델에는 오직 하나의 세상만 존재한다. 인간의 본성인 경제적 인간.

그 결과는 잘 알려져 있다. 러시아의 국가 자산은 눈 깜짝할 사이 소수의 엘리트가 독점했다. 정부는 순식간에 연금을 지불할 능력조차 없어졌고, 동시에 나라의 재원은 날개 돋친 듯 팔려 나갔다. 돈은 스위스와 키프로스의 은행 계좌로 이동했다. 전체적인 그림만 보면 잘 조직된 시장이라기보다 잘 조직된 범죄에 가까워 보였다. 그 후 남은 것은 개혁 전보다 낮아진 생활수준과 이러려고 민주주의를 도입했는가 하는 회의감을 가지게 된 수백만 명의 시민들이었다. 치러야 할 대가가 이 정도라면, 고맙지만 사양하겠소. 그들은 이렇게 말하며 블라디미르 푸틴Vladimir Putin을 대통령으로 선출했다. 안정과 자존심을 되찾아 주겠다는 공약이 유효했던 것이다.

러시아의 일인당 소득은 1990년대 내내 매년 하락했다. 우크라이나도 비슷한 과정을 겪었다. IMF의 조언에 귀를 기울이지 않았던 폴란드는 상황이 훨씬 나았다.

후에 폴란드 대통령이 된 레흐 바웬사Lech Wałęsa는 자본주의 경제를 공산화하는 것은 "수족관의 물고기들로 생선 수프를 만드는 것"만큼 쉽다고 말했다. 어려운 것은 그 반대의 경우다.

시장은 합리적인 개인들이 단일한 길을 따르며 조화롭게 돌아가는 시계 같은 모습과는 거리가 멀다. 그보다 훨씬 복잡하다. 시장을 결정짓는 독보적인 특징 — 만일 그런 것이 있다면 말이지만 — 은 변화를 향한 엄청난 압력이다. 아무런 감상적 망설임도 없이 시장은 오래된 기업과 낡은 기술 등 더 이상 쓸모없게 된 모든 것, 많은 경우 사람들까지 쓸어 버린다. 바로 그 때문에 시장은 눈부신 속도로 발전을 추진할 수도, 같은 위력으로 발전을 파괴할 수도 있다. 시장은 일부 영역에서는 엄청나게 효과적이지만, 다른 일부 영역에서는 무력할 수 있다. 시장은 기계적이고 단순하고 필연적인 것과는 거리가 멀다.

경제적 인간상을 믿는 경제학자들은 이것이 실제로 불완전할지는 모르지만, '이용할 수 있을 정도'로는 충분히 완전에 가깝다고 주장한다. 경제학자들이 우리에게 세상이 어떻게 돌아가고, 세상을 어떻게 더 나은 곳으로 만들 수 있을지에 대해 일부 가르쳐 준 것은 부인할 수 없다. 그러므로 그들이 경제적 인간상이 유용하다고 하면 믿지 않을 이유는 없지 않을까? 인간과 시장을 단순화하지 못할 이유도 없지 않을까? 단순화하는 것은 하나의 방법이고, 많은 영역에서 이 방법을 사용하지 않는가?

지구는 사실 타원형이다. 그리고 산과 계곡과 녹아 가는 빙산 등으로 울퉁불퉁하다. 그러나 우리는 지구가 둥글다고 말한다.

그러나 우리가 지구는 둥글다고 말하더라도, 실제로 배를 타고 항해할 때는 — 혹은 크루즈 미사일을 조준하고 발사할 때는 — 지구가 완전한 구체인 것으로 가정하고 그린 지도에 의존하지 않는다. 우리는 지구 표면의 불규칙한 면들을 측정하고, 어떤 식으로라도 그것을 지도에 반영하기 위해 노력한다.

반면, 경제적 인간은 그냥 그대로 둔다. 경제적 인간을 근거로 만들어진 모델은 세계경제를 이끌어 나가는 기초로, 그리고 가난한 나라들의 문제에 대한 해결책으로 사용된다. 자, 여기 해결책이 있으니 함께 해내 봅시다! 경제적 인간은 아주 좋게 말하면 '단순화된 인간'이고, 나쁘게 말하면 '환상'일 뿐이라는 사실을 우리가 30년이 넘는 세월 동안 알고 있었음에도 말이다.

경제적 인간은 오늘날까지도 여전히 경제 논리를 정의하고 있다. 그는 여전히 대학의 경제학 입문 교재에 인류의 모습으로 소개되고 있다. 우리 삶의 점점 더 많은 영역에 시장 논리를 적용하는 대중 서적들은 말할 것도 없다. 학계에서 지난 몇 년간 그가 현실과 거의 아무 연관이 없다는 것을 증명해 왔음에도, 경제적 인간의 주도적 기세는 꺾이지 않고 있다. 그는 여전히 매력적이다. 그리고 그는 여전히 우리 모두가 자기와 똑같다고 주장한다. 우리가 그 사실을 알든 모르든. 우리가 무슨 일을 하든.

어떤 사람이 교회 종탑에 올라가서 수탉처럼 울어 대면 우리는 그 사람을 미쳤다고 할 것이다. 하지만 우리가 뭘 안다고 그렇게 말할 수 있을까? 어떤 사람은 스카이다이빙을 하고, 어떤 사람은 히말라야 산에 오른다. 그런 일들도 위험하기는 마찬가지 아닌가? 만일 누군가가 여자 친구를 배추 이파리로 때려죽이려 하면 바보 같다고 할 것이다. 그가 칼을 들고 여자 친구를 죽이려 하면 정신병을 이유로 들어 무죄를 주장할 수도 있다. 그러나 경제적 인간은 모든 것을 알고 있다. 그는 누가 무슨 변명을 하든 인간은 항상 합리적으로 행동한다는 것을 알고 있다.

알코올 의존증이 있는 사람의 머리에 총을 겨누고 술을 그만 마시라고 하면 그는 들고 있던 술잔을 내려놓을 것이다. 이로써 그는 언제든지 술을 그만 마실 수 있었던 것으로 판명 난다. 그는 그저 그러지 않았을 뿐이다. 단지 그럴 이유가 없었을 뿐이다, 지금까지는. 따라서 누가 누구에게 미쳤다고 하는가? 무슨 자격으로 어떤 사람이 본인에게 이로운 것을 판단할 능력이 없다고 말하는가?

어떤 사람이 자기 집에서 백조 열한 마리를 키우고 있다. 그는 밤마다 공원에서 백조를 한 마리씩 잡아 담요에 싸서 집으로 데리고 왔다. 그중 한 마리가 날개를 다쳤다. 그는 날개를 고무 밴드와 테이프로 치료해 줬다. 경찰이 백조들을 찾으러 오자 그 사람은 슬퍼했다. 그는 이상한 사람인가? 아니면 경제적 인간이 그렇듯, 그 사람은 단순히 백조를 '선호'한 것뿐일까?

어떤 사람은 하루에도 손을 200번씩 씻고, 어떤 사람은 운전할 때 좌회전을 절대 하지 않는다. 스포츠 경기를 내리 10시간씩 보고 앉아 있는 사람도 있다. 그런가 하면 목욕탕 바닥을 15시간 내내 닦고 있는 사람도 있다. 아스널 축구팀이 질 것 같으면 온통 그 생각밖에 하지 못하기도 한다. 박테리아에 감염될까 두려우면 그 생각에 압도된다. 그러나 이에도 한 가지 논리만이 적용된다. 한 가지의 합리성만 있다. 사람이 기분이 나쁘면 스스로 목숨을 끊기까지 하지만, 어떤 것의 의미는 큰 그림 안에서 해석되지 않는다. 큰 그림은 꽁꽁 봉인된 상자 안에 들어 있다.

정신병을 앓는 환자들 중 많은 수가 자신 외에 모든 사람이 미쳤다고 생각한다. 나의 강박적 행동과 규칙들은 비정상적인 상황에 대한 정상적인 반응이라는 것이다. 정신병동의 불을 끄면 환자들은 괴로워하며 비명을 지르고, 이 공허한 비명 또한 수요의 한 형태로 해석된다. 세상은 스스로 만들어 놓은 궤도를 따라 계속 돈다. 가히 지옥의 회전목마라 할 수 있다. 처음에 투입한 자원보다 더 많은 것을 얻어 내야 한다. 그 외에는 모든 것이 무의미하다. 그리고 같은 방향으로 함께 행진하는 군부대에 소속되어 있다 하더라도 우리는 항상 혼자다. 하나의 논리, 하나의 세상. 그리고 우리는 결국 혼자만의 죽음을 맞이한다.

이것이 바로 우리가 고집해 마지않는 세상의 모습이다.

9장

어떻게
자극할 것이냐,
그것이 문제

옛날에 어떤 부부가 특별한 거위를 가지고 있었다. 이 거위는 매일 아침 황금알을 낳았다. 처음에 부부는 납처럼 무겁고 보통 알보다 훨씬 큰 이 알의 정체를 몰랐다. 결국 두 사람은 알이 무엇으로 만들어졌는지 깨달았다. 부부는 황금알을 하나씩 하나씩 팔았고, 얼마 가지 않아 큰 부자가 됐다.

하루는 남편이 아내에게 말했다. "저 거위 뱃속에 든 황금을 한꺼번에 손에 넣을 수 있다면 어떨까?" "좋죠." 아내가 대답했다. "그러면 매일 아침마다 알 낳기를 기다릴 필요가 없잖아요."

부부는 마당으로 나가 거위를 죽였다. 죽은 거위의 배를 신나게 가른 부부는 그 안에 황금알이 없다는 것을 깨닫고 경악했다. 피, 근육, 깃털, 내장만이 있을 뿐이었다. 황금알을 낳는 거위의 뱃속은 여느 거위와 다름이 없었다. 부부는 이제 더 이상 황금알을 얻을 수 없었다. 황금알을 낳는 거위는 죽었으니까.

지구 상 어떤 언어도 경제학의 언어만큼 진지하게 받아들여지지 않는다.

"예상 성장률이 높아지면 공공 재정이 건전해진다." "시장 정상화." "시장이 결정하도록 놔 두라." "공정한 경쟁의 장." "진입 장벽 낮추기." "결단을 내리다." "무리한 수요 진작 정책." "생산성 전망 상향 조정." "비우호적인 환율 동향." "경쟁 기반 시장." "매우 강력한 한계효과."

필요성만을 담은 언어. 우리는 모두 무엇을 해야 할지 알고 있다. 다만 다음에도 우리가 같은 방식으로 행동하게 될지 모를 뿐.

이성에 무아지경으로 빠진 것이 느껴지지 않는가?

최초의 시장은 정착지 주변이라든가 마을과 마을 사이에 생겨났다. 상거래는 공동체 밖에서 이루어져야 한다고 여겨졌다. 물건을 사고파는 논리가 사회의 다른 부분과 섞이지 않아야 했기 때문이다. 따라서 시장은 변경에 자리했고, 사람들은 거래가 이루어지는 장소와 자신들 사이를 나누는 경계를 안정적으로 유지하는 주술 의식을 행했다. 거래 장소는 돌로 표시했고, 시장의 논리는 경계선 안에서만 작용해야 했다.

그로부터 수천 년이 흘렀고, 시장 논리는 강둑을 넘어 범람했다. 위로, 밖으로, 안으로 마구 넘쳤다. '경제학'이라는 말은 '합리성'이라는 말과 동일시됐다. 사고, 팔고, 경쟁하는 것은 사회 전체의 이미지가 됐다. 정치도 이 방식으로 분석되기 시작했고 법, 사랑, 심지어 인간 존재에까지 시장 논리가 적용되고 있다. 우리가 어떤 거래를 하면, 여기에 경제학의 자기 이익 추구, 경쟁, 최소 비용으로 얻는 최대 효과 등의 논리가 어떻게 적용되는지 이야기하는 사람이 꼭 있다. "냉소적인 사람이란 모든 것의 가격은 알지만 어떤 것의 가치도 모르는 사람이다." 아일랜드 출신 작가 오스카 와일드Oscar Wilde의 말이다. 아마 그 냉소적인 이는 '가치는 수요에 의해 결정된다'는 사실을 몰랐던 것 같다.

시장은 거대 도시들의 심장부로 옮겨 갔고, 시장을 상징하고 찬양하는 마천루들이 이 도시들의 성격을 결정했다. 뉴욕, 상하이, 도쿄, 런던, 쿠알라룸푸르. 이 도시들의 중심부 스카이라인은 은행과 금융 회사 건물들이 형성한다. 우리는 이전 어느 때에도 이렇게 높이, 그리고 대규모로 건물을 지어 본 적이 없다. 그러나 이 마천루의 꼭대기에는 안전망을 쳐야 한다.

그러지 않으면 사람들이 구름을 뚫고 죽음을 향해 100층 아래 거리로 몸을 던질 것이다.

경제적 인간은 점점 더 자라서 전 세계를 정복했지만, 시장은 여전히 우리의 도움이 필요한 듯하다. 어쩌면 지금 그 어느 때보다 절실하게 우리가 외는 주술의 도움이 필요한지도 모른다. 우리는 계속해서 시장의 안위를 염려한다. 시장은 긍정적일 수도, 걱정스러울 수도, 과열될 수도, 행복할 수도, 화가 날 수도 있다. 정말이지 감정이 너무나 풍부한, 보기 드문 짐승 아닌가. 그 내면 세계는 너무도 풍성하여, 세계에서 가장 저명한 신문들이 시장의 기분 변화를 하나도 빠짐없이 헌신적으로 보도한다.

시장은 가끔 생각하고 명상에 잠긴다.

"시장은 가격 상승에 대한 전망을 무시했다.""어제 시장은 결정을 내리는 데 어려움을 겪었다.""시장은 정부의 결정을 화폐의 가치를 평가 절하하지 않겠다는 뜻으로 해석했다.""시장의 재빠른 대응에 모두가 놀랐다.""시장은 스스로 결론을 내렸다."

시장은 가끔 고집을 부리고 불만스러워한다.

"시장은 정부의 대책을 그다지 달가워하지 않았다.""시장은 이탈리아가 이 문제에 진지하게 접근하고 있는지 여전히 확신하지 못하고 있다.""시장은 독일 분데스방크에 상당한 실망을 금치 못했다."

시장은 어떨 때는 공격적이고 폭력적이다.

"그리스 정부는 시장과 전면전에 나섰다.""미국 정부는 시장이 달러화를 때려눕히도록 내버려 둘지도 모른다.""시장이 피 냄새를 맡았다.""중앙은행은 아직 총알이 다 떨어지지 않았다.""우리가 지금 심각하다는 것을 시장에 알려야 한다."

시장은 가끔 컨디션이 좋지 않다.

"지난 주 시장이 긴장했다.""파운드화 가치가 떨어지면서 시장은 속이 편치 못한 듯하다.""시장은 아직도 큰 타격의 여파로 몸을 추스르지 못하고 있다." "시장이 긴장을 풀지 못하는 것은 재무장관 안데르스 보리Anders Borg 탓일 가능성이 크다." "시장은 그의 발언에 혼란스러워했다." "시장이 가장 강하게 느낀 감정은 불안정함이다." "시장이 발작을 일으키고 있다." "어제 포르투갈은 시장을 안정시키려 노력했다."

시장의 심기가 평소보다 많이 편치 못하면(우울증이나 자유낙하에 대한 걱정으로), 사회는 제물을 바쳐서 시장을 진정시켜야 한다. 제물은 엄청난 양의 돈이다. 경제가 '활력'을 되찾아야 하기 때문이다. 사람들 또는 정부, 혹은 두 주체 모두 시장이 돌아갈 에너지를 공급하기 위해 소비를 더 많이 해야 한다. 돈이 아주 많이 들어가는 비싼 치료법이기는 하지만 그렇게 하지 않았을 때 벌어질 일들은 상상만 해도 무시무시하다. 소비는 성혈이 된다. 깨끗하고, 더럽고, 아름답고, 구역질 나고, 성스러운 면을 동시에 지닌 피.

"어떻게 자극을 줄지 떠들어 대는 걸 듣고 있으면, 경제가 무슨 거대한 클리토리스라도 되는 듯하다." 미국의 저널리스트 바버라 에런라이크Barbara Ehrenreich가 쓴 문장이다. 물론 경제는 여성의 몸에 비하면 상대도 되지 않을 정도로 단순하다.

그러나 세심한 손길을 필요로 하는 것은 사실이다.

경제는 한편으로 (복잡한 수학을 통해 제일 잘 표현되는) 명료한 이성의 목소리인 동시에 다른 한편으로는 감정적인 시장에 관한 이야기다.

『파이낸셜 타임스Financial Times』, 『다겐스 인두스트리Dagens Industri』, 『월스트리트 저널Wall Street Journal』 등의 신문 곳곳에 수천 가지 뉘앙스로 표현되는 야성적이고 걷잡을 수 없이 감정적인 시장 말이다.

우리는 시장이 인간적인 감정을 가진 것처럼 묘사하는 한편, 우리 자신은 점점 더 인간적인 감정이 없는 것처럼 묘사한다. 마치 우리가 '시장'에 나와 있는 속이 텅 빈 재화나 기업인 것처럼.

"자신의 브랜드 이미지를 고려해야 해." "너도 우리 둘의 관계에 투자해야지." "다시 시장에 나오니 즐거워." "난 네게 너무 많은 빚을 졌어." "넌 너 자신을 파는 기술을 더 키워야겠다." "어린이들은 미래에 대한 투자다." "그 사람은 감정적 비용을 감당하고 싶어 하지 않아." "그 여자는 유효기간이 지났어."

사람에 관한 단어들이 시장에 사용되고, 시장에 관한 언어가 사람을 묘사하는 데 점점 더 많이 사용된다.

경제는 우리가 되고, 우리는 경제가 되었다.

『부부경제학: 경제학을 이용해 사랑, 결혼, 설거짓거리를 정복하는 방법Spousonomics: Using Economics to Master Love, Marriage, and Dirty Dishes』에서 폴라 슈먼Paula Szuchman과 제니 앤더슨Jenny Anderson은 경제 원칙을 이용해 남녀 관계를 향상시켜 주겠다고 한다.

슈먼과 앤더슨은 결혼을 투기 경향이 있는 사업이라 보고, 이 책을 통해 수익을 극대화하는 방법을 배울 수 있다고 말한다. 시장 논리를 침실까지 끌어들인 것이다. 저자들은 모든 낭만적인 관계가 그 나름의 작은 경제 체제라고 생각하는 데서 출발한다. 합리적 개인 두 명이 한 지붕 아래 사는 것이다. 결혼 생활이 생산적이려면 제한된 자원을 효율적으로 잘 분배하는 기업처럼 운영되어야 한다. 결혼 생활을 하다 보면 빨래, 자녀, 그리고 더 이상 잠자리를 같이하지 않는 것 등의 문제에 부딪히곤 한다. 슈먼과 앤더슨에 따르면 이 모든 문제에 시장 원칙의 도움을 받을 수 있다.

그들은 하워드를 예로 든다.

하워드는 저녁에 퇴근하면 화를 무척 자주 낸다. 장난감이며 세발자전거가 거실에 너저분하게 널려 있는 것을 보면 그는 참을 수가 없다. 하워드는 소리를 고래고래 지르고, 어떻게 해도 그를 진정시킬 수 없다. 매번 그렇다.

그러던 어느 날 그의 아내 젠이 부부경제학을 적용하기 시작했다.

주류 경제학 이론은 사람들이 이기적이며, 동기 부여에 반응한다고 말한다. 개를 훈련시킬 때 앉으라고 명령해서 앉으면 과자를 준다. 과자는 동기 부여다. 개가 명령대로 앉는 것은 바람직한 행동이다. 경제적 인간은 항상 이런 동기 부여에 잘 반응한다. 번개처럼 빠른 계산기가 작동해서 모든 상황에서 어떻게 하는 것이 이익인지 계산해 낸다.

이 이론에 따르면 사람들의 행동은 항상 어떤 상황에서 무엇을 얻고 무엇을 얻지 못하는지 보면 예측 가능하다고 한다. 하워드가 격분하는 것은 바람직한 행동이 아니다. 그의 행동으로 아내는 신경이 거슬리고 아이들은 두려워한다. 따라서 하워드가 그런 식으로 행동하는 것을 멈추는 쪽으로 동기 부여가 되어야 한다. 그가 분노를 참을 수 있을 정도로 충분한 보상이어야 한다.

젠은 동기 부여 체계를 만들어 낸다. 젠은 하워드가 3일 연속으로 화를 내지 않으면 그와 잠자리를 같이해 준다. 아나나 다를까. 하워드는 화내는 것을 멈춘다. 슈먼과 앤더슨은 이것이 경제 원리에 입각한 교환이 효과가 있다는 증거라고 즐겁게 외친다.

1950년대와 달라진 게 없다고 말할 사람도 있을 것이다.

『부부경제학』은 이런 방식을 도입함으로써 젠이 결혼 생활의 근본적인 요소를 변화시켰다는 점은 언급하지 않는다. 젠은 경제적 개념의 동기 부여 체계를 도입함과 동시에 부부 관계의 성숙한 성적 요소를 없애 버렸다.

두 사람 사이의 유희이자 상대방과 하나가 되자는 초대의 의미였던 성생활이 보상 체계로 변해 버린 것이다. 하워드는 성숙한 어른에서 성관계를 갖기 위해 억지로 의젓하게 행동해야 하는 괴상한 애어른이 되어 버렸다. 그리고 젠의 몸은 그녀의 일부가 아니라 도구가 됐다. 남편을 행복하게 하기 위해 사용하는 도구.

아무리 많은 경제 방정식으로 가장해도 이는 너무도 낡은 이야기다.

그리고 경제적 동기 부여 체계는 생각만큼 단순하지 않다.

약 100년 전 하노이에 흑사병이 돌았다. 병이 퍼지는 것을 막기 위해 당국은 쥐잡이들을 고용해, 도시의 하수구 등지에서 창궐하는 쥐를 죽이는 임무를 주었다. 곧 분주하게 작업에 들어갔다. 그러나 이들이 쥐를 잡는 속도보다 쥐들이 번식하는 속도가 더 빨랐다. 하루에 수천 마리를 죽이는데도 쥐의 숫자는 전혀 줄어들지 않았다.

프랑스 식민 당국은 주민들에게 도움을 요청했다. 쥐꼬리 하나당 보상을 내건 것이다. 처음에는 아주 성공적인 듯했다. 매일 수천 개의 쥐꼬리가 들어왔으니까. 그러나 당국은 얼마 지나지 않아 뭔가 잘못되고 있다는 것을 눈치챘다. 거리에 꼬리가 잘린 채 기어 다니는 쥐가 넘쳐 났기 때문이다. 심지어 사람들은 꼬리를 잘라 보상을 챙길 목적으로 쥐를 기르기까지 했다.

많은 경우 보상을 받기 위해 필요한 일만을 하고, 결과는 예상했던 대로 흘러가지 않는다는 것이 문제였다. 딱 투입하는 만큼만 받게 되기 때문이다.

하노이의 쥐잡기 프로그램은 종료됐다.

이스라엘의 한 보육원에서는 퇴근을 제때 못해 늦게 오는 부모들로 오랫동안 골치를 앓았다. 이들 때문에 보육 교사들은 날마다 초과 근무를 해야 했다. 두 명의 경제학자가 이 문제에 대해 연구를 진행했다.

보육원은 이 문제를 해결하기 위해 늦게 데리러 오는 부모들에게 요금을 부과하기 시작했다. 그러나 그 결과 부모들은 아이를 더 늦게 데리러 왔다. 왜 그랬을까?

보육원은 지각비를 물림으로써 부모들이 아이를 제시간에 데리러 와야 하는 가장 큰 이유를 없애 버렸다. 바로 '의무감'이었다. 이제 5시에 보육원에 도착하지 않으면 교사들에게 불편을 끼친다는 생각이 없어진 것이다. 보육원은 의도하지는 않았지만 지각비를 물림으로써 아이를 늦게 데리러 오는 것에 가격을 붙여 버렸다. 그리고 무엇인가에 가격이 붙고 그 가격을 지불할 수 있게 되면서 미안해 할 필요도 없어졌다.

부모들은 지각비를 부가 서비스에 대한 요금으로 생각하기 시작했다. 도덕적 의무가 사라진 것이다. 부모들과 보육 교사들의 관계가 변했다. 처음 동기는 돈과 상관없었다. 그러다 관계에 돈을 개입시켰고, 상황의 변수가 달라졌다.

지나가는 행인에게 트럭에서 소파를 내리는 것을 도와주면 사례하겠다고 제안하면 도움을 받을 확률이 낮아진다. 사람은 남을 돕고 싶어 한다. 그러나 그 방정식에 돈을 대입하면 돕고 싶은 동기는 사라지게 된다.

지나가던 행인은 보수 때문에 서비스를 제공하는 셈이 되고, 그런 상황에서 사람들은 흥미를 훨씬 덜 보인다.

주류 경제학 모델에서 경제학자들은 보통 동기 부여 요인이 많을수록 더 좋다고 추정한다. 1 더하기 1은 2이므로. 그리고 2는 항상 1보다 많다. 같은 맥락에서, 어떤 행동을 하는 이유가 두 가지면 한 가지일 때보다 낫다. 그것이 경제적 인간이 행동하는 방식이다. 아이를 제시간에 데리러 가는 게 보육 교사들에게 불편을 끼치지 않기 위해서라고? 그 사람들은 그러라지 뭐. 이런 경제적 인간을 움직이게 하는 가장 큰 동력은 금전적 동기다.

그러나 우리 대부분은 그보다는 더 복잡한 사람들이다. 경제적 보상의 문제점은 우리에게 영향력이 없다는 것이 아니다. 오히려 영향을 끼치기 때문에 문제다.

학생들의 시험 성적이 오르는 만큼 교사의 보수가 오른다면, 교사들은 학생들이 시험에서 높은 점수를 받도록 하는 데 주력할 것이다. 그러나 그것이 곧 학생들이 더 나은 교육을 받는다는 의미는 아니다.

기업의 주가가 오르면 경영자에게 1억 원의 상여금이 지급되도록 되어 있다면, 그는 주가가 오르게 하는 데 전력을 다할 것이다. 그러나 그 활동이 기업에 장기적으로 이로운 행위는 아닐 수도 있다.

동기 부여 체계를 도입할 때 우리는 보통 측정하기 쉽고 향상시키고자 하는 부분에 대한 척도가 될 수 있는 무언가를 찾는 경우가 많다. 시험 점수는 학생들의 지식을 측정하는 척도다. 마찬가지로 주가는 기업이 얼마나 성공적으로 운영되고 있는지 알 수 있는 척도다.

그러나 사람들은 동기 부여책으로 걸린 상을 받기 위해 지름길을 택하는 경우가 많다. 교사들은 지식이 아니라 시험에서 좋은 점수를 받는 방법을 가르치기 시작한다. 경영자들은 다음 사분기 보고서가 나온 후에도 기업이 번창할 수 있는 종류의 결정이 아니라 단기적으로 주가가 오를 수 있게 하는 결정을 한다.

경제적 동기 부여책은 그것이 효과가 없어서라기보다, 효과를 발휘하더라도 때때로 상황의 본질을 바꿔 버려서 문제가 된다. 물론 이것이 큰 문제가 되지 않는 경우도 있다. 어느 자선단체가 인도의 시골 지역에서 무료 예방접종을 하는 데 보상 체계를 도입한 경우가 그 예다. 인도에서는 모든 사람을 상대로 무료 예방접종을 제공함에도 불구하고 어린이 10명 중 8명이 접종을 받지 않았다. 자선단체는 이를 장려하는 여러 가지 방법을 시도했다. 그중 가장 효과적인 것은 오는 사람들에게 렌틸 스튜 몇 그릇을 무료로 제공하는 것이었다. 이전까지 자녀들에게 예방접종을 할 이유를 찾지 못했던 부모들에게 이제 그럴 이유가 생겼다. 이런 방법으로 예방접종률이 올라갔다. 많은 상황에서 경제적 동기 부여책은 큰 효과를 발휘한다. 그러나 사람들은 모든 당근을 쫓고, 모든 채찍에 반응하는 고립된 개체들이 아니다. 우리는 모든 것이 경제적으로 계산되는 세상에 살고 있지 않다. 이스라엘 보육원의 경우처럼, 어떤 경우에는 경제적 동기 부여책을 도입함으로써 바람직한 상황을 유지하던 가장 중요한 동기를 없앨 수도 있다.

스위스에서 (수많은 국민투표 중) 한 국민투표가 실시되기 전 연구 조사가 진행됐다. 투표의 안건은 핵폐기물 처리 시설 유치였고, 학자들은 사람들이 이 문제를 어떤 식으로 사고하는지 궁금해했다.

연구원들은 설문지를 가지고 집집마다 방문했다. "당신이 사는 동네에 핵폐기물 처리 시설이 들어와도 된다고 생각합니까?"라는 질문에 50%가 "그렇다"고 대답했다.

사람들은 물론 그것이 위험하며, 자기 집의 경제적 가치를 하락시킬 것이라고 생각하여 이를 좋아하지는 않았다. 그러나 그 시설이 어딘가에는 설치가 되어야 하기 때문에, 정부가 자기 동네에 그 시설을 두겠다고 하면 그것을 받아들여야 할 의무가 있다고 생각했다. 스위스 시민답게.

반면 사람들에게 매년 비교적 큰 돈—평균 근로자 소득의 6주분에 해당하는 금액—을 보상으로 받는 대신 그 시설을 동네에 설치하는 것에 동의하겠느냐고 묻자, 그러겠다고 하는 비율이 25%로 떨어졌다. 모범 시민이 되고 싶어 기꺼이 받아들이려 했지만, 보상이 끼어드는 순간 문제는 더 이상 모범 시민과는 별개의 것이 되고 말았다. 금전적 보상이 동기를 죽인 것이다.

황금알을 낳는 거위는 우리가 생각하는 방식으로 기능하지 않는 경우가 많다.

그것을 모르기 때문에 우리는 거위를 죽인다.

우리가 경제적 동기 부여 체계를 도입하는 것은 경제적 힘이 우리의 추동력이라고 믿기 때문이다. 그러나 그 보상이 다른 모든 추동력을 밀어내고 만다. 경제적 인간이 상황에 뛰어들어 도덕적·정서적·문화적 고려 대상들을 모두 쓰러뜨린 셈이다. 그 고려 대상들이야말로 돌아보면 경제가 기능하고 발전하는 데 엄청나게 중요한 것들이었는데도 말이다. 이런 식으로 규정된 시장 원리는 가장 중요한 것들에 대해 설명하지 못하는 것에 그치지 않는다.

가장 중요한 것을 파괴할 위험성까지 커진다.

10장

돈을 요구하면
이기적인
사람이다?

페미니스트 경제학 교수 낸시 폴브레Nancy Folbre 는 다음 이야기를 자주 인용한다.

옛날에 여신 몇 명이 모여서 대회를 열기로 했다. 세계 각국이 참가하는 일종의 올림픽 경기였다. 시합은 그 국가의 특정 선수가 아닌 사회 구성원 전체가 결승선까지 함께 들어오는 것을 겨루는 것이었다. 출발 신호탄이 울리자 1번 국가가 재빨리 선두에 나섰다.

이 국가는 시민 한명 한명에게 미지의 결승선을 향해 최선을 다해 뛰라고 격려했다. 시민들은 뛰어야 할 거리가 그다지 길지 않을 것이라고 생각해서 모두들 무척 빠른 속도로 뛰었다. 얼마 가지 않아 아이들과 노인들이 뒤처지기 시작했다. 멈춰서 그들을 돕는 사람은 아무도 없었다. 자신이 이렇게 빨리 뛸 수 있다는 것에 너무 기뻤던 나머지 그들에게 시간을 내어 줄 수가 없었던 것이다. 그러나 경주가 계속되면서 그들마저 지치기 시작했다. 서서히 거의 대부분의 사람이 아프거나 부상을 입었다. 그러나 그들을 대신해 뛰어 줄 사람은 아무도 없었다.

2번 국가는 이와 다른 전략을 세웠다. 이 나라는 젊은 남성들을 앞장세우고 여성들은 후방을 맡도록 했다. 여성들은 아이들을 업고 안고, 노인들을 돌봤다. 덕분에 남성들은 엄청나게 빨리 뛸 수 있었다. 남성들이 피곤해지면 근처에 있는 여성들이 그들을 돌봤다. 처음에는 참 좋은 시스템인 것처럼 보였다. 그러나 얼마 가지 않아 갈등이 극도에 달했다. 여성들은 자신들이 하는 일이 남성들이 하는 일만큼 중요하다고 생각했다. 그리고 아이들을 안고 있지 않았으면 남성들만큼 빨리 뛸 수 있었을 것이라고 주장했다. 남성들은 여성들의 주장을 받아들이지 않았다. 결국 좋은 전략으로 보였던 이 시스템은 추진력을 잃고 말았다. 점점 더 많은 에너지가 갈등과 협상, 다툼에 낭비됐다.

이제 여신들의 주의가 3번 국가로 쏠렸다. 이 국가는 상대적으로 천천히 움직였다. 그러나 여신들은 이 국가가 다른 국가들보다 훨씬 더 꾸준한 속도로 전진하고 있다는 것을 깨달았다. 참가자들은 뛰면서도 동시에 자기들만큼 잘 뛰지 못하는 사람들을 돌봤다. 여성과 남성은 똑같이 선두에 섰고, 번갈아 가며 아이들과 병약자들을 돌봤다. 뛰는 속도와 돌보는 활동이 똑같이 가치 있다고 받아들여졌고, 책임을 나누는 과정에서 사람들 사이의 결속력이 높아졌다. 3번 국가가 경주에서 이긴 것은 물론이다. 멋진 이야기다.

모든 사회는 사람들을 돌볼 수 있는 구조를 어떤 식으로든 갖추고 있어야 한다. 그러지 않으면 경제는 물론 아무것도 돌아가지 않는다. "저녁 식사가 어떻게 식탁 위에 올라오는가?"는 경제학의 근본 질문이다. 애덤 스미스는 그 답이 자기 이익 추구라고 했지만, 저녁마다 식사를 식탁에 차리고, 그가 열이 날 때 옆에서 돌봐 준 것은 그의 어머니였다.

돌보는 사람이 없으면 아이들이 자라지도, 병자가 회복하지도, 애덤 스미스가 책을 쓰지도, 노인들이 살아가지도 못한다. 우리는 다른 사람의 보살핌을 받으면서 이를 통해 협력, 동정, 존경, 자기 절제, 배려하는 법 등을 배운다. 이런 요소들은 삶을 살아가는 데 근본적으로 필요한 기술이다.

경제학은 '사랑을 아끼고자' 했다. 이를 위해 사랑은 모든 것에서 배제되었다. 그리하여 배려, 공감, 돌봄 등의 덕목들은 경제적 분석에서 밀려났다. 어떤 행동은 돈을 위해서만 존재하고, 어떤 행동은 배려를 위해서만 존재했다. 그리고 이 두 가지는 절대 만나선 안 되었다.

이에 못지않게 중요한 사실은 똑같은 현상이 대칭처럼 반대편에서도 일어났다는 점이다. 사려 깊음, 공감, 돌봄 등에 관한 논의에서 돈과 부에 관한 이야기가 빠진 것이다. 어쩌면 이야말로 현재 여성의 경제적 지위가 남성에 비해 훨씬 열등한 이유를 가장 잘 설명해 줄지도 모른다.

"돈은 인간의 행복을 추상적으로 나타내는 개념이다." 철학자 아르투어 쇼펜하우어 Arthur Schopenhauer 는 이렇게 말했다. "따라서 인간적 행복을 실제적으로 즐길 능력이 없는 사람은 온 마음을 돈에 바치게 된다." 돈은 굳어진 욕망이다. 이 욕망은 특정한 무언가에 대한 게 아니라 욕망의 충족 자체를 상징한다.

우리는 돈을 숭배한다. 그러나 어떤 면으로는 이게 꼴사납다는 생각도 한다. 대부분의 욕망과 마찬가지로 말이다. 특히 여성들이 그럴 때는 더더욱.

가정은 전통적으로 돌봄의 장소다. 가정은 차갑고 비인간적인 세상에서 돈을 버느라 힘든 하루를 보낸 남성이 돌아오는 곳이다. 그곳은 감정과 도덕, 관능이 지배하고, 손뜨개 레이스 커튼으로 장식된 부드러운 여성의 세계다.

이 세계에서 남성은 바람직한 행동을 해야만 경제적 보상을 받는 기계의 부속품이 아니어도 된다. 가정에서는 시장 원리에서 벗어나, 여자의 관대한 시선을 받으며 더 나은 사람이 될 여유를 가질 수 있다. 여성의 의무는 돌봄과 공감으로 남성의 삶에 균형을 가져다 주고, 남성이 접하지 못하는 인간적인 경험을 느낄 수 있도록 연결 고리가 되어 주는 것에 그치지 않는다. 여성은 사회 전체적으로도 균형을 잡는 역할을 수행하게 되어 있다.

그녀의 부드러움이 시장의 요구를 보완해 주는 한, 인간이라는 종은 무제한적 욕심과 경쟁에 휘말리지 않을 것이다. 여성의 돌봄과 공감력은 남성이 노동 현장에서 일하는 것에 의미를 부여했다. 이것이 바로 그녀의 경제적 역할이다. 우리는 이를 빅토리아 시대 초기, 현대식 자본주의가 자신의 이야기를 할 수 있을 만큼 목소리를 높이면서부터 듣기 시작했다.

돌보는 일이 가정을 벗어나 병원, 보육원, 양로원으로 옮겨 간 후에도 사랑과 돈의 이분법은 그대로 지속된다. 다른 이를 돌보는 행위를 하는 것은 그 사람이 좋은 인간, 즉 여성이기 때문이다. 커리어를 추구하거나 생활비를 벌기 위해서가 아니다.

과거, 간호사 중에는 수녀가 많았다. 그들은 평생 빈곤 속에서 살겠다고 맹세했다. 수녀를 제외한 간호사는 대부분 젊은 미혼 여성이었다. 이들은 보살펴야 할 가족이 없었고, 나중에는 결혼해서 남자가 벌어 온 돈으로 먹고살면 되었기 때문에 간호 일로 생계를 꾸릴 필요가 없었다. 게다가 간호사의 사명은 숭고하고 중요하다는 논리가 있었다. 그렇기 때문에 금전적 보상이 주어져서는 안 됐다.

남성에게는 그 반대 논리가 적용됐다. 우리는 사회에서 중요한 일에는 큰 금전적 보상이 따라야 한다고 생각한다. 내 큰 은행이 파산하면 경제 전체가 무너질 것이다. 따라서 나는 7억 원을 보너스로 받아야 한다. 그러나 이 논리가 여성에게는 적용되지 않는다. 그리고 누군가를 돌보는 업종에 종사하는 사람들은 주로 여성이므로, 이런 업종에도 이 논리가 적용되지 않는다.

돌봄 산업의 임금이 낮아서 주로 여성들이 그 분야에 종사하는 것인지, 주로 여성들이 일하기 때문에 그 분야의 임금이 낮은 것인지에 대한 답은 알 수 없다. 그러나 우리는 남녀 간 경제적 불평등의 가장 큰 이유가 여성이 남성보다 돌봄 산업에 더 많이 종사하기 때문이라는 것을 알고 있다. 그리고 간호하고 돌보는 일이 경제적으로 저평가되어 있는 것은 사랑과 돈 사이를 나누는 이분법 때문이다.

현대 간호 개념의 기초를 놓은 플로렌스 나이팅게일Florence Nightingale은 1820년 이탈리아의 피렌체(플로렌스)에서 영국인 부모 사이에서 태어났다. 부모는 아르노 강이 흐르는 이 토스카나 지방 도시의 이름을 아기에게 붙여 줬다. 부유한 가정에서 태어난 덕분에 플로렌스는 교육을 받을 기회도 있었다.

신앙심이 깊었던 플로렌스는 어려서부터 신이 자신에게 간호사라는 소명을 주었다고 믿었다. 그녀의 어머니는 이를 마땅치 않아 했다. 간호는 주로 가난한 여성들이 종사하고 평판이 그리 좋지 않은 직업이었다. 가족의 반대에도 불구하고 플로렌스는 간호학을 공부했다.

1853년 크림전쟁이 발발했다. 무너져 가는 오스만제국을 놓고 유럽의 강대국들이 오랜 기간에 걸쳐 벌이던 각축전이 마지막 유혈 사태로 치달은 것이었다. 크림전쟁은 부상자들이 처한 악조건과 비효율적인 물자 수송으로 악명을 떨쳤다. 큰 폭풍으로 거의

30척의 배가 침몰했고 의약품과 식량, 의류도 함께 바닷속으로 사라져 버렸다. 병사들 사이에 콜레라가 번졌고 후방의 영국인들은 이 소식에 충격을 받았다. 크림전쟁이 첫 현대전으로 평가되는 이유는 참호전과 무차별 포격이 최초로 등장했을 뿐 아니라, 전신 기술의 발달로 먼 거리까지 메시지를 전달할 수 있게 되었기 때문이다. 이때 처음으로 대중 매체가 전쟁 상황을 실시간으로 보도했다. 신문들은 전장의 참혹한 상황을 보여 줬고, 많은 사람들과 마찬가지로 나이팅게일도 뭔가 해야 한다는 의무감을 느꼈다. 1854년 10월 21일, 그녀는 38명의 자원 봉사 간호사들과 함께 흑해로 떠났다. 야전 병원은 이스탄불 교외의 스쿠타리에 있는 산에 자리 잡았고, 나이팅게일이 탄 배가 도착하기도 전에 영국의 언론 매체에는 이 원정대의 놀라운 리더에 관한 기사가 게재됐다. 미스 나이팅게일은 누구인가? 군대 의료 분야에 여성들이 참여한다는 소식은 커다란 반향을 불러일으켰다.

콘스탄티노플의 아시아 대륙 쪽에 자리한 스쿠타리의 병원에서 직원들은 과다한 업무에 시달리고, 위생 상태는 끔찍했으며, 전염병이 창궐해 사람들은 더러운 바닥에 버려져 죽음을 기다렸다. 나이팅게일은 자신의 돈과 『더 타임스The Times』 독자들이 기부한 돈을 합쳐 필요한 물자를 사기 시작했다. 야전 병원 근처의 집 한 채를 통째로 세내어 세탁을 했고, 근처 시장에서 장을 볼 때 감귤류 과일을 꼭 포함했다. 과일이 부족하면 영양결핍 관련 질병으로 이어진다는 것을 깨달았기 때문이다. 그전까지만 해도 이곳에서는 익지 않은 고기를 나눠 주는 것이 고작이었고, 그나마도 썩은 고기이기 일쑤였다. 나이팅게일은 런던에서 잘나가는 유명 요리사를 고용했다.

나이팅게일이 시작한 위생 관리 작업으로 인해 치사율이 급격히 감소했고, 그녀는 이 성공에 대한 통계 수치를 꼼꼼히 기록했다. 군의관들의 끊임없는 반대에도 불구하고 그녀는 간호 업무에 혁명을 가져왔다. 런던에 돌아온 그녀는 국가적 영웅 대접을 받았다. 그녀의 가족이 우려했던 사회적 망신과는 거리가 멀었다. 플로렌스 나이팅게일은 전설이 됐다. 그녀는 부상당한 사람들로 가득한 병실에서 하얀 제복을 입고 환자들을 돌보는 아름다운 여성으로 묘사됐다. 사람들은 그녀를 '램프를 든 여인Lady with the Lamp'이라고 불렀고, 대중 매체들은 이 별명을 즐거이 되풀이했다. 어두운 병원의 밤을 밝히는 친절과 온유함, 책임감을 상징하는 별.

나이팅게일의 이미지는 여전히 돈에 관심이 없는, 조용하고 수줍고 신중한 태도의 천사 같은 모습이다. 그러나 실제로 나이팅게일은 사회를 날카롭게 비판하는 싸움꾼으로, 경제학에 큰 관심을 가진 여성이었다. 간호학에 대한 새로운 사고방식을 가져오기 위한 싸움에서 그녀가 휘두른 무기는 통계였다. 조용히 볼을 붉히며 자신의 공을 부인하는 이타심이 아니었다.

나이팅게일은 하느님과 맘몬mammon˙이 서로 적이 아니라고 말했다. 신의 일을 수행한다고 해서 간호사들이 보수를 받지 말아야 한다는 뜻은 아니다. 그녀의 글에는 선행을 하는 것과 경제적으로 잘살기를 원하는 것 사이에 아무런 모순이 없다는 말이 반복된다. 이 땅에서 신의 일을 수행하기를 원하는 사람들에게 돈은 꼭 필요한 수단이다.

나이팅게일은 간호사들이 정당한 보수를 받게 하려 평생을 싸웠다. 우리는 이 사실을 잊었다. 우리는 어떤 행동을 할 때 돈이나 선의 중 한 가지 요인만이 동기가 된다는 생각에 얽매여 있다. 게다가 이 개념은 성별에 관해 우리가 가진 이미지와 밀접하게 연결되어 있다. 남성은 자기 이익 추구라는 본능에 의해 나아가고 여성은 전체적인 그림을 조화롭게 만드는 역할을 하도록 되어 있다.

우리는 이 두 가지 본능이 성별에 관계없이 한 사람 안에 공존한다고 생각하는 것이 바람직하지 못하다는 인상을 받는다. 사실 그것이 진실에 더 가까움에도 불구하고.

아이를 데리러 보육원에 제시간에 가는 것, 그리고 정부가 자기 동네에 핵폐기물 처리 시설을 설치하도록 하는 행동이 얄팍한 계산이나 경제적 이득을 보려는 의도보다 더 복잡한 동기에서 나오듯, 돌보는 일을 커리어로 추구하려는 동기 또한 단순하지 않다.

●　물욕의 신.

여성들은 인류를 위해 자신의 허리와 영혼을 바쳐 봉사하도록 태어난 것도, 냉엄한 시장에 대비되는 부드러운 힘으로 사회의 균형을 맞추는 역할을 하기 위해 태어난 것도 아니다.

희생과 돌봄의 상징인 나이팅게일마저도 우리가 그리는 '천사 나이팅게일'이 아니다. 그러나 무한정한 천연자원을 캐듯, 돌보는 손은 여성의 본능으로부터 항상 얻을 수 있다는 신화는 흔들리지 않고 있다. 그렇게 믿어야 하기 때문이다.

우리는 나이팅게일마저 우리가 필요로 하는 이미지로 만들었다. 남성들이 자신들의 사회가 구멍 나지 않고 잘 돌아갈 수 있도록 하는 데 필요한 이미지 말이다.

문제는 이것이 장기적으로 지속 가능한 전략인가 하는 점이다.

현재 전 세계적으로 돌봄 산업의 종사자가 부족하다. 여성의 대다수가 이 분야 외 다른 곳에서는 일할 기회가 없던 시절은 지났다. 적어도 서구 사회에서는.

2000~2003년 약 3500명의 필리핀 의사들이 간호사로 재훈련받았다. 그들 중 대부분은 미국으로 이민을 갔다. 미국의 간호사 급여가 필리핀의 의사 급여보다 4~6배 높기 때문이다.

교육받은 간호사들이 아프리카 전역에서 남아프리카공화국으로 이주한다. 그리고 거기서 캐나다로, 캐나다에서 미국으로 이주한다. 사하라 이남 아프리카 국가들은 전 세계 질병의 24%를 앓고 있지만 그곳에서 일하는 간호사 수는 세계 간호 인력의 3%에 불과하다. 나미비아에서는 인구 1만 명당 간호사가 2.2명밖에 되지 않는다. 미국에 비하면 40분의 1도 되지 않는 숫자다.

시장에서는 돈이 있는 곳에 사람이 몰리게 마련이다.

여성들도 더 나은 삶을 살기를 원하고, 그 결과 수많은 나라에서 돌봄 업종 종사자들의 유출이 진행 중이다. 서구 국가들에서조차 이 문제는 해결되지 않았다. 스웨덴에서는 2030년이 되면 돌봄 업종 종사자 13만 명이 부족할 것이라는 관측이 나왔다. 같은 해 미국에서는 자격을 갖춘 간호사가 40만 명에서 80만 명까지 부족할 것으로 예상된다.

세계 다른 지역에 비해 서구의 부자 국가들에서 간호사의 급여가 높기는 하지만, 같은 나라의 다른 직종에 비해서는 여전히 낮다. 따라서 사람을 구하기가 힘들다. 돈이 중요하기 때문이다.

이 모든 사실이 돌보는 일을 덜 숭고하게 만드는가? 혹은 덜 중요하게 만드는가?

경제적 인간은 어떤 문제가 돈과 관련되어 있든 말든 별로 상관하지 않는다. 그는 꾸준히 이기적일 뿐이다. 자신의 월급 문제든, 자살하는 방법이든, 출근할 때 어떤 길을 택해서 운전을 하든 자기 이익을 추구하려는 욕구만이 유일한 추동력이다. 반면 현실의 사람들은 자신의 복잡한 동기와 다양한 추동력에 의해 움직인다.

심지어 돈과 관련된 일마저도.

학자들은 좋은 일을 하고자 하는 욕구와 돈이 어떤 관련이 있는지 연구했다. 남을 돌보고자 하는 마음, 윤리, 충성심, 일을 해낸 성취감 등은 돈으로 동기를 부여하는 순간 거의 모두 사라지고 말았다. 동기의 가짓수가 많을수록 그 일을 잘해내려는 의욕이 더 커진다는 식의 단순한 방정식은 성립하지 않는다. 이스라엘 보육원에 아이를 제시간에 데리러 가는 문제나 스위스의 핵폐기물 처리 시설 유치 투표의 사례에서 잘 나타난 것처럼.

그러나 금전적 보상이 성취에 대한 인정으로 간주되면 의욕을 더 높인다는 연구 결과도 분명 있다. 이런 경우에는 돈이 우리를 더 행복하게 하고, 좋은 동기 부여 요소로 작용한다.

사람들은 자기가 하는 일에서 인정과 지지를 받기 원한다. 돈은 그것을 표현하는 방법 중 하나다. 무엇보다도 사람들은 돈을 필요로 한다. 여성들도 말이다. 아무도 착취당한다는 느낌을 받고 싶어 하지 않는다. 그리고 돈이 목적이라고 해서 그 행위가 이기적인 것은 아니다.

애덤 스미스는 사랑을 병에 담아 보존하고 싶어 했다. 경제학자들은 그 병에 라벨을 붙이고 '여성'이라고 썼다. 내용물은 다른 것과 절대 섞이면 안 되었고, 자물쇠가 달린 장에 잘 보관되어야만 했다. 이 '또 다른 경제'는 완전히 별개의 것으로 간주됐다. 사실이건 경제도 아닌, 전체에는 아무런 영향을 주지 못하는 마르지 않는 천연자원이었다.

후에 시카고 학파 경제학자들은 이 '또 다른 경제'가 부의 창출과 전혀 관련이 없을 뿐 아니라, 아예 존재하지 않는다고 결론지었다. 그리고 가정과 결혼 생활에도 시장 원칙을 적용하면 아무 문제도 없다고 결론 내렸다.

그 외에는 아무것도 존재하지 않는다.

사랑과 돌봄의 손길을 진정으로 사회 안에서 보존하기를 원했다면, 그것을 제외하는 대신 돈과 자원을 들여 지원하려 노력했어야 한다. 사람들이 필요로 하는 것 위주로 경제를 구축했어야 한다. 그러나 우리는 그 반대를 선택했다.

우리는 우리가 가진 경제에 대한 개념에 끼워 맞춰 인간을 새롭게 정의했다.

11장

90퍼센트를 위한 세상은 없다

1978년 덩샤오핑鄧小平은 중국 경제를 자유화하기 시작했다. 마오쩌둥毛澤東이 2년 전 사망했고, 번영의 물결이 일본, 타이완, 홍콩, 한국을 휩쓸고 있었다. 중앙계획이 아니라 시장 원칙이 살길로 보였다.

중국의 국익을 보호해야 했다.

중국 공산당은 경제 발전을 '중심 과제'로 선언했고, 그 후 20년 만에 중국은 죽竹의 장막 뒤에 숨은 비밀의 정원에서 자본주의의 총아로 변신했다. 전 세계는 중국의 전례 없는 눈부신 성장을 지켜봤다. 프롤레타리아 계급으로부터 주도권을 넘겨받은 경제학자들의 손이 닿지 않은 곳이 없었다. 민영화 계획을 세우고, 민영화한 기업들을 다시 국유화하고, 한물간 마오쩌둥주의자들을 밀어내는 등 활발한 움직임이 끊이지 않았다.

덩샤오핑의 정책에 당 내부에서 저항이 일어났고, 개혁은 서서히 진행됐다. 러시아에서 벌어진 충격 요법과는 달랐다. 중국은 조심스러웠고, 한 번에 한 발자국씩 천천히 내디뎠다. 아무도 이 게임의 궁극적인 속셈을 언급하지 않았지만, 주도권이 누구에게 있는지는 명확했다. 경제학자들이 중국 문명의 새로운 사제로 등극한 것이다. 이들은 서구의 경제학 이론을 공부했으나 중국식 프로젝트에 충실했다. 신자유주의 경제학자들의 사상은 카를 마르크스Karl Marx와 마오쩌둥의 어록으로 포장됐다.

요즘 상하이는 개발 속도가 너무 빨라서 도시의 지도를 2주에 한 번씩 다시 그려야 할 정도다. 30년 사이에 3억 명이 농경 생활에서 현대적 생활로 이행했다. 서구에서는 2세기에 걸쳐 벌어진 변화였다. 중산층은 기록적인 속도로 증가했다. 자수성가한 여성 억만장자의 수가 가장 많은 곳이 중국이다. 아시아에서 가장 큰 제지 업체를 이끄는 장인張茵의 자산은 오프라 윈프리Oprah Winfrey의 두 배다.

그러는 사이, 중국 국토의 3분의 1에 산성비가 내리게 됐다. 회갈색 안개도 낀다. 매년 유황 때문에 40만 명이 목숨을 잃는다는 집계도 나와 있다. 환경오염을 통한 자살행위인 것이다.

1989년 톈안먼天安門 광장 시위의 주된 목적은 민주화와 언론의 자유였다. 신자유주의 개혁으로 인해 심화된 불평등과 전해 발생한 인플레이션에 대한 불만 또한 작용했다. 6월 4일 이른 아침 덩샤오핑이 시위 군중의 학살을 명했을 때, 단순히 민주화 요구에만 재갈이 물린 것이 아니었다. 광장에 탱크가 밀려들면서 평등에 대한 공개 토론도 같이 죽어 버렸다. 적어도 그 후 15년 동안.

1983년 이후 중국 노동자들의 임금이 자국의 GDP에서 차지하는 비율은 해마다 떨어지고 있고, 공장들의 노동 환경은 끔찍하다. 아이폰 제조회사인 폭스콘Foxconn에서는 16개월 사이 14명의 직원이 자살을 한 후에야 임금이 30% 올랐다. 대신 직원들은 자살하지 않겠다는 서약서에 서명을 해야 했다. 혹 자살을 할 경우, 가족들은 허용된 한도 내에서 최소의 보상만을 받을 것이라는 내용이 들어 있는 서약서였다.

자살만이 문제가 아니다. 중국에는 궈라오쓰 過勞死(과로사)라는 말이 있다.

너무 흔한 현상이라 그것을 가리키는 단어가 존재한다.

덩샤오핑의 첫 개혁이 실시된 지 몇 개월이 지나 폴 볼커Paul Volcker가 미 연방준비제도이사회 의장으로 취임했다. 1979년 7월이었다. 당시 미국은 인플레이션이 너무 높아서 자기 충족적 예언self-fulfilling prophecy* 상태가 되어 있었다. 모두가 손에 쥔 1달러는 오늘보다 내일 가치가 더 떨어질 것이라고 예상했고, 그에 따라 임금과 가격은 점점 더 오르기만 했다.

볼커는 인플레이션과 싸워야겠다고 결정했다. 어떤 대가를 치르

---

* 사람들이 실제 상황이라고 믿기 때문에 결과적으로 그 상황이 실현되는 것.

더라도 말이다. 그는 몇 달 사이에 미국의 통화 정책을 바꾸어 놓았다. 2년 후 로널드 레이건Ronald Reagan이 대통령에 당선되었을 때 실업률은 8.4%에 달했고, 인플레이션은 여전히 두 자릿수를 기록하고 있었다. 레이건은 대규모 세금 삭감과 군비 지출 증가로 경제 성장을 촉진하려 하는 한편, 미 연방준비제도이사회에 이자율을 높이고 대출 비용을 올라가게 만드는 통화 정책을 채택하라고 요구했다.

마거릿 대처는 이때 이미 영국의 수상이었다. 노동조합의 활동을 견제하고 정부의 역할을 축소하면서, 옛 대영제국의 경제에 다시 불을 지피겠다고 장담했다. 둘의 눈이 맞았다. 대처와 레이건.

새로운 시대가 열렸다.

이전까지는 잘 알려지지 않은 정치 이념이었던 신자유주의가 도입되어 대처와 레이건의 프로젝트의 중심에 자리 잡았다. 대처는 "사회라는 것은 없다"라고 선언했다. 존재하는 것은 자유로운 개인들과 그들의 가족뿐이었다. 공동체도, 집단도 없었다.

신자유주의의 정수는 국가의 역할을 화폐 발행, 군대 및 경찰 조직, 사법 체계 운영 정도로 최소화하는 것이다. 정치의 역할은 민영화, 자유시장, 자유교역의 뚜렷한 틀을 유지하는 데 국한되어야 한다. 그 이상은 어떤 일도 하지 말아야 한다. 시장이 존재하지 않는 영역, 예를 들어 토지와 수자원 관리, 돌봄, 환경, 교육 분야 등은 제외된다. 이런 분야에는 국가가 개입해서 적극적으로 시장을 만들어야 한다. 민영화를 추진하고, 여러 부문으로 쪼개 시장과 유사한 모습의 관계를 갖도록 만든다. 모든 것을 사고팔 수 있어야 한다. 그렇게 되어야만 사회가 제대로 돌아갈 것이다.

신자유주의 이론에서는 정치가 경쟁을 촉진하고 유지해야 한다고 주장한다. 바퀴를 돌게 해서 파이를 더 키우자.

프리드리히 하이에크Friedrich Hayek나 밀턴 프리드먼 등 신자유주의를 칭송하는 경제학자들은 그들을 따르는 정치인들보다 더 간접적으로 발언했지만 기본적인 생각은 같았다. 낮은 세금, 작은 정부, 그리고 금융 부문에 대한 규제 축소다.

고용 시장이든 주식 시장이든 개인이 원하는 대로 행동하도록 내버려 두면 경제는 성장하게 되어 있다. 경제적 인간이 일하고, 기업을 만들고, 경영하면서 자신의 이익을 극대화할 것이다. 그렇게 하는 것이 그의 본능이므로 방해해서는 안 된다. 성공하고자 하는 열의를 꺾어서도 안 된다. 대규모 복지 프로그램은 시장을 파괴할 뿐이다. 안정감은 사람을 나태하게 만든다. 그런 보장이 있으면 사람들이 왜 일을 하겠는가?

경제적 인간은 가장 합리적인 선택을 하기 때문에 실업이나 질병 등을 이유로 정부에서 돈을 받을 수 있으면 일을 하지 않고 병에 걸릴 것이다. 그렇게 해야 이득이기 때문이다.

세상의 자원은 한정되어 있다. 따라서 사람들은 살아남기 위해 서로 경쟁하며, 이 과정에서 규율이 생긴다. 이때, 시장 논리와 커다란 빈부 격차는 사람들 간의 질서를 유지하는 한 방법이다. 경쟁하지 않고도 필요한 것을 얻을 수 있다면 규율도 필요 없을 것이다.

그러므로 사람들이 필요로 하는 것을 노력해서 얻게 하지 않고 그냥 주는 것은 비도덕적이다. 이는 사람들이 잠재력을 충분히 발휘하지 않게 하는 동기가 되고, 따라서 그들에게 해가 된다. 우리는 모두 합리적 인간들이므로 게으르게 사는 것이 합리적인 시스템을 만들면 게으른 사회가 되어 버릴 것이다.

이 관점은 늘 승자와 패자가 있다는 결론에 이른다. 절제를 잘하고 규율을 지키는 사람들은 승자가 될 것이고, 그들은 성공을 누릴 자격이 있다. 돈을 잘 버는 것은 그 사람이 좋은 사람이라는 증거다. 그래서 돈을 많이 버는 사람들에 대한 세금을 낮추는 것이 합리적이다.

반면, 성공하지 못했다는 것은 절제가 부족했다는 증거다. 이 사람들이 절제를 더 잘하는 사람들 밑에서 일해야 하는 이유다. 이들이 일할 저임금 서비스 업종은 충분히 많다. 모든 사람을 자신이 가진 최대 역량으로 일하도록 하고, 우리 모두 자유시장 안에서 근면과 번영을 향해 나아가야 한다.

마거릿 대처와 로널드 레이건은 심각하게 병든 경제를 위와 같이 단순한 원리로 회복시키자고 설득했다. 그러나 1980년대, 대처와 레이건 둘 다 각각 영국과 미국에 약속했던 변화를 가져오는 데 실패했다. 1980년대 초반 경기침체 이후 미국과 영국의 경제는 (경기침체에서 벗어날 때 보통 그러듯) 성장하기 시작했고, 인플레이션이 안정되고 이자율도 떨어졌지만 실업률은 하늘을 찌를 듯 높았다. 이 기간 동안 영국과 미국 모두 빈부 격차가 심하게 벌어졌고 생산성은 매우 더디게 향상됐다.

신자유주의 사상이 1980년대의 공론을 주도하기는 했지만 이 시기의 경제 성공 신화는 서독과 일본에서 나왔다. 두 나라의 중앙은행은 인플레이션과 맞서 싸우기는 했지만 신자유주의적 개혁을 온전히 다 받아들이지는 않았다.

서독은 임금이 높고 노조가 강한 나라였고, 일본은 정부 주도의 대규모 투자가 이루어지고 있었다. 이런 반증이 있음에도 불구하고, 모두가 신자유주의에 매혹됐다.

이는 경제 이론을 넘어서는 훨씬 큰 개념이었다.

무대 위에 오른 신자유주의 경제학 이론들은 스태그플레이션을 잡겠다고 약속했다. 스태그플레이션은 높은 인플레이션과 높은 실업률이 동시에 나타나는 두 개의 머리를 가진 괴물로, 1970년대 말부터 세계경제를 위협해 왔다. 두 골칫거리를 동시에 잡겠다니. 그때까지만 해도 불가능하다고 간주되던 일이었다.

케인스의 영향을 받은 경제학자들은 실업률이 낮아지면 인플레이션이 심화될 것이라고 확신했다. 그 반대의 경우도 마찬가지다. 노동자의 대부분이 고용되면 임금을 올릴 수 있는 협상 능력이 생기고, 그에 따라 물가가 올라간다. 실업률이 높아지면 그 반대 현상이 벌어지도록 되어 있다. 한쪽이 좋아지면 다른 문제가 생길 수밖에 없다는 이야기다. 그런데 스태그플레이션은 문제가 그렇게 단순하지 않다는 것을 보여 줬다. 그리고 기존의 가정에 의문이 제기되면 증명되지 않은 새로운 가정들이 고개를 들게 마련이다. 그러나 새로 등장한 이 이론들이 어느 정도로 증명되지 않은 것이었는지는 아무도 상상하지 못했다.

　미국의 작가 조지 길더George Gilder는 "가난한 사람들과 중산층을 돕기 위해서는 부자들에게 부과하는 세율을 낮춰야 한다"라고 썼다. 그의 저서 『부와 빈곤Wealth and Poverty』은 1981년에 출간되어 100만 부 이상 팔렸다. 로널드 레이건은 이 책을 친구들과 참모들에게 열심히 나눠 줬다. 최부유층이 더 부유해지면 경제 전체에 도움이 된다는 내용이었다. 자본주의에는 오류가 있을 수 없다는 것을 뒷받침하는 길더의 설명은 거부할 수 없을 정도로 매혹적이었다.

　부자들의 세금을 깎아 주는 것이 가난한 이들에게 최선의 정책이다. 부자들의 지갑이 두둑해지면 이들이 창업을 하고, 새로운 기술에 투자해서 경제 성장에 이바지할 것이기 때문이다. 일자리가 늘어나고, 실업 상태였던 사람들은 부자들이 새로 세운 기업에서 일할 기회가 생길 것이다. 이들은 월급을 받고 그에 대한 세금을 낸다. 그러면 정부 수입까지 늘어난다.

따라서 정부는 세율을 낮춰서 잃었던 수입을 보충할 수 있다. 1빼기 1은 더 이상 0이 아니다.

이는 수상한 주술이었고, 사실이라고 보기에는 너무도 달콤한 주장이었다. 아버지 부시 대통령George H. W. Bush마저도 이를 '주술 경제학voodoo economics'이라고 불렀다.

물론 아주 적합한 명칭이었다.

1974년, 경제학자 아서 래퍼Arthur Laffer와 『월스트리트 저널』의 기자 주드 와니스키Jude Wanniski, 그리고 딕 체니Dick Cheney라는 인물이 워싱턴 DC의 한 호텔방에 모였다. 훗날 미국의 부통령이 될 딕 체니는 이 두 사람이 말하는 이론을 처음에는 이해하기 힘들어했다. 그러자 아서 래퍼가 냅킨을 꺼내 들고 그 위에 곡선을 하나 그렸다.

그래프의 전제는 단순했다. 정부가 세율을 0%로 정하면 세수는 0달러. 세율이 100%여도 세수는 0달러. 이렇게 되면 일을 할 필요가 없다. 사람들이 일을 하지 않으면 정부는 세금을 거두어들일 수 없다.

아무도 일을 하지 않기 때문이다.

래퍼는 이 두 개의 점을 곡선으로 이었다. 이 곡선은 (기존의 논리와는 반대로) 세율을 과감히 낮추면 정부의 수입이 적어지는 것이 아니라 많아진다는 것을 암시하고 있었다. 어느 순간부터 체니의 눈이 휘둥그레졌다. 정부의 재정에 적자를 내지 않으면서 세율을 극적으로 낮출 수 있다고?

주드 와니스키는 결국 『세상이 움직이는 법The Way The World Works』이라는 감성적인 제목의 책을 펴냈다. 이 책은 조지 길더의 『부와 빈곤』과 더불어 래퍼의 개념을 서구 사회의 엘리트들에게 퍼뜨리는 역할을 했다.

래퍼의 간단한 곡선으로 설명할 수 없는 것은 존재하지 않는 듯했다. 너무나 단순하면서도 우리의 존재 자체가 이 곡선을 중심으로 돌아가는 것처럼 느껴졌다. 와니스키는 요람에 누운 아기마저도 래퍼의 기본 이론을 이해할 수 있다고 주장했다.

그는 아직 걷지도 못하는 갓난아기도 "정치인들과 경제학자들이 자주 망각하는 사실, 즉 두 가지의 서로 다른 세율로 동일한 세수를 창출할 수 있다는 것"을 배울 수 있다고 서술했다.

아기는 요람에 조용히 누워 있으면 엄마가 옆방에서 자기를 보러 오지 않을 것이라는 사실을 깨닫는다. 엄마에 대한 '세율'이 0이고, 엄마의 관심이라는 면에서 아기의 '세수'는 0이다. 반대로 아기가 항상 울어 대도 엄마는 아기를 달래러 들어오지 않을 것이다. 다시 말하면 '세율'이 100%, '세수'는 0인 셈이다.

와니스키는 이렇게 아기를 키우고, 아기의 머릿속에서 벌어지는 합리적 사고를 상상하는 과정에서 놀라운 결론을 도출할 수 있다고 말했다. 이에 따르면 세금을 2000억 달러 정도 깎아도 예산 적자는 생기지 않아야 했다.

하지만 물론, 예산 적자는 생기고 말았다. 1000억 달러씩이나. 그리고 이는 곧 2000억 달러가 되었다.

레이건 행정부의 백악관 예산실장이었던 데이비드 스토크먼David Stockman은 다음과 같이 말했다. "1982년에 접어들 즈음 나는 레이건 혁명이 성공할 수 없다는 것을 이미 알고 있었다." 다시 말해, 래퍼의 이론은 1 빼기 1은 여전히 0이라는 근본적인 사실을 극복하는 데 실패한 것이다.

레이건이 얼마나 부자들의 세금을 깎아 주고 싶어 안달했는지에 상관없이.

전체적인 경제 상황이 향상되지 않았던 이 기간은 역사상 가장 큰 규모의 재분배가 이뤄진 시기였다. 다수의 가지지 못한 자들에게서 소수의 가진 자들에게로의 재분배.

1978년에서 1999년까지 미국의 국가 소득 중 최상위 0.1%에게 돌아간 몫은 3배 증가했다. 같은 기간 영국에서도 최상위 1%가 차지한 몫은 2배 증가해, 1982년 6.5%이던 것이 2005년에는 13%가 되었다. 신자유주의의 충격 요법을 거친 러시아에서도 슈퍼리치들은 빠른 속도로 나머지 인구와의 경제적 격차를 크게 벌렸다. 현재 모스크바에는 전 세계 어느 도시보다도 많은 수의 억만장자가 살고 있다.

1970년, 미국의 한 CEO는 근로자 보수의 30배 정도를 벌었다. 2000년에 접어들면서 이 숫자는 500배가 되었다. 유명한 금융가 J. P. 모건J. P. Morgan은 미국 기업의 CEO는 평직원 월급의 20배가 넘는 보수를 받을 필요가 없다고 생각했다. 그러나 2007년에는 그 격차가 364배로 벌어졌다. 그리고 미국을 모범삼아 서구 사회에서 CEO의 보수가 전반적으로 늘어났다. 영국에서는 2002년에서 2012년까지 CEO들의 보수가 3배 증가했다. FTSE 100대 기업의 CEO와 평직원의 평균 보수 격차는 1998년 45배이던 것이 2010년에는 120배로 벌어졌다.

현재 전 세계적으로 10억 달러 이상의 재산을 보유한 억만장자는 1000명이 약간 넘지만, 이들이 가진 부는 최빈곤층 25억 명이 가진 부를 모두 합친 것보다 많다. 미국에서는 1979년에서 2007년까지 증가한 총수입 중 최상위층 1%에게 돌아간 부가 하위 90%에게 돌아간 것보다 더 많다.

이 정도의 소수가 이렇게 많은 부를 독차지한 적은 거의 없었다. 이들이 나머지 사람들과의 격차를 이 정도로 크게 벌릴 수 있었던 데는 세계화의 역할이 컸다. 『해리 포터Harry Potter』 시리즈를 쓴 J. K. 롤링J. K. Rowling이 찰스 디킨스Charles Dickens보다 훨씬 더 많은 수입을 올릴 수 있었던 것은 도서 시장이 세계화되었기 때문이다. 그러나 이 구조만으로는 모든 부문에 생긴 격차를 설명할 수 없다. 국제연합UN에 따르면, 2005년을 기준으로 많은 지역이 경제적으로 발전했음에도 불구하고 세상은 10년 전보다 덜 평등하다. 이제 가장 부유한 나라들은 가장 빈곤한 나라들에 비해 평균 100배 이상 더 잘산다. 100년 전에는 이 수치가 약 9배 정도였다.

슈퍼리치들은 그 어느 때보다 막강한 힘을 가졌고, 세계적인 슈퍼리치 명단에서 여전히 여성의 이름은 거의 찾아볼 수 없다. 기업에서 여성들이 중요한 지위에 오르는 일이 점점 더 많아지고는 있지만, 포춘 500대 기업 목록에 이름을 올린 여성 기업 총수는 15명에 불과하다는 점은 주목할 만하다. 영국 내 최고 부자 1000명을 꼽는 '선데이 타임스 리치 리스트The Sunday Times Rich List'에서도 2007년 당시 여성의 비율은 7%에 불과했다. 2011년에는 이 비율이 11%로 증가했다. 독일의 유로화 기준 백만장자 부호 명단에서도 6명 중 1명만이 여성이었다.

세계적인 부호로 꼽히는 여성들도 그 돈을 스스로 벌었다기보다는 상속받은 경우가 대부분이다. 스스로 돈을 벌어서 10억 달러 이상의 억만장자가 된 여성은 세계적으로 14명에 지나지 않고, 그들을 포함해 이런 억만장자 중 여성은 여전히 9%밖에 되지 않는다. 여성의 재산은 상속된 것이라는 패턴이 너무도 뚜렷해서 컬럼비아대의 리나 에들런드Lena Edlund와 보이치에흐 콥추크Wojciech Kopczuk는 여성의 손에 들려 있는 돈의 양이 많을수록 경제가 침체된다는 것을 증명해 보이기까지 했다.

그렇다고 이 연구 결과가 부유한 여성들이 경제 성장을 둔화시 킨다는 뜻은 아니다. 성장이 둔화되었을 때 부자가 되는 주된 방법이 상속이라는 의미다.

그리고 여성들은 주로 상속을 받는다.

딸로, 아내로, 미망인으로.

1980년대에 '종이 기업가 정신paper entrepreneurship'이라는 것이 출현했다. 금융 부문의 규제 완화에 발맞춰, 서구 사회의 최고 엘리트들이 '종이를 이용해' 거래하는 새로운 방법을 찾는 데 열을 올리기 시작했다. 물론 사회적으로 이 부문의 혁신은 전혀 시급하지 않았다.

그러나 돈이 있는 곳이 거기인 걸 어찌하리.

2008년 하버드 경영대학원 졸업생의 41%가 헤지펀드, 투자은행, 고위험 투자 부문에 취업했다. 신기록이었다. 그해 가을 리먼 브라더스가 파산했고, 금융 위기는 현실이 되었다. 18개월 사이에 500억 달러 가치의 자산이 증발했고, 5300만 명이 빈곤으로 내몰렸다.

금융시장에 들어오는 투기성 자본이 통제 불능으로 경제 전체를 들쑤셔 파탄에 이르게 되는 경우에도, 어떤 사람들은 돈이 너무나 많아서 이에 조금도 영향받지 않는다.

모든 돈이 사회의 최상층부에 집중되면 사람들은 다른 대규모 투자자들이 투자할 만한 곳에 자신의 돈도 부어 넣는다. 그 결과 특정 주식이나 자산의 가격이 천정부지로 솟구치게 된다. 이런 투기에 의해 형성된 거품은 언젠가는 꺼지게 되어 있다. 극도의 불평등은 보통 금융 위기를 수반한다. 그러나 위기를 초래한 엘리트들은 대부분 별로 해를 입지 않는다. 그리고 그들은 대부분 남성이다.

금융 부문이 위기를 초래할 때마다 이들은 어김없이 더 많은 돈을 벌었다.

1930년대의 금융 위기가 닥치기 직전 미국의 상황은 2008년 금융 위기 직전과 거의 동일했다. 상위 1%가 미국 내 총수입의 24%를 가져갔다. 1928년에도 그랬고 2008년에도 그랬다. 그리고 돈이 상층부로 쏠리면, 정치적 권력도 같은 방향으로 이동한다.

돈과 권력을 가진 이들은 세계경제의 규칙을 만들고 적용하는 데 누구보다 큰 힘을 행사할 수 있다. 이 원리는 그들을 규제하는 규칙에도 적용된다.

"신은 모든 이와 함께한다 (…) 하지만 장기적으로는 가장 돈이 많고 가장 큰 군대를 가진 사람들을 선택한다." 프랑스의 극작가 장 아누이Jean Anouilh의 말이다.

경제적 인간은 이러한 세상의 주인공이다. 그는 이 세상에 영감을 주고, 이 세상을 합리화하는 존재다. 그의 이야기를 통해 세상은 자신을 설명하고 자신의 논리를 펼친다. 즉 부자들을 더 큰 부자로 만들면 우리 모두에게 이득이라는 논리 말이다. 신이여, 우리를 도우소서.

경제적 인간은 우리에게 다른 가능성은 없다고 말한다. 그리고 우리 모두가 경제적 인간처럼 행동하는 한 다른 어떤 가능성도 존재하지 않을 것이다.

12장

인간이 하나의
기업체가 되는
세상

Who
Cooked
Adam Smith's
Dinner?

세계에서 가장 높은 건물은 두바이에 있다. 두바이는 아랍에미리트연합을 이루고 있는 일곱 개의 토후국 중 하나다. 기록적인 성장세, 민주주의 부재, 정당 부재, 소득세 부재, 노조 부재의 나라.

사막 한가운데 우뚝 선 신자유주의의 상징이다.

이곳은 저명한 우파 경제학자의 이름을 따 밀턴 프리드먼의 비치 클럽Milton Friedman's beach club이라는 별명을 얻었다. 상당 기간 동안 두바이는 세계에서 가장 높은 성장률을 보였고 자유의 낙원이라는 칭송을 한 몸에 받았다. 거의 모든 것에 대한 규제가 철폐되었고 경제는 이에 탄력 받아 성장했다. 한때는 이 작은 토후국에 전 세계 건설용 크레인의 15%가 있었을 정도다. 두바이의 연례 쇼핑 축제에는 데이비드 베컴David Beckham부터 아프가니스탄 마약왕까지 부유하고 화려한 사람들이 방문한다. 그러나 도시 주위는 이주 노동자들이 사는 거주지로 둘러싸여 있다.

방 하나에 6~12명이 살고, 부엌이나 화장실이 없는 경우도 많다.

두바이는 이들의 손으로 건설되었지만, 두바이에 거주하는 사람들에게는 보이지 않는 존재다. 마피아가 소유한 고급 호텔에서 일하는 수천 명의 러시아, 인도, 이란, 아르메니아 출신 매춘부들 또한 보이지 않는 투명 인간이다. 이들은 모두 외국인 투자자를 끌어들이기 위한 장치. 두바이의 상징인 '자유'는 대체로 남성이 여성의 몸을 살 수 있는 자유를 의미한다.

정치는 시장이 필요로 하는 것을 조달하기 위해 존재한다. 값싼 노동력, 놀이 공간, 성매매, 유흥과 보조금 등등. 두바이의 왕세자는 '두바이 주식회사'의 CEO로 불린다. 그는 두바이를 민간 서비스 기업처럼 경영한다.

신자유주의 낙원에 대한 꿈이 이곳보다 더 많이 실현된 곳이 또 있을까.

모래사막 한가운데 외따로 건설된 이 호화로운 세상은 그 속에 만연한 불평등과 환경오염을 애써 외면한다.

페미니스트 웬디 브라운Wendy Brown은 신자유주의 이데올로기가 사실은 시장을 진심으로 '자연스러운 것'이라고 여기지 않는다고 주장한다. 신자유주의는 자신이 실제라고 믿는 상태를 현실화하는 데 전력을 다한다는 것이다.

신자유주의는 사람들이 무엇보다 경쟁적인 존재라고 가정한다. 그러면서도 사람들의 경쟁심을 불러일으키기 위해 규제 완화, 세금 감면, 재고 정리 세일 등 정치적인 수단을 계속해서 늘려야 한다고 주장한다.

신자유주의는 세상 모든 사람이 부자가 되는 데 관심이 있다고 규정한다. 그와 동시에 부자가 되고 싶도록 동기를 부여하기 위해 세금을 깎아 줘야 한다는 논리를 편다.

신자유주의는 경쟁을 모든 사회관계의 근본이라고 말하면서도 동시에 이 경쟁적 관계를 정치적으로 권장하고 만들어야 한다고 말한다. 다시 말해, 이는 자연스러운 상태가 아니라 인위적으로 만들고 유지해야 하는 상태다. 신자유주의자들은 정치를 없애기를 원하는 것이 아니라 단지 다른 종류의 정치를 원할 뿐이다. 두바이 왕세자는 바로 이 점을 잘 이해했다.

경제적 인간이 작동하기 위해서는 약간의 도움이 필요하고, 신자유주의는 이 합리적 인간의 관점을 지지하기 위해 제도, 동기 부여책 등 다양한 수단을 개발한다. 목표는 모든 방면에서 시장 중심의 의사 결정을 촉구하는 것이다.

사람들이 살면서 이득과 경쟁에만 집중하는 것은 아니다. 따라서 그런 욕망을 퍼뜨리고 제도화하는 것이 신자유주의의 임무다. 교육과 환경 정책, 간호와 보육, 병약자를 돌보는 일에 이르기까지 모두 민영화하고 토마토를 파는 것과 똑같은 시장 원칙을 적용함으로써 그 임무를 완수한다. 이것이 우리가 그런 세상을 만드는 방법이다. 오직 한 가지 논리만이 허용되는 세상. 정치적 수단을 이용해서 시장이 없던 곳에 시장을 만들어 내고, 가능한 모든 정치적 수단을 동원해 그 시장을 유지한다.

신자유주의는 자유방임주의laissez-faire와는 완전히 다르다. 자유방임주의는 모든 것을 그대로 놔둘 때 경제가 꽃핀다고 믿는 경제학파다.

현대의 자유방임주의 경제학은 애덤 스미스가 보이지 않는 손이라는 은유를 빌려 내세운 개념을 가장 극단적으로 채용한 학파라고 할 수 있다. 애덤 스미스 자신은 이러한 정치 형태—어쩌면 정치의 부재라는 표현이 더 적합할지도 모르겠다—를 옹호하지 않았지만 그의 사상을 이런 식으로 해석한 사람들이 존재하기는 한다. 그러나 이들과 신자유주의자들을 혼동해서는 안 된다.

신자유주의자들은 정치를 없애는 것을 원치 않는다. 이들은 '정치가 시장을 섬기기'를 바란다. 신자유주의자들은 경제를 그대로두는 것이 아니라, 경쟁과 합리적 행동을 장려해 경제를 이끌고 지지하고 보호하는 것이 바람직하다고 본다.

신자유주의 경제학 이론은 정치가 경제에 손을 못 대게 하는 것이 아니라, 시장의 필요를 충족시키기 위해 정치가 손을 바쁘게 놀리도록 하는 상태를 기초로 만들어졌다.

신자유주의가 통화, 재정, 가족, 범죄 정책에 관여하지 않으려한다는 것은 사실이 아니다. 오히려 통화, 재정, 가족, 범죄 정책 모두를 시장이 필요로 하는 것을 확보하는 데 이용하기를 원한다.

프랑스의 철학자 미셸 푸코는 고전적 자유주의와 신자유주의의 차이는 경제적 활동을 어떻게 인식하는가에 있다고 생각했다. 고전적 자유주의는 교환에 초점을 맞췄다. 애덤 스미스는 재화와 용역을 사고파는 방식에 대해 글을 썼다. 무엇인가를 얻기 위해 무엇을 내놓는다는 개념은 우리 사회의 기틀로 여겨졌다. 무엇을 내놓고 그 대가로 무엇을 얻었는가? 거래가 공평하고 올바르게 진행되었는가?

존재는 교환과 거래, 계약들의 총합과 결과로 규정되었다. 자유주의는 교환에 대한 시장의 논리로 세상을 보고자 했다. 정치는 일련의 계약으로 간주됐다. 시민들은 국가로부터 안전을 보장받는 대신 일부 자유를 내놓았다. 무엇을 내놓고 그 대가로 무엇을 얻었는가? 거래가 공평하고 올바르게 진행되었는가?

심지어 다른 관계들도 이 논리에 따라 해석되었다.

그러나 신자유주의는 교환을 강조하는 대신 경쟁에 초점을 맞춘다. 경쟁은 그들이 세상을 해석하는 기초가 되는 개념이다.

사람들은 경쟁 없이는 기능하지 못한다. 푸코는 국가의 역할이나 통화 정책에 대한 관념이 아닌 경쟁이 신자유주의의 가장 기본적 이데올로기라고 생각했다. 자유주의자들과 애덤 스미스가 교환을 핵심 행위로 본 반면 신자유주의자들은 경쟁적 관계를 인위적으로 만들어 내는 것을 핵심으로 보았다.

경쟁은 사회의 가장 근본적인 부분임과 동시에 인위적인 관계다. 그 관계는 한편으로는 독점을 형성하려는 시장의 성향으로부터, 또 다른 한편으로는 간섭하기 좋아하는 정치로부터 벗어나야 한다. 신자유주의는 국가가 시장을 형성하는 데 끊임없이 개입하려 한다고 추정한다. 이는 곧 사람들에게 개입한다는 의미다. 우리의 존재가 근본적으로 시장의 존재 조건이기 때문이다.

"경제학은 방법일 뿐이다. 목표는 마음과 영혼을 바꾸는 것이다." 마거릿 대처의 말이다.

고전적 자유주의는 시민으로서의 인간과 경제적 주체로서의 인간을 구분했다. 신자유주의에서는 그렇지 않다. 사람 사이에는 오직 한 가지 관계만이 존재하며, 그것은 경제적 관계다. 다시 말하면 시민과 노동자와 소비자를 구분할 필요가 없다. 모두 동일한 사람이기 때문이다. 바로, 경제적 인간이다. 만나서 반가워요!

신자유주의는 단순히 정치적 체계가 아닌 인간이란 무엇인가에 대한 새로운 해석이다.

카를 마르크스에게 있어서 자본의 발달은 노동자의 지식, 기술, 인간성이 조금씩 기계화되는 과정이다. 아침이 되면 노동자는 자기 소유가 아닌 공장에 가서 자신이 아무 권리도 주장하지 못할 물건을 만들고, 누군가가 그 물건을 사서 공장 주인의 배를 불린다.

노동자는 자신의 몸을 사용해서 다른 사람들을 위해 물건을 생산한다. 그는ㅡ그는 항상 남성이다ㅡ조금씩 조금씩 톱니바퀴의 부품, 자기 자신이 아닌 무언가의 일부가 되어 간다. 대체 가능한, 인간 이하의 무언가로 말이다.

자신을 얽어맨 사슬을 끊어야만 하는 존재.

마르크스는 세 가지 존재를 이용해 이야기를 풀어 나간다. 노동자는 노동, 그가 붙들고 작업하는 기계는 고정 자본, 그의 노동으로 발생하는 돈은 유동 자본이다. 노동과 자본의 갈등을 중심으로 모든 것이 돌아가고, (글자 그대로) 역사를 나아가게 하는 동력이 된다. 마르크스주의 이야기든 다른 학파의 이야기든 바로 이것이 경제학을 논할 때 등장하는 고전적 존재들이다.

1950년대 말, 미국의 경제학자들은 자신들이 새로운 것을 발견했다고 생각했다. 그러나 사실 그것은 경제학자들이 오래전에 발견했지만 그동안 잊고 지냈던 것이었다.

애덤 스미스는 『국부론』에서 '인적 자본'이라고 이름 붙인 개념을 언급한다. 그는 사람들의 교육, 기술, 재능, 능력 등이 자본의 한 형태로 간주될 수 있다고 생각했다. 공장주가 노동자의 능력과 지식을 늘리는 데 투자하는 것은 새로운 기계에 투자하는 것과 같은 효과를 낼 수 있다는 것이다.

직원이 교육 프로그램에서 새로운 기술을 배우도록 하면, 짠! 그의 생산성이 두 배로 늘어난다. 투자를 잘한 것이다. 그가 교육에 참여하게 하는 데 돈이 들고 교육 기간 동안 기계를 놀리게 돼서 손해를 보지만, 결국에는 그 비용과 손해를 모두 상쇄하고 이윤까지 낼 수 있다. 다시 말해, 사람들의 능력을 자본의 한 형태로 볼 수 있는 것이다. 이에 대한 투자도 성공하거나 실패할 수 있고, 투자액이 불어나기도 한다.

시카고 학파 경제학자들은 애덤 스미스의 이론에서 '인적 자본'이라는 용어를 발견하고 이를 자신들의 이론에 차용했다. 이 용어가 현대 노동 시장의 경제학을 어떻게 변화시켰고, 그것이 좋은 영향이었는지 나쁜 영향이었는지는 또 다른 이야기다. 푸코가 의도했던 바는 '인적 자본'이라는 용어가 신자유주의자들이 쓰듯 널리 쓰이면, 사람들의 경제적 관점이 어떻게든 영향을 받는다는 것이었다.

그리고 이 '영향'이라는 것은 경제학의 범주를 넘어 광범위한 결과를 초래했다.

시카고 학파 경제학자 게리 베커는 1992년 노벨 경제학상 수상 연설에서 "지금 이런 말을 하면 이상하게 들릴지 모르지만 내 책의 제목을 『인적 자본Human Capital』이라고 결정하기까지 한동안 망설였다"라고 밝혔다. 오늘날 이 책은 고전으로 꼽힌다. "초기에는 많은 사람들이 이 용어와 이에 내포된 분석에 비판적이었다. 사람을 노예나 기계처럼 대한다는 느낌을 주었기 때문이다. 보라, 그사이 얼마나 많은 변화가 있었는가!"

실로 큰 변화가 있었다. '인적 자본'이라는 용어를 통해 모든 사람이 자신을 판매하는 기업의 주인이 되었다. 오늘날 우리는 이 개념의 많은 부분을 당연시한다.

스스로 교육받고 자신에게 투자하면 미래에 더 많은 수익을 거둘 수 있다. 다른 나라로 이주하기로 했다면 그것도 자신의 인적 자본에 투자하는 것이다. 미래 수익에 대한 합리적 계산에 따른 것이기 때문이다. 학교를 그만두면 투자를 중지하는 것이다. 따라서 미래의 수익도 줄어들 것이다. 월급도 더 이상 월급이 아니라 자본에 대한 수익이다. 내 삶은 내가 경영하는 작은 기업이고, 이 기업의 자본은 바로 나 자신이다.

푸코는 인적 자본이라는 개념으로 인해 경제적 인간은 더 이상 시장에서 사고파는 주체가 아니라, 자신을 경영하는 기업가가 되었다고 생각했다. 사실, 비판가들은 경제적 인간이 기계가 되어 버렸다고 말한다.

신자유주의의 역사에는 노동자가 존재하지 않는다. 자신의 인적 자본에 투자하는 사람만이 존재할 뿐이다. 자신의 삶을 프로젝트로 경영하고, 그 결과에 온전히, 홀로 책임을 지는 기업가들만 있다. 성공하면 투자를 잘한 것이고, 실패하면 투자를 잘못한 것이다.

이렇게 해서 경제학은 여러 논리 중 하나가 아닌 유일한 삶의 방식으로 변화했다. 이리저리 기웃거리며 결정하고, 경험하고, 무엇을 배우거나 배우지 않는 등 행위의 결과들이 모두 합쳐져 그 사람의 인적 자본이 된다.

경제적 인간은 이제 더 이상 애덤 스미스가 상상한, 다른 사람과 교환을 하는 존재가 아니다. 경제적 인간은 자기 자신에게 투자하는 장치다. 은행 강도짓을 하거나, 의대를 그만두거나, 치아미백 시술을 받는 것—이 모든 게 기업 경영 과정에서의 선택과 동일한 종류의 선택이고, 미래의 손익을 잘 따져 내린 결정이다. 자신에 대한 투자가 성공적인지 아닌지의 차이가 있을 뿐이다. 경제 체제는 인간의 본성과 동의어가 되었다. 그러니 누가 우리의 본질에 의문을 제기할 수 있겠는가?

마르크스가 언급했던 갈등은 해소됐다. 그러나 그가 상상했던 방식으로 해소된 것은 아니다. 생산 수단이 달라진 것이 아니라 인간으로 산다는 것의 의미가 변해 버린 것이다.

신자유주의는 인간을 자본으로 변화시킴으로써 노동과 자본 사이의 갈등을 간단히 해결한다. 즉, 인간의 삶을 시장 가치를 높이기 위한 일련의 투자 행위로 보는 것이다. 기독교 신학자들은 빵한 쪽과 생선 한 마리로 신도들을 먹이는 것이 가능했다고 말한다. 마찬가지로 우리는 누구나 먹고살 능력이 있다고 믿는다. 우리는 당신의 능력을 믿는다. 험한 세상이기는 하지만 당신을 위해 존재하는 세상이다. 다른 대안은 없다. 그리고 우주가 우리에게 경의를 표한다.

이 관점은 우리 모두를 평등하게 만들었다. 실업자 센터를 찾는 여성이나 다카 공항에서 위조 서류를 기다리는 남성 모두 자신의 기업을 경영하는 기업가들이다. 시차가 여덟 시간 나는 곳에서 열리는 회의에 참석하기 위해 비행기 비즈니스 클래스 좌석에서 발을 뻗고 몇 시간 눈을 붙이려 누운 CEO와 그들 사이에는 아무런 차이가 없다. 단지 자신이라는 자본에 투자를 잘했는지 못했는지의 차이, 그리고 태어날 때 주어진 첫 자본금의 차이가 존재할 뿐이다. 이것 말고 또 무엇이 성장을 가져올 수 있겠는가? 어떤 여성 연예인은 가슴 확대 수술이 '투자'였다고 스스럼없이 말한다. 한겹한겹 걷어 내고 나면 결국 모든 것이 경제학이다. 우리의 삶은 자신의 가치에 대한 일련의 투자에 지나지 않는다.

이런 시각을 진지하게 받아들인다는 것은 — 사실 이것만큼 진지하게 받아들여진 시각도 없기는 하지만 — 인간으로 산다는 것의 의미를 근본적으로 다르게 받아들인 것이다.

13장

어머니를 잊은 자들에게 미래는 없다

1965년 스웨덴의 사진작가 렌나르트 닐손Lennart Nilsson은 여러 가지 장비를 사용해 촬영한 태아 사진을 발표해 큰 반향을 일으켰다. 이는 『라이프Life』에 먼저 실린 후 『아기의 탄생A Child Is Born』이라는 책으로도 출간됐다.

1953년부터 전자현미경으로 실험을 한 끝에 나온 것이니, 책 한 권을 내기까지 12년이 걸린 셈이다. 1965년 4월 30일 자 『라이프』는 전 세계를 깜짝 놀라게 했고 출간 4일 만에 800만 부가 팔려 나가는 기록을 세웠다.

큰 머리와 지느러미 같은 팔을 가진 태아는 물풍선 안에서 웅크린 채 떠다니고 있다. 이 이미지는 우리가 존재의 시작점을 머릿속에 그릴 때 떠올리는 그림이 되었다. 주변 세상과 자신을 연결하는 탯줄에 의존한 채, 아기는 독립적인 우주인처럼 유영한다. 어머니는 존재하지 않는다. 그녀는 빈 공간이고, 이 조그만 우주 영웅이 그 안에서 약진을 한다. 자궁은 그저 아기의 방에 불과하다.

그러나 누구도 아기를 바라보는 그 카메라의 관점에서 자유로울 수 없다. 카메라 렌즈는 객관적이라고들 말한다. 그러나 렌나르트 닐손의 사진들은 하나의 묘사에 불과할 뿐 세상에 대한 정확한 서술은 아니었다. 엄청나게 확대하고 극적으로 편집한 이미지들은 현실이 아니었다. 어머니의 뱃속은 적막한 자유 유영이 벌어지는 곳이 아니다. 사실 이는 완전히 틀렸다. 태아는 어머니의 몸 안에서, 그리고 어머니와 지속적으로 접촉하며 자란다. 그 비좁은 공간에서 경련하고 고동치며 자라난다. 어디가 어머니의 끝이고 어디가 태아의 시작인지 실로 모호하다.

닐손의 사진에서는 이러한 의존성이 보이지 않는다. 태아는 혼자다. 어머니는 제거되었다. 사진은 어머니와 아이 사이의 어떤 관계도 보여 주지 않는다. 마치 우리가 태어날 때부터 완전한 생명체로, 자족적 개인으로 세상에 온 것처럼.

그러나 닐손이 묘사한 생명의 광경은 우리의 집단적 상상력에 들어와 머물렀다. 우리 모두 그 이미지에 상당히 매료된 듯하다.

문제는 우리가 이에 매혹된 이유다.

우리는 사회가 합리적 계약을 기초로 만들어졌고, 경제는 시장을 기반으로 돌아간다고 배웠다. 제조업자와 소비자, 고용주와 고용인—다시 말해 모든 경제 주체—은 형태만 달랐지 동일한 의식을 가진 동일한 존재라는 것이다. 동일한 논리를 다르게 표현한 것일 뿐이다. 개인의 자유 선택이 모여서 만들어진 비인격적인 곳이 바로 세상이다.

현실의 사회는 전쟁과 더 비슷하다. 착취와 인종차별이 빈번히 벌어지고, 경제적 현실은 '적자생존'에 가깝다. 부자는 점점 더 부유해지고, 나머지는 그들의 꽁무니를 뒤쫓을 뿐이다. 우리도 어느 정도는 이 사실을 알고 있다. 그러나 우리는 여전히 환상을 버리지 않는다.

몇 세기 동안 우리는 사람들끼리 협력한다는 합리적 결정을 했기 때문에 사회가 탄생했다고 배워 왔다. 협력적 구조를 만들면 모두가 혜택을 입을 것이라는 점을 확실히 한 후, 서로에게 의지하게 된 것이 그 시작이라는 것이다. 그 전도 그 후도 아니다.

창조 신화는 수없이 다양한 형태로 이야기되고, 대부분의 신화와 마찬가지로 이 또한 심리전이다. 사실 다음과 같은 방식으로 일이 이루어졌다고 보기는 어렵다.

우리는 동굴 속에 웅크리고 앉아 있다. 다른 동굴에도 사람들이 어둠과 추위 속에서 웅크리고 앉아 있다. 누가 동지고 누가 적인지, 누가 사람이고 누가 매머드인지 알기 힘들다. 갑자기 한 사람이 일어서서 외친다.

"어이! 모두 힘을 합쳐 사회를 만들고 서로 돕고 살면 어때? 서로 물건을 교환할 수도 있고 말이지. 모두에게 혜택이 돌아갈 거야!"

퍽이나 그랬겠다.

그러나 이것이 바로 자급자족에 대한 우리의 환상이다. 그리고 무척이나 유혹적이다.

렌나르트 닐손의 유명한 사진들은 이것과 동일한 주제에 대한 변주곡이다. 『라이프』의 표지에는 투명한 우주 캡슐처럼 보이는 공간에서 유영하는 작은 사람의 이미지가 실렸다. 태아는 자궁 내에 있지만 완전히 독립적인 존재다. 태아는 자유로운 개인이고, 여성의 몸은 존재하지 않는다. 어머니는 태아가 빌려 쓰는 공간에 불과하다. 정자가 들어가면 아기가 나온다. 임신은 9개월 동안 창문 옆 흔들의자에 앉아 있는 여성의 모습으로 대체됐다. 우리들의 어머니. 그녀는 수동적인 저장 공간이다. 우리는 그녀의 몸 안에 있지만 처음부터 그녀로부터 독립적이었다. 우리는 둥둥 떠다녔던 그 빈 공간의 주인이었다.

닐손의 사진에 나온 태아는 엄지를 빨면서 감은 눈 저 너머의 어둠을 응시한다. 주변은 암흑이고 태반은 저 멀리 홀로 떠 있는 우주 정거장이다. 이 이미지는 자유로운 개인의 창조 신화로 자리 잡았고 그 시대에 적절했다. 사진이 나온 1965년, 미국의 대통령은 린든 B. 존슨Lyndon B. Johnson이었고, 베트남에 대한 미국의 영향력이 강화되고 있었다. 영국에서는 윈스턴 처칠Winston Churchill이 세상을 떠났고, 영어의 욕인 'fuck'이라는 단어가 처음으로 텔레비전에 등장했다. 닐손의 고국인 스웨덴에서는 이케아가 두 번째 창고 매장을 열었고, 롤링 스톤스가 스톡홀름의 쿵리가 텐니스할렌에서 첫 공연을 했다.

닐손의 사진은 대부분 죽은 태아들의 모습이었다. 그래서 빛과 배경, 구성을 자기 마음대로 조절할 수 있었다. 사진들은 정말 훌륭했다. 그러나 생명을 묘사하기 위해 구성된 곳에 실제로 생명은 부재했다.

주류 경제학 모델이 내세우는 인간에 대한 가정이 옳지 않다는 사실을 알게 된 지는 30년도 넘었다. 경제적 인간은 존재하지 않는다 — 적어도 현실에서는. 그러나 우리는 여전히 그에게 매달린다. 그에 대한 비판이 아무리 거세도 그는 여전히 경제학과 동의어로 통하고, 우리의 삶에서 점점 더 많은 부분을 차지한다.

연구 결과는 어떻든 상관없는 듯하다. 우리가 만들어 내는 경제 모델이 아무리 세계경제를 빈번하게 파탄으로 몰아넣어도 상관없는 듯하다. 그런 모델들이 아무리 반복적으로 시장의 팽창과 공황, 변덕을 예측하는 데 실패해도 상관없는 듯하다. 우리는 여전히 그를 놓지 않는다.

우리는 상상의 우주 조각들을 긁어모아 모델로 만든 후, 세상을 충분히 정확하게 반영했다고 말한다.

경제적 인간에 대한 가정이 맞지 않다는 점은 몇 번이고 되풀이해서 드러났다. 카너먼과 트버스키가 30년도 더 전에 이미 우리의 결정이 전혀 객관적이거나 합리적이지 않다는 것을 증명했지만 별로 달라진 것이 없다. 우리는 경제적 인간이 실재하지 않는다는 사실을 이제 알지만, 여전히 그를 경제과학의 중심에 놓고 그 논리를 삶의 많은 부분에 계속해서 적용한다. 2004년 『괴짜경제학』은 엄청난 기세로 전 세계를 휩쓸며 우리 존재의 모든 요소가 시장 원칙에 부응한다고 선언했다. 1970년대 말, 프랑스의 좌파 철학자 미셸 푸코는 아무리 터무니없는 신자유주의자라도 자신의 이론을 그렇게 극단적으로까지 몰고 가는 것은 상상할 수 없다고 말했다. 하지만 보라. 『괴짜경제학』은 베스트셀러로 등극했다.

경제적 인간을 소리 높여 면밀히 비판하는 경제학자들은 항상 존재했다. 그러나 경제적 인간은 여전히 경제학과 동의어로 간주된다. 일상생활에서 '경제학적 논리'를 말할 때 늘 경제적 인간이 등장하고, 그를 반대하는 수많은 비판은 고작해야 보완적인 의견으로 치부된다. 무대의 중앙을 차지하는 것은 경제적 인간이고, 누구나 그를 중심으로 이야기를 펼쳐야만 한다.

최근 들어 가장 큰 반향을 일으킨 행동경제학에서는 사람들이 항상 자신의 이익만을 생각하지는 않으며, 정의를 중요시하고, 선호도가 시간에 따라 변화한다는 사실을 큰 노력과 시간을 들여 증명했다.

행동경제학은 사람들이 늘 정보를 올바른 방법으로 처리하지는 못하고, 우리가 항상 자신의 선호 체계와 일치하는 결정을 하는 것도 아니라는 것 또한 보여 줬다. 이 발견은 무척 중요하며, 경제적 인간의 기반을 제공하는 이론과 관련해 커다란 진보. 그러나 동시에 경제적 인간은 여전히 행동주의 경제학의 시발점이다. 행동경제학자들은 실험과 연구를 통해 규칙의 예외를 기록하기 위해 노력하지만, 독립적 개인은 여전히 이상적인 존재이자 모든 이론의 전제로 군림한다.

행동경제학에서는 사람들이 합리적으로 행동하기가 어려운 것이 자명하므로 도움이 필요하다는 논리를 편다. 우리는 올바른 방향으로 끌어 주는 손길이 필요한 존재들이다. 즉, 우리는 완벽한 경제적 주체가 아닌 것이다. 따라서 국가는 더 나은 동기 부여책을 만들어 내는 역할을 해야 하고, 우리는 도움을 받아 각자의 선호 체계에 더 적합한 행동을 할 수 있다.

예를 들어, 이런 믿음은 정치적으로는 사람들에게 더 나은 정보를 제공함으로써 전기를 절약하도록 장려하는 등의 조치로 이어진다. 정보가 주어지면 합리적인 결정을 하는 것이 쉬워지기 때문이다. 그러나 정부가 탄소세를 인상하거나 친환경 기술 또는 에너지 효율이 높은 도시 건설에 투자하는 방식으로는 잘 실행되지 않는다. 이와 비슷한 맥락으로, 비만 문제도 다양한 제품의 설탕 함량에 대한 정보를 더 쉽게 찾을 수 있도록 하는 쪽으로 노력을 기울이지, 실제로 식품이나 유통 산업의 문제를 직접 해결하려 들지는 않는다.

물론 행동경제학자들의 분석이 어려운 결정을 피하고 싶어 하는 정치인들의 쉬운 길로 이용되는 것이 이들의 잘못은 아니다. 그리고 이 이론이 올바른 방향을 가리키고 있는 것은 확실하다. 그러나 이 이론도 여전히 경제학을 '선택의 과학'으로 본다는 사실에는 변함이 없다. 경제학이 사회의 생존과 가정의 유지와 발전에 대해 연구하는 역할을 하지 않는다는 의미다. 사회 전반에 대한 시각이나 사람들 간의 관계가 개인에게 어떤 영향을 미치는지에 대한 관찰은 행동경제학의 어디에서도 찾아볼 수 없다. 경제학은 여전히 개인에 대한 연구로 남아 있다. 의존성은 인간으로서 자연스러운 부분이 아니며 권력 관계는 경제적으로 의미가 없다고 간주된다.

다시 말해, 경제적 인간은 한 발자국도 양보하지 않았다.

"우리는 모두 인간이다." 모두의 공통점을 나타내고 싶을 때 이렇게 말하곤 한다. 계급, 성별, 인종, 연령, 배경, 경험을 넘어서서 우리 모두를 하나로 묶어 주는 개념이다. 마치 인류가 계급, 성별, 인종, 연령, 배경, 경험을 '통해서'가 아니라, 계급, 성별, 인종, 연령, 배경, 경험과 상관없이 만들어진 것인 양. 대신 우리는 상황과 신체와 맥락 등은 제거해야 하는 대상으로 본다. 그것들은 우리의 시각을 흐리니까. 우리는 어떤 현상의 본질에 대해 말하고 싶으면 그 현상의 본질을 추출해 내야 한다고 생각한다.

그러나 인간으로서 산다는 것은 성별, 신체, 사회적 위치, 배경, 경험, 이 모든 것을 아우르는 것이다. 다른 방법은 없다.

그러나 우리는 바로 이것들을 부정해야 한다고 생각한다. 모두가 동일하게 지닌 합리적 의식을 찾아야 한다는 것이다.

"여성도 개인이다"라고들 말한다. '개인'이라는 것은 '인간'과 동의어가 됐고, 개인은 경제학의 기본 입자다.

하지만 경제적 인간은 인간 존재에 견주었을 때 매우 협소한 함의만을 가지고 있다. 경제학은 '개인의 과학'이 되었고, '개인'은 더 잘게 나눌 수 없다는 의미를 지닌다. 전체를 쪼개서 얻은 가장 작은 단위가 바로 개인이다. 뉴턴의 물리학에서 말하는 원자처럼. 개인을 이해하면 모든 것을 이해할 수 있다고들 한다. 그러나 사실 이 개인이라는 것은 사람과 같은 개념이 아니다.

인류의 절반이 가진 가장 큰 특징은 자신을 더 잘게 나눌 수 있다는 점이다.

모든 여성이 아이를 낳을 수 있는 것은 아니다. 모든 여성이 아이를 낳고 싶어 하지도 않는다. 그러나 기본적으로 여성이 임신을 하고 아이를 낳을 수 있다는 점에서 남성과 여성의 신체에 차이가 있다. 한 사람이 나뉘어 두 사람이 되는 것이다. 모든 사람이 이런 방식으로 삶을 얻었다. 우리는 서로에게서 태어난다. 그리고 서로의 안에서, 서로를 통해서 존재한다.

우리는 독립적인 상태로 삶을 시작하고, 이후 필요에 의해 사람들과 관계를 맺어야 하는 상황에 처하는 것이 아니다. 그러나 사회의 중요성을 강조할 때 우리는 항상 '자율적 개인'으로부터 이야기를 시작한다. 그리고 왜 우리가 서로에게 의존하고 관계를 형성해야 하는지에 대한 이유를 열거하고는 한다.

식량을 생산하기 더 쉽다.

야생 동물로부터 자신을 보호하기 더 쉽다.

더 행복하다.

아플 때 도움을 받을 수 있다.

더 오래 산다.

다른 사람들과 섞여 사는 데는 여러 가지 장점이 있으므로 이 방식을 선택해야 한다고 말한다.

실제로는 정반대다. 우리는 다른 사람의 요구와 기대로 둘러싸여 태어난다. 어린이는 거의 전적으로 다른 사람들에게 의존하며 살아간다. 이 밖의 다른 방법은 모른다. 우리 모두는 다른 사람들의 희망과 요구, 사랑과 신경증, 트라우마, 실망, 자신이 이루지 못한 야망에 휘둘리며 살고 있다. 아이를 돌본다는 것은 누군가의 필요를 끊임없이 충족시킨다는 의미이고, 이 친밀함 안에서 아이는 한 걸음 한 걸음 독립하는 법을 배운다. 페미니즘 이론가 버지니아 헬드Virginia Held가 지적했듯 인간의 자연스러운 상태는 타인에 대한 의존이다. 인간은 자연적으로 타인에 대한 의존으로 둘러싸여 있는 존재다. 그 껍질을 부수고 나와 자신만의 정체성을 찾는 것이 과제다. 자신의 공간을 점점 더 확보하고, 다른 사람들의 배경과 그들과의 관계, 그들이 만들어 낸 세상 안에서 우리는 진정한 자신을 찾아야 한다.

아이를 돌보는 사람도 그 관계와는 별도로 자신의 정체성을 지킬 수 있어야 한다. 끊임없이 붙들려 있거나 오직 누군가의 필요에 의해서만 가치가 부여되어서는 안 된다. 이런 일들을 잘해내고 상호 의존적인 관계를 건강하게 유지하는 것이 사람들과 사회가 맡은 과제다. 우리는 날마다 시시각각으로 관계와 관련된 문제에 직면한다.

우리 삶의 모습을 결정하는 수많은 정신적·감정적 상처가 이때 생긴다. 그래서 우리가 이와는 다른 상태에 대한 환상에 쉽게 매혹되는지도 모른다. 혼자서 존재한다는 환상. 빈 공간에서 주변 환경과 탯줄만으로 연결된 채 둥둥 떠 있는 상태.

경제적 인간이 현실과 부합하지 않는다는 것은 별개의 문제다. 우리는 그 사실을 오래전부터 알고 있었다. 흥미로운 것은, 우리가 이 경제적 인간이 현실에 부합하기를 절실히 원한다는 사실이다.

언뜻 보기에 우리는 경제적 인간처럼 되기를 원하는 것 같다. 우리는 그의 자족적 성향과 이성, 그리고 그가 사는 예측 가능한 우주를 원한다. 무엇보다, 우리는 그렇게 믿기 위해 아무리 비싼 대가를 치러도 상관하지 않는 듯하다.

그러나 현실에 맞지도 않는 그를 이렇게까지 옹호해서 우리가 얻는 것은 과연 무엇인가?

14장

인간이 섬처럼
홀로 존재할 수
있다는 환상

1500~1600년대에 걸쳐 서구에서 인간과 자연의 관계를 보는 관점에 변화가 왔다. 인간을 여성적이고 변덕스러운 우주에 깊이 뿌리내리고 사는 존재로 보는 관점에서, 자유로운 상태의 객관적인 관찰자이자 자연을 정복한 존재—주로 남성—로 보는 관점으로 바뀐 것이다. 자연은 (주로 인간에게 두려움을 주는 쪽으로) 살아 있고 계속 움직이며 유기적인 존재에서, 수동적이고 생명이 없으며 기계적인 존재로 인식됐다.

인간—주로 남성—은 전체에서 해방되어 세상을 정복하는 임무를 맡은 독립적인 개인이 되었다. 여성은 정반대 역할을 맡았다. 여성은 남성이 세상을 정복하기 위해 떠날 때 가지고 가지 못한 것들과 그를 연결해 주는 끈이었다.

의존성, 자연, 신체, 생명.

남성은 이성이었고, 여성은 감성이었다. 남성은 두뇌, 여성은 신체. 남성은 독립, 여성은 의존. 남성은 능동, 여성은 수동. 남성은 이기적, 여성은 자기희생적. 남성은 견고함, 여성은 부드러움. 남성은 계산적, 여성은 예측 불가능. 남성은 합리적, 여성은 비합리적. 남성은 고립된 존재, 여성은 다른 것과 연결된 존재. 남성은 과학적, 여성은 마술적.

남성은 우리에게 목숨을 바칠 만한 무엇인가가 있다는 것을 가르치고, 여성은 삶을 바칠 만한 무엇인가가 있다는 것을 가르쳤다.

이것이 우리가 수행해야 할 역할이다. 이것이 우리가 따라야 할 춤 동작이다. 이것이 정말로 한낱 춤동작에 지나지 않았다면 좋았을텐데.

실제로 우리는 현실에 맞는 행동을 하기보다는 미리 정해진 규칙에 따라 행동한다. 여성은 항상 여성이라는 성에게 세상이 기대하는 바를 고려해서 행동한다. 남성도 그렇게 한다. 그러나 그 방식은 다르다.

우리가 성 역할이 더 이상 중요하지 않다고 말할 때, 어린 소년들이 분홍색 옷을 입는다거나 남성 임원들이 '자신이 진지하다는 것을 표현하기 위해' 꽃무늬 옷을 입고 출근한다는 등의 예를 드는 사람은 거의 없다. 실제로 누군가 그러고 나타나면 우스울 것이다. 그러나 기업의 세계에서 정상에 오른 여성들은 아직도 딱딱하고 수수한 옷차림을 하는 것이 자연스럽게 받아들여진다. 프릴이 달린 상의에 꼭 맞는 가죽 치마를 입고 나타나면 동료들의 수

군거림을 감수해야 한다. 이 여성들은 중성적인 옷차림을 해야 한다. 다시 말해, 남성적인 분위기의 옷을 입어야 하는 것이다. 그녀는 남성의 몸을 중심으로 구성된 기존의 구조에 자신을 맞춰야 한다. 동시에 그녀는 너무 남성적이어도 안 된다. 여전히 여성이면서, 자신이 전통적으로 남성적으로 받아들여지는 일을 하는 것을 알고 있다는 표현을 해야 한다.

정말 어려운 줄타기 묘기다.

남성에 대한 기대는 완전히 다르다. 집에서 음식을 하는 것이 전통적으로 여성적인 활동이라고 해서 남자 요리사 제이미 올리버Jamie Oliver가 여성적 성 역할에 맞추기를 바라는 사람은 아무도 없다. 텔레비전에 출연한 제이미 올리버는 젊은 남성으로서 자신의 매력을 내세우기 때문에 진지하게 받아들여진다. 올리버는 바질을 칼로 다지지 않는다. 그는 바질을 키친타월에 뭉개 넣고, 테이블에 내리치고, 정복해 길들인 다음 음식에 넣는다.

이와 비슷한 현상으로, 유치원에서 전통적인 성 역할의 변화를 불러일으키기로 마음먹으면 맨 먼저 여자아이들이 체육 시간에 입는 분홍색 발레복을 공격한다. "체육 시간에 성별로 정형화된 옷을 입는 것은 허용할 수 없습니다. 우리처럼 사회적으로 진보적이고 민주적인 나라에서는 말이지요. 우리 아이들은 자유로운 개인으로 자라나야 합니다. 따라서 여자아이들은 주름 장식이 들어간 분홍색 발레복을 입고 체육 시간에 참여할 수 없습니다. 자신이 불편하다고 느낄 수 있는 정형화된 성 역할에 끼워 맞추게 될 수도 있으니까요."

그러나 좋은 의도로 그런 말을 한 유치원 교사도 남자아이들이 무슨 옷을 입었는지는 그다지 신경 쓰지 않는다. 분홍색 발레복은 정형화된 성 이미지에 따르는 것이지만, 그와 비슷하게 정형화된 남자아이의 운동복은 중성적인 것으로 간주된다.

남성성은 거의 항상 이런 식으로 받아들여진다. 이 사실은 성 역할을 구성하는 데 아주 중요한 요소다.

셰익스피어의 햄릿 왕자는 보편적인 질문을 던질 수 있다. "사느냐 죽느냐, 그것이 문제로다." 우리는 모두 그가 하는 질문에 공감하도록 배운다. 여성마저도. 햄릿의 독백은 인간의 경험에서 나온 것이다. 남성이 표준이고, 인간성은 남성성과 동일시된다.

그러나 아이를 출산하는 것은 인간의 경험이 아니다. 그것은 '여성'의 경험이다. 우리는 이런 식으로 세상을 보도록 교육받는다. 여성의 경험은 보편적인 것과 항상 별도로 취급된다. 인간으로서의 경험을 이해하기 위해 출산에 관한 책을 읽는 사람은 아무도 없다. 대신 셰익스피어를 읽는다. 혹은 땅에서 버섯처럼 솟아난 사람들이 태어나자마자 서로 간에 사회 계약을 체결하는 것에 관해 쓴 철학자의 책을 읽는다.

성 역할을 가진 것은 여성뿐이다. 남성은 인간이다. 한 가지 성만이 존재한다. 다른 쪽은 반사된 이미지이며 보완적 존재일 뿐이다.

경제학의 세계에서 우리는 모두 합리적이고 이익을 추구하는 이기적인 개인이다. 이런 특징들은 전통적으로 늘 남성적인 것으로 간주되었다. 따라서 우리는 그것들을 중성적인 것으로 받아들인다. 이런 특징에 성별은 규정되지 않았다. 남성은 한 번도 두 성별 중 하나로 구분된 적이 없었기 때문이다. 경제적 인간은 유일한 성이다. 동시에 경제적 인간을 탄생시킨 이론에서는 돌봄과 사려 깊음, 의존을 상징하는 다른 존재가 있다는 것을 가정한다. 그러나 이런 것들은 보이지 않는다. 경제학 이야기에 포함되기를 원하면 경제적 인간처럼 되어야만 한다. 그러나 우리가 경제학이라고 부르는 것은 늘 따로 존재하는 보이지 않는 이야기를 기반으로 만들어진다. 경제적 인간이 그 자신으로 존재하기 위해 삭제될 수밖에 없는 모든 것에 대한 이야기. 이 덕분에 경제적 인간은 자신 말고 다른 것은 아무것도 없다고 말할 수 있다.

여성은 남성만큼 가치가 있다.
여성은 남성을 보완한다.
여성은 남성과 다를 바가 없다.

위의 문장들은 모두 여성을 남성성의 한 종류로 묘사한다. 여성이 남성과 '비슷'하든 남성과 '대조'되든. 여성은 늘 남성과의 관계 안에서 존재한다.

여성이 가치 있는 것은 여성이 남성과 비슷하거나, 혹은 남성을 보완하기 때문이다. 그러나 어떤 경우에든 항상 남성 중심의 화법이 동원된다. 한편으로 여성도 일하고, 연구하고, 성생활을 하고, 트림하고, 전쟁을 시작하고, 합리적이고, 중장비를 운전할 수 있다. 남성과 다름없이. 이러한 여성은 남성과 동등한 권리와 특권을 누려야 한다고 말할 수 있다. 그러나 여성이 남성과 '다름없이 행동하기'를 그만두는 순간, 그녀는 더 이상 평등을 요구할 수 없다.

"임신한 남성과 임신한 여성이 동등한 대우를 받는 한 차별은 존재하지 않는다." 1974년 미 대법원의 게둘딕 대 아이엘로Geduldig v. Aiello 판례에 나오는 유명한 판결문이다.

재판은 임신한 여성들을 보험 적용에서 제외할 수 있는가에 관한 것이었다. 법원은 제외할 수 있다고 판결했다. 보험 규정에서는 여성이 제외되지 않았다. 단지 '임신한 사람'을 제외했을 뿐이다. 모든 경우 — 대부분의 사람들이 잘 알고 있듯 — 그런 사람은 '여성'뿐이라는 사실은 판결에 어떤 영향도 주지 못했다.

여성이 경제적·정치적으로 의미 있는 범주에 포함되기 위해서는 자신의 신체를 그 범주 밖에 두고 들어가야 한다. 여성이 '남성과 다름없기' 때문에 가치 있다고 하는 것은 그것이 조건부 평등이라는 의미다.

그러나 또 다른 식으로 생각해 여성이 '남성을 보완하기' 때문에 가치 있다고 하는 것은, 설사 그런 경우가 있다고 하더라도 더욱 한정적이다.

이 경우에도 다시 한 번 여성성은 남성성의 변이로 간주된다. 여성은 남성처럼 될 필요는 없지만, 경직되고 빠르게 성장하는 시장의 반대편에 서서 균형을 잡아 주는 친절한 아내의 역할을 해야만 한다. 남성은 자신이 차마 받아들이지 못했던 인간으로서의 다른 면을 다른 방식으로라도 경험하고 싶어 한다. 사회는 바로 남성에게 허락되지 않았던 모든 것을 여성에게 담당하도록 했다. 부드러움, 연약함, 신체, 감정, 자연 — 다시 말해 달의 신비로운 뒷면이다. 여성은 신체, 감정, 자연이 되어야 하고, 주관적이고 독특해야 한다. 남성이 그렇지 못하기 때문에. 이에 더해서 여성은 생물학으로부터 시한부 선고를 받은 사람들이다.

이는 여성이 남성의 특징에 의해 규정된 것이 아닌 남성이 갖지 못한 특징에 의해 규정된 경우다. 물론 두 가지 경우 모두 남성을 기준으로 한 정의다.

여성은 남성과 다름없다고 증명하거나 남성을 보완할 수 있다고 증명해야 한다. 절대 여성이 중심이 되지 않는다. 한 가지 성별만이 존재하기 때문이다.

로맨틱 코미디 영화 〈프리티 우먼Pretty Woman〉에서 정체성의 위기에 빠진 리처드 기어Richard Gere가 줄리아 로버츠Julia Roberts를 오페라 극장에 데려간다. 그는 〈라 트라비아타La Traviata〉 공연 자체보다 그것을 보며 줄리아 로버츠가 보이는 반응에 더 관심을 보인다. 그는 베르디 오페라를 보면서 울 수가 없다. 그러나 그녀가 베르디 오페라를 보면서 우는 것을 볼 수는 있다. 그는 자기 자신의 감정에 접근하기 위해 그녀가 필요했고, 자신의 감정에 가까이 갈 수 있는 가장 확실한 방법은 그녀의 관찰자가 되는 것이었다. 그녀는 그가 살아 있다고 느끼도록 했다. 그 순간, 그는 자신이 그녀를 사랑한다는 것을 확신한다.

여자를 소유하고 정복함으로써 남자는 평소에 부인하고 살던 자기 내면의 한 부분에 가까이 다가갈 수 있다. 의존성, 감정, 맥락, 즐거움, 그리고 굴복. 그러나 여자는 존재의 정수가 아니라 사람이다. 그리고 그도 이 사실을 알고 있다.

"꽃을 찾다가 과일을 찾았네. 샘을 찾다가 바다를 찾았네. 여자를 찾다가 영혼을 찾았네. 실망하고 말았네." 시인 에이디트 쇠데르그란Edith Södergran은 노래한다.

20층 건물 꼭대기에서 남자는 일주일에 80시간씩 일한다. 자신과 아무 관련 없는 엄청나게 중요한 일들에 대해 객관적인 결정들을 객관적으로 내린다. 그날 아침 사무실에 들어오기 전 코트를 벗으면서 자기 자신도 같이 벗어 두었다. 다른 방법이 없다. 그는 자신과는 다른 사람들의 몸에서 자신의 병과 같은 냄새를 맡는다. 그래서 이들을 피한다. 그렇다고 그들과 잠자리를 피하는 건 아니다. 그들과 잔다. 그는 불가항력적으로 그들―여자들―에게 끌린다. 그가 관계를 끊었던 모든 것들을 그는 그녀에게서 찾는다. 자신의 아동기, 자신의 몸, 자신의 성적 정체성, 그리고 말로 표현할 수 없는 또 다른 무엇. 그러나 잠시 후 그가 발견한 것은 자신의 눈빛에도 똑같이 떠올라 있을 그 두려움의 눈빛으로 자신을 응시하는 또 한 명의 사람이다.

오늘날 우리가 남성적이라고 부르는 모든 특징은 경제적 행동을 정의하는 특성에 속한다. 일정한 거리를 유지하고, 합리적이며, 객관적인 성격. 그는 자신이 원하는 것이 무엇인지 알고 그것을 얻기 위해 노력한다. 그러나 남성마저도 이런 식으로 작동하지 않는다. 그럼에도 불구하고, 우리는 그런 특성들을 이상적인 것으로 여길 뿐 아니라 남성성과 동일시하기까지 한다.

깊이 파고들면 우리의 모든 행동은 한 가지 의식으로 수렴한다. 유일한 성.

경제적 인간의 일차원적 시각에 대한 비판은 많았다. 우리는 그가 깊이와 감정, 심리학적 통찰력이 부족하고 너무 단순하다고 생각한다. 그는 그저 단순하고 이기적인 계산기에 불과하다. 인간의 형상을 한 그림일 뿐이다. 그런데 왜 우리는 이 종이 인형을 버리지 못하는 걸까? 말이 안 되는 이 경제적 인간이 우리와 무슨 관련이 있는가?

그러나 이렇게 비판하는 사람들은 핵심을 놓치고 있다. 그는 우리와 똑같지는 않지만, 우리가 충분히 공감할 수 있는 나름의 감정과 깊이와 두려움과 꿈을 가지고 있다. 경제적 인간은 단순한 종이 인형이나 흔해 빠진 사이코패스, 혹은 문득 떠오른 환상일 리가 없다. 그가 그런 존재였다면 우리가 왜 이토록 그에게 매료되었겠는가? 이런 인간 행동 모델은 현실과 일치하지 않는다는 연구 결과들이 수없이 많은데도 불구하고 왜 우리 존재 전체를 그의 세계관에 맞추려 그리 안달하겠는가?

우리 삶의 모든 부분을 이렇게 절실히 그 환상과 일치시키고자 한다는 사실은 우리가 어떤 존재인가를 알 수 있게 해 준다. 그리고 우리가 무엇을 두려워하는지도. 이것이야말로 우리가 스스로 인정하기 어려워하는 점이다. 따라서 경제적 인간이 우스울 정도로 단순하다고 해서 그가 꼭 우리 자신의 내면적 갈등과 전혀 관계없이 존재한다는 뜻은 아니라고 애써 부정한다.

그의 정체성은 완전히 독립적이라고들 말한다. 그러나 이는 틀린 생각이다. 우리는 다른 사람들과의 관계를 통하지 않고 온전한 정체성을 만들어 낼 수 없다. 그리고 경제적 인간이 그 사실을 좋아하든 싫어하든, 그에게도 이 법칙이 적용된다.

경제적 인간의 가장 중요한 특성은 경쟁이고, 따라서 그는 다른 사람들의 존재에 완전히 의존할 수밖에 없다. 경제적 인간은 타인에게 상당 부분 묶여 있다. 그러나 다른 방식으로 묶여 있다. 아주 꽁꽁 묶여 있는 것이다.

경쟁 속에서.

경쟁하지 않는 경제적 인간은 존재 의미가 없다. 그리고 경쟁을 하기 위해서는 다른 사람들이 필요하다. 그는 관계가 존재하지 않는 세상에 사는 것이 아니다. 다만 모든 관계가 경쟁으로 수렴하는 세상에 살고 있는 것이다. 그는 공격적이고 자기도취적이다. 그는 자신과 끊임없이 갈등을 겪는다. 거기에 다른 사람들과의 갈등도 보태진다. 그는 이 갈등만이 움직임을 만들어 내는 유일한 동력이라 생각한다. 위험이 따르지 않는 움직임 말이다. 이것이 바로 그의 삶이다. 시련과 고난, 그리고 치열한 염원으로 가득한 인생.

그는 쉼 없이 뛰는 중이다.

결혼한 상태에서 부부가 얻는 총생산과 독립적인 두 사람의 총생산의 합의 차이는 결혼 생활의 결과로 얻어지는 수익을 의미한다. 이 계산에는 (많은 경우) 여성에 대한 늘 엄청나게 탄력적인 수요와 공급의 법칙이 영향을 미친다. 이것이 사랑에 관한 경제적 이론이다. 우리는 독립을 갈구하고, 통제를 절실하게 꿈꾼다.

다음과 같이 가정해 보자. 여성 1의 번영이 남성 1의 효용에 기여하고, 남성 1이 여성 1과의 정서적·육체적 접촉에 가치를 두면 남성 1이 여성 1을 사랑하게 된다. 이 경우 남성 1이 여성 1과의 동반자 관계에서 혜택을 본다는 것은 명백하다. 두 사람의 관계가 지속되면 여성 1의 번영도 증진될 것이다—그가 때로 그녀의 목에 코를 비빈다든지, 그녀의 손이 닿지 않는 높은 선반에 있는 물건을 꺼내 준다든지, 밤에 꼭 껴안고 잔다든지 하면서. 따라서 남성 1의 행동은 자신의 혜택을 더욱 증진하기도 한다. 여성 1과의 '접촉'의 정도를 재화로 치환하면, 여성 1과 남성 1이 따로 사는 것보다 같이 살 때 재화를 더 저렴하게 생산할 수 있다. 여성 1은 남성 1을 사랑하지 않는다 하더라도 그와의 관계에서 혜택을 본다. 그가 그녀를 사랑하기 때문에 그녀의 복지는 그의 효용 함수의 일부가 된다. 그러므로 남성 1이 자신의 자원을 여성 1에게 이전할 것이라 기대할 수 있고, 그녀가 남성 1을 사랑하지 않더라도 그녀의 수익을 증가시킬 수 있다.

경제학자들은 낭만적 관계를 두 명의 독립적인 개인 사이의 합리적 계산으로 묘사한다. 그들은 낭만적인 관계에서 실제로 의미가 있는 것은 모두 제외해 버린다. 그러고는 자신들이 해법을 찾았다고 말한다. 비합리적인 문제에 대한 합리적인 해법. 특정 관점의 생각들이 모여 만든 혼란. 우리의 낭만적 관계마저도 차갑고 딱딱한 시장 논리와 일치해야 한다. 여성과 남성은 모두 경제적 인간이니까. 우리는 항상 모든 정보를 가지고 있고, 거리를 유지하며, 자신에게서 약간 벗어나 바깥에서 관조한다. 완벽한 통제. 완벽한 안전.

경제적 인간이 세상에서 가장 유혹적인 이유는 우리가 두려워하는 것에서 도망갈 수 있도록 해 주기 때문이다. 육체, 감정, 의

존, 불안감, 취약성. 그의 우주에는 이런 것들이 존재하지 않고, 그의 세상은 예측 가능하다.

서로 다름이라는 개념은 존재하지 않는다. 취약성도 없다. 두려워해야 할 것은 아무것도 없다.

바로 이 때문에 우리가 그에게 매달리는 것이다. 그가 우리로 하여금 두려움으로부터 탈출할 수 있도록 도와주기 때문이다.

경제적 인간은 사람들의 느낌을 선호 체계로 변화시킨다. 그렇게 함으로써 그런 느낌들은 일련의 비인격적 욕망이 된다. 가능할 수도 있고 불가능할 수도 있는 선택 사항들을 메뉴에서 주문하는 것일 뿐이다. 능력만 있다면 가능할 것이다. 그리고 그것들은 선호도일 뿐이다. 우리가 개인적으로 가까이 접근할 필요가 없는.

느낌이나 감정은 사람의 일부가 아니다. 경제적 인간의 세상에서 느낌이란 분류하고, 정리하고, 쌓고, 구분하는 것이다. 분노는 협상할 때 도움이 된다. 잠자리에서 가짜로 황홀한 척 연기하는 것은 '합리적인 신호 보내기 모델'의 일부다. 다른 사람의 번영이 자신의 효용을 높일 때 우리는 사랑이라고 말한다. 사랑은 갈등을 감소시키고, 따라서 아이를 낳고 키울 때 드는 비용 또한 줄어들게 된다. 이런 식으로 우리는 자신의 감정에 휘둘릴 필요가 없어졌다. 경제적 인간의 세계에 머물러 있는 한 말이다. 그리고 이 세계에는 유리한 점이 많다. 그 세계로 몸을 숨기면 대처하기 어렵고 혼란스러운 많은 일들을 피할 수 있다.

우리의 느낌과 감정이 선호 체계가 되는 것처럼 우리의 몸도 사라진다. 경제적 인간은 몸을 인적 자본으로 바꾼다. 갑자기 몸은 나의 일부가 아니라 내가 소유한 자본이 된다. 몸은 통화 수단이 돼서 각 개인은 그것을 다양한 방법으로 사용할 수 있고, 거기에 투자할 수도 있다.

이 경제 이론들은 우리가 우리 몸 밖에 존재하는 것을 가능하게 해 준다. 몸을 타인에게 빌려줄 수도, 팔 수도 있다. 대여 가능한 여느 장소와 마찬가지로. 변화시키고, 투자하고, 결국은 죽게 놔둘 수도 있다. 나는 몸의 소유권자고 몸은 자본이다. 이것이 내 몸과 나의 관계다. 이렇게 해서 우리는 몸을 통해 인간이 되는 것이 아니라, 몸이 있음에도 불구하고 인간이 될 수 있다.

그러나 몸을 떠올릴 때 무력감과 의존성이 생각난다는 사실 자체는 우리가 인간으로 산다는 것의 일부다. 내 몸이 타인의 몸을 통해 태어났고, 쭈글쭈글한 신생아일 때 주변 환경에 전적으로 내맡겨진다는 것 말이다. 사랑이 없으면 죽을 수밖에 없고, 모든 것을 기대하고 모든 것을 필요로 하는 몸. 병에 걸리면 의존해야 하는 몸. 나이 들고 죽어 갈 수밖에 없는 몸.

이에 반해, 경제적 인간의 세계에서 죽음이란 비즈니스적 결정이다. 스위치를 끌 것인가 말 것인가? 고통이 더 큰가, 경험적 이득이 더 큰가? 그 이상은 생각할 필요가 없다. 죽음에는 의미가 없다. 삶도 마찬가지다.

목표는, 목표가 없는 세상을 만들어 내는 것이다.

몸을 인적 자본으로 만드는 순간 몸의 정치적 의미는 사라지고 만다. 들어 올린 손, 걸어가는 다리, 가리키는 손가락, 물걸레로 닦는 마루, 먹여 살려야 하는 입. 우리의 경제는 사실 육체를 기초로 만들어졌다.

몸이 경제의 시작점으로 진지하게 받아들여진다면 그 영향은 실로 막대할 것이다. 인간의 신체가 공통적으로 필요로 하는 것들을 중심으로 구성된 사회는 우리가 지금 알고 있는 사회와 상당히 많이 다를 것이다. 그 사회에서는 배고픔, 추위, 질병, 의료 서비스 부족, 식량 부족 등의 문제가 시급한 경제적 문제의 핵심으로 떠오를 것이다. 유일무이하다고 받아들여지는 불운한 경제 시스템을 따르고 있는 현재 우리의 현실과는 다를 것이다.

우리가 따르고 있는 경제 이론에서는 몸의 현실성을 받아들이기를 거부하고 가능한 한 그 문제에서 멀리 도망쳐 버린다. 인간은 작은 아기로 태어나 쇠약해져서 죽고, 어디 출신이든, 얼마를 벌든, 어디에 살든 상관없이 날카로운 물건으로 피부를 그으면 살이 베이고 피가 난다는 사실을 외면하는 것이다. 우리의 공통점은 육체에서 시작한다. 추우면 몸을 떨고, 달리면 땀을 흘리고, 태어날 때 울고, 아기를 낳을 때 비명을 지른다. 몸을 통해서 우리는 다른 사람과 연결된다. 바로 그렇기 때문에 경제적 인간은 몸을 삭제해 버렸다. 몸이 존재하지 않는 것처럼 가장하는 것이다. 우리는 마치 내 몸이 외국 자본이기나 한 듯 바깥에서 관조한다.

이렇게 해서 우리는 혼자가 된다.

몸과 감정으로부터 도망감으로써 경제적 인간은 의존성으로부터 도피한다. 몸과 의존성은 연결되어 있다. 의존성은 몸을 통해 나타나는 경우가 많기 때문이다. 경제적 인간은 무엇을 절대 '필요'로 하지 않는다. 그는 무엇을 '원할' 뿐이다. 그리고 우리가 그와 같다면 우리는 소외감을 느끼거나 무엇인가를 애걸하지 않아도 된다. 내가 가치 없는 사람이라고 느낄 필요도 없고, 결과에 연연하지 않아도 된다. 대가를 지불할 능력이 없어서 뭔가를 가질 수 없다는 걱정을 하지 않아도 된다. 경제적 인간의 세계에서 모든 계좌는 수입과 지출이 정확히 맞는다. 그는 자신의 자유 말고는 다른 어떤 종류의 자유도 상상할 수 없다.

그리고 그는 스스로 그것을 만들어 냈다.

우리는 경제적 인간을 통해 불안감으로부터 도피한다. 모든 것이 확실하다. 모든 것이 예측 가능하다. 공의 부피는 아주 작은 직사각형으로 나누고 나눠서 계산해 낼 수 있다. 삶도 그런 식으로 계산할 수 있다. 인구의 이동과 그런 움직임을 가능하게 하는 힘도 마찬가지다. 모든 일이 추상적인 법칙에 의해 벌어진다. 그리고 그를 통해 우리는 약함으로부터 도피한다. 우리는 고개만 까딱해도 우리 마음대로 움직여 주는 우주의 주인이다. 경제학의 이야기에서는 그것만이 세상이 가진 유일한 기능인 것처럼 보인다. 시장은 항상 내가 원하는 대로 움직이고, 가치 없는 사람들을 밀어내고 가치 있는 사람들 앞에 굴복한다.

경제적 인간의 이야기는 인간이 모든 것을 아는 합리적 주체라는 신화를 영구화한다. 자기 삶의 주인. 세상의 주인. 경제학을 대할 때 우리는 바로 이 옷을 입는다. 다른 모든 것은 떨어져 나간다. 성, 배경, 역사, 육체, 맥락 모두. 경제적 인간을 통해 우리는 서로의 이질성으로부터 도피한다. 우리 모두는 하나의 성이 될 뿐 아니라 하나의 사람이 된다. 그렇게 되면 우리 자신을 수량화하고 우리가 어떻게 행동할지 예측하는 게 쉬워진다.

경제적 인간은 종이 인형이 아니다. 그는 만화 속 인물도 아니다. 그리고 심지어 단순하지도 않다. 그는 그가 제거해 버리고자 하는 현실에 반응해 출현한 존재다. 육체, 감정, 의존성, 불안감, 취약성 말이다. 그것은 수천 년간 사회에서 여성들의 자리라고 말해 왔던 특징이기도 하다. 경제적 인간은 그런 것들은 존재하지 않는다고 말한다.

자신이 그것을 직시할 수 없기 때문이다.

그는 거기서 도피하고, 고뇌한다. 그리고 우리는 현기증이 날 정도로 깊은 그의 두려움에 공감한다. 바로 이 때문에 우리가 경제적 인간에게 매혹되는 것이다.

경제적 이론은 도피처가 되었다. 사회가 자신에 관한 이야기를 하는 곳. 우리가 필요로 하는 이야기. 우리가 그냥 콧노래처럼 따라 하는 이야기.

유일한 성. 유일한 선택. 유일한 세상.

15장

왜 중요한 이야기의 주인공은 늘 남성일까?

WHO
COOKED
AdAm Smith's
DinneR?

뮤리얼 루카이저Muriel Rukeyser의 시에는 오이디푸스Oedipus 왕에 대한 그리스 신화가 재등장한다. 오이디푸스 왕은 실수로 아버지를 죽이고 어머니와 결혼할 것이라는 예언을 듣고, 스핑크스의 수수께끼를 푼다.

세월이 흐른 후, 아버지를 죽이고 어머니와 결혼한 다음 수치감으로 자신의 눈을 파낸 오이디푸스는 스핑크스와 다시 마주친다. 이제 스핑크스의 유명한 수수께끼를 푼 것도 과거의 일이다.

스핑크스가 말했다. "그때 수수께끼의 답이 틀렸어. 그래서 일이 이렇게 된 거야."

늙고 눈이 먼 오이디푸스가 물었다. "무슨 이야기요? 내 답이 맞는 것이었소. 그리고 내가 제일 먼저 정답을 맞힌 사람이었지. 이야기의 핵심은 바로 그거 아닌가?"

"아니야. 아침에 네 다리로, 정오에 두 다리로, 저녁에 세 다리로 걷는 것이 무엇인가 물었을 때 당신은 사람man이라고 했지. 삶을 시작할 때 네 발로 기고, 성인이 되면 두 발로 걷고, 삶이 질 무렵이 되면 지팡이를 짚고 세 발로 걷는 것은 사람man이라고 했잖아. 여성woman에 대해서는 한마디도 하지 않았어."

"하지만 사람이라고 하면 보통 여성도 포함하잖소. 누구나 다 아는 사실이지." 오이디푸스가 항의했다.

"그건 당신 생각이고." 스핑크스가 말했다.

서구 문화는 많은 것을 이분법으로 나누는 경향이 있다. 당신은 육체/영혼, 감정/이성, 자연/문화, 주관/객관, 특정/보편 중 어느 쪽인가? 본질적으로 말해 당신은 여성적인가, 남성적인가? 경제적 인간의 정의 중 그의 특성이 아니라고 분류된 것은 인류가 전통적으로 늘 여성적이라고 규정했던 성향들이다.

육체, 감정, 의존, 취약함.

우리는 몇 세기에 걸쳐 '남성성'이라고 부르던 모든 성격을 모아서 한 사람 안에 집어넣는 데 성공했다. 경제학자들은 그것이 우연이라고 말한다. 경제적 인간이 그런 인상을 줄 뿐이라는 것이다. 그리고 어차피 원하면 그 모델에 여성을 집어넣어도 무방하다고 본다. 기본적으로 모든 사람은 이 추상적이고 합리적인 경제적 의식으로 농축될 수 있다. 성별에 상관없이. 인종, 문화, 연령, 사회적 지위에 상관없이 말이다.

이것이 평등이 아니라면 무엇이 평등이란 말인가?

사실 경제적 인간이라는 개념은 여성을 배제하는 효율적인 방법이다. 역사적으로 우리는 특정 활동을 여성에게 부과하고, 여성으로 태어났기 때문에 그 일을 해야 한다고 말했다. 그러다가 이런 활동들은 경제적 의미가 전혀 없다고 말하는 경제 이론을 만들어 냈다. 더불어, 여성이 특정한 촉진제 역할을 담당해 줘야 남성의 사회가 제 기능을 할 수 있다고 말한다. 돌보는 일, 공감, 이타주의, 배려심 등. 그러나 동시에 진짜 중요한 것은 경제뿐이라고 말한다.

경제 이론은 사회의 최고 논리로 격상됐다. 그러나 여성성이라는 암호를 붙인 촉진제는 여전히 사라지지 않고 존재한다. 그것이 사라진다면 사회 전체는 응집력을 잃고 말 것이다.

우리가 만들어 낸 경제 언어로는 전체에 관해 이야기하기가 불가능하다. 우리가 유일하게 말할 수 있는 것은 경제적 인간뿐이다. 애덤 스미스의 어머니에 관해 이야기하려면 그녀를 경제적 인간으로 만들어야만 한다. 예술에 관해 이야기하려면 조각, 그림, 그리고 심지어 그것들을 볼 때 느끼는 감정마저도 시장의 재화로 만들어야만 한다. 우리의 관계에 관해 이야기하려면 이를 경쟁 관계로 만들어야만 가능하다.

그리고 어떤 현상이 모델에 들어맞지 않으면, 흠, 그건 모델의 문제가 아니라 그 현상 자체에 문제가 있다는 뜻이다.

경제적 인간의 가장 중요한 특성은 그가 여성이 아니라는 점이다. 경제학의 성별은 한 가지다. 여성은 그처럼 되려고 노력하거나 그와 반대가 되려고 노력하는 것 둘 중에서 선택해야 한다. 그의 합리성과 자기 이익을 추구하려는 욕구가 가진 견고한 논리를 보완하고 균형을 잡아 주는 쪽. 여성이 스스로 그쪽을 선택한 것이다. 우리가 하는 모든 일은 자유 의지의 결과이기 때문이다.

흥미로운 점은 이 이론이 여성에 대해 무엇을 말하는지가 아니라, 이론에서 그려지는 여성의 모습에 관해 우리가 무슨 말을 할 수 있는지다.

오늘날 주류 경제학 이론에서는 경제적 성과가 성별과 상관없다고 주장한다. 그리고 추상적인 수학 공식으로 표현된 결과들을 보면 무척 중성적으로 보인다. 그러나 경제학자들이 성별이 중요하지 않다고 아무리 말해도 사람들이 자신의 성별에 따라 사회 내에서 생산, 출산, 소비에 대해 서로 다른 구조적 관계를 갖는 것을 막을 수는 없다.

여성은 남성에 비해 교육과 기술을 접하기가 더 힘들다. 깨끗한 물을 손에 넣기도 더 힘들다. 의료 혜택을 받기도 더 어렵고, 신용을 쌓기도 더 힘들고, 금융시장에 대한 접근성도 떨어진다. 대출받는 것도 더 어렵다. 창업하는 것도 더 힘들다. 근무 조건은 더 열악하다. 임금은 더 낮다. 직업 안정성도 더 떨어진다. 자신의 권리를 이해하기도, 법에 관한 정보를 얻기도 더 힘들다.

성별은 중요하다. 전 세계 여성의 20%가 국제 빈곤선 이하에서 생활하고 있고, 세계 최고 엘리트 명단에서 여성을 거의 찾아볼 수 없는 이런 세상에서는. 세계 최고 엘리트들은 경제적·정치적 체제에 점점 더 많은 영향력을 행사하고 있는 중이다.

성별은 중요하다. 여성들이 더 낮은 임금을 받고 더 열악한 근무 조건에서 일하며, 대부분의 무보수 노동을 담당하고, 경제 실적 통계에서 과소평가되거나 배제된 분야에서 일하고 있는 세상에서는.

성별은 중요하다. 여성들이 단지 여성이라는 이유로 규범과 문화, 가치 기준에 의해 제한받는 세상에서는. 경제학자들은 규범과 문화, 가치 등이 경제학적으로 의미가 별로 없고, 경제학 자체가 규범과 문화, 가치에서 완전히 자유롭다고 말하지만 말이다. 경제학은 인류의 내면 가장 깊숙한 진리를 중립적으로 표현한 것이니까.

요약해 보자.

경제 체제 안에서 남성과 여성이 구조적으로 서로 다른 위치에 있다는 사실은 경제 정책이 남성과 여성에게 미치는 영향이 다르다는 것을 의미한다. 그리고 그 사실에 눈감은 경제 이론은 그 문제에 대처하지도, 심지어 문제가 어느 정도 수준인지 측정하지도 못한다.

가부장제의 문제 중 하나는 경제를 측정하는 방법을 제대로 갖추지 못했다는 것이다. 측정은 중요하다.

시장 원리만으로 우리의 모든 문제를 해결할 수 있다고 생각하는 사람들에게는 통계 수치가 중요하지 않다. 그들은 경제 이론이 놀라운 예술 작품이라고 말하며 흡족해한다. 그들의 경제 이론은 우리를 유혹하는 신화를 수학적으로 표현한 것이다. 그러나 경제를 이용해 사회적 목표를 성취하고자 하는 사람들은 경제가 실제로 어떤 식으로 작동하는지 이해해야 한다. 예를 들어, 시장을 정확히 이해하려면 인구의 절반이 하루의 절반 이상의 시간을 들여 하는 일을 무시해서는 안 된다.

여성들의 무보수 노동이 경제 모델에 포함되지 않으면, 우리는 그들의 보이지 않는 노동이 어떻게 빈곤과 성 불평등으로 이어지는지 이해하지 못한다. 그리고 어느 나라가 왜 특정 방식으로 발전하는지 이해하려면 자기 이익 추구, 욕망, 두려움을 제외한 다른 추동력들을 무시해서는 안 된다.

경제 이론은 세계를 보는 방식을 제공하고, 한 나라의 문제를 진단하고, 공적인 토론 조건들을 제시하고, 그 나라가 어떤 식으로 발전할지 예상해서 그에 따른 문제들에 대한 처방을 내놓는다. 바로 이 이론이 인간 본성에 관한 진실을 담고 있다고 고집하기 때문에 그러는 것이다.

경제학이 인류의 문제를 해결하는 데 도움을 주도록 만들어졌다면 오직 한 가지 성만 존재하는 남성적인 환상을 아무 생각 없이 계속 쳐다보고만 있어서는 안 된다.

경제학자들은 경제 체제를 돌보는 데 필요한 지식을 사회에 제공하는 것이 자신들의 역할이라고 믿는다. 그러나 현재의 경제학자들이 가장 많이 닮은 선조는 알베르트 아인슈타인이나 아이작 뉴턴과 같은 과학자가 아니다. 오히려 로버트 H. 넬슨Robert H. Nelson이 『종교로서의 경제학Economics as Religion』에서 주장하듯 토마스 아퀴나스Thomas Aquinas나 마르틴 루터Martin Luther와 같은 신학자에 더 가깝다. 넬슨 — 그 자신도 경제학자인 — 은 경제학자들이 경제적 진보가 구원의 길이라는 복음을 퍼뜨리는 현대 성직자의 기능을 수행한다고 말했다.

경제과학의 창시자들은 자기들이 하는 일이 명백히 구세주와 같은 역할이라고 생각했다. 악, 고통, 심지어 죽음마저도 대부분 세상에 존재하는 물질의 희소성 때문이라고 주장했다. 배가 고프기 때문에 훔치고, 돈이 충분하지 않아서 고통받고, 많은 경우 생존에 필요한 자원이 없어서 죽는다는 것이다.

경제과학은 올바르게 만들어지고, 올바르게 살아남고, 올바르게 실행되는 원칙들을 사회에 적용하는 것이 세상을 현재 상태보다 더 좋게 만드는 유일한 길이라고 보았다. 경제학자들은 이 가치를 퍼뜨려서 세상에 구원의 길을 제시하는 것이 자신들의 책무라고 여겼다. 그러나 이제 우리는 문제가 그렇게 단순하지 않다는 것을 알고 있다.

사람은 외로워서 죽을 수도 있다. 음식과 물이 부족해서만 죽는 것이 아니다.

아무도 안아 주거나 만져 주지 않는 신생아는 살아남지 못한다. 물질적 필요가 충족된다 하더라도.

부자들도 도둑질을 한다. 대협잡꾼 버나드 메이도프Bernard Madoff[•]에게 물어보라.

일정 수준을 넘어서면 인간 사회는 경제 성장만으로는 더 행복해지기 힘들다.

그러나 로버트 H. 넬슨은 이러한 사실과 현대 경제학이 현실을 제대로 묘사하지 못한다는 사실을 모두 간과했다. 그에 따르면, 경제적 인간은 신화에 불과할지 모르지만 분명 유용한 신화다. 그를 통해 우리가 제대로 된 곳에 집중할 수 있기 때문이다.

넬슨은 경제학을 과학이라고 믿는 것이 경제적으로 중요한 기능을 한다고 말한다. 경제 이론이 설명하는 인간과 시장의 작동 방식이 옳든 그르든, 이는 경제가 성장하는 데 필요한 가치들을 중심으로 사회를 구성하고 합법화할 수 있기 때문이다.

넬슨은 자신이 정치 고문으로 일하던 때를 회고한다. 그는 자신의 역할이 바로 "의사 결정자들이 결정을 내릴 때 경제적 가치에 더 많은 비중을 두도록 돕는 것"이었다고 단언한다. 경제적 가치가 사회를 위한 최고의 가치라고 생각했기 때문이다. 그리고 그는 여전히 그렇게 믿고 있다.

[•] 금융 다단계 사기의 일종인 폰지 사기로 유명한 금융 범죄자.

어떤 경제학자들은 대부분의 선교사들과 마찬가지로 현실이 큰 그림의 일부에 불과하다고 믿는다. 설사 신이 존재하지 않는다 하더라도 많은 성직자들이 세상에 좋은 일을 했다. 경제 이론이 세상과 사람들을 묘사하는 방식이 명백히 틀렸을지 모르지만, 그 잘못된 이론이 사회에 좋은 일을 많이 한 것은 사실이라고 넬슨은 말한다. 지난 200년 동안 발전의 기초가 되었다는 것이다.

넬슨은 종교가 '진리를 표방'해야 한다고 생각하는 서구 사회의 관점은 어디까지나 하나의 관점일 뿐이라고 말한다. 종교가 진리에 얼마나 가까운지가 그 종교 생활을 할지 말지 결정하는 유일한 요소가 되면 안 되고, 그 종교가 꿈꾸는 세상이 어떤 종류의 세상인지 또한 고려해야 한다는 것이다.

오늘날 경제과학은 서구 사회를 주도하는 종교다. 우리가 경제학의 위력을 믿는 한 적절한 종교적 해석과 상징을 생산해 낼 성직자 계급에 대한 수요는 계속될 것이다.

경제학자들이 현실에서 경제가 어떻게 돌아가는지 우리에게 잘 알려 주지 못한다 해도, 그들이 시장에 대해 그리는 허구적인 그림은 경탄할 만한 예술 작품이다. 게다가 그들은 경제 문제를 토론할 수 있는 언어를 우리에게 제공했다. 넬슨은 그것만으로도 훌륭한 업적이라고 말한다.

어쩌면 그의 말에도 일리가 있을지 모른다. 종교든 아니든, 경제 이론이 어떤 복잡한 수학적 모델을 사용하든 상관없이 경제학은 늘 나름의 가치를 지니고 있다. 사실들, 도덕적 가정들, 정책들이 희석되어 오늘날 우리가 경제 논리라고 부르는 것이 만들어졌다. 인플레이션, 실업 등을 비롯해 경제학자들이 수집하고 분석한 모든 자료가 지금까지 엄청난 사회적 발전에 이바지한 것도 사실이다. 그러나 경제과학은 보통 여기에서 멈추지 않는다.

경제과학은 자신이 경제를 훨씬 뛰어넘는 그 이상의 것이라고 주장했고, 그 과정에서 뭔가 잘못되었다.

정식으로 인정받은 경제 교회도, 서품을 받은 성직자도, 성서를 지정하는 공식적인 칙령도 없다. 심지어 경제 이론이 무엇인지에 대한 명확한 규정도 없다. 그러나 우리는 시장 논리가 인간의 본성 안에 존재한다는 믿음을 늘 마음속에 품고 다니게 되었다. 이 논리는 우리 문화에 점점 더 깊숙이 뿌리를 내리고 있다. 그리고 우리는 점점 더 다양한 생활의 영역에 이 논리를 적용할 것을 권장받는다. 경제적 인간에 대한 논의는 따라서 우리 모두에게 필요한 문제다. 이는 단순히 경제학이 현실에 더 잘 맞는 가설을 세워, 세계경제의 붕괴에 일조하는 사태를 피하고, 그리하여 체면을 잃지 않고 다음 단계로 넘어갈 수 있게 해 주는 것에 그치지 않는다.

어떤 종류의 립스틱을, 누구를 위해, 어떤 색으로, 얼마 정도의 가격으로 생산할지 결정할 때는 시장 논리를 적용하는 것이 아주 좋다. 그러나 미국의 풍자 비평가 H. L. 멩켄H. L. Mencken은 양배추보다 장미의 향기가 더 좋다는 것을 알았다 하더라도 장미로 더 맛있는 수프를 만들 수 있다고 결론 내릴 수는 없다고 말했다. 이 같은 논리를 시장에도 적용할 수 있을 것이다. 시장 논리가 어떤 부분에 잘 맞아떨어진다고 해서 모든 것에 다 적용해야 한다는 뜻은 아니다. 그러나 불행히도 시장 논리를 모든 것에 적용하는 것이 최근 몇십 년 동안 경제학자들을 사로잡은 가장 큰 프로젝트가 되었다.

우리가 경제 이론이라고 부르는 것은 우리 사회를 주도하는 공식적인 세계관에 대한 이야기가 되었다. 우리 시대의 가장 위대한 이야기, 즉 우리가 누구이고, 우리가 왜 존재하며, 우리가 왜 일을 하는지를 밝히는 이야기 말이다.

이 이야기의 주인공은 경제적 인간이다. 그리고 그의 가장 중요한 특징은 그가 여성이 아니라는 것이다.

16장

환상에서 벗어나
현실을 직시할
용기

어떤 사람은 세계에서 세 번째로 큰 실내 스키장이 두바이에 있다는 사실이 말도 안 된다고 생각할지도 모른다. 페르시아 만. 북위 25도. 건조하고 바람이 많이 부는 여름에 바깥 기온은 섭씨 40도 정도다. 겨울에는 23도까지 내려가기도 한다.

하루에 적어도 12시간씩 일주일 내내 개장하는 스키 시설은 전체 면적이 2만 2500제곱미터에 달한다. 다섯 개의 슬로프에서 사용하는 눈의 양만도 6000톤이다. 가장 긴 슬로프의 길이는 400미터, 높이는 60미터. 세계에서 단 하나뿐인 실내 익스트림 스키 슬로프다.

바깥과 내부의 온도 차는 평균 32도다. 스키장 내부 온도를 낮추는 데 얼마나 많은 연료가 들어가는지 말하기도 겁난다. 그럼에도 불구하고 우리는 이것을 경제적으로 합리적이라고 생각한다. 이 문제에 대해 생각해 보는 사람이 있다면 말이다. 사막 한가운데 스키장을 짓는 게 경제적으로 합리적이라고? 그렇다. 사람들이 돈을 내고 입장할 용의가 있다면 왜 안 되는가? 이것이 우리가 던질 줄 아는 유일한 질문이다.

이 경제 체제가 공평한가? 경제학이 삶의 질을 개선하는 데 도움을 주는가? 이 경제 체제가 사람들의 잠재력을 낭비하는가? 사람들의 안전을 충분히 보장하는가? 세계의 자원을 낭비하는가? 의미 있는 고용 기회를 충분히 제공하는가? 현재의 주류 경제학적 논리 안에서는 이 질문 중 어느 것도 제기할 수 없다.

경제학에 의문을 제기하는 것은 자신의 내적 본성에 의문을 제기하는 것과 다름없다. 이는 자신을 모욕하는 것이다. 그러니 아무 소리 말아야 한다.

현대 경제학은 입맛만 돋우고 해결책은 제시하지 않는다. 서구 사회는 비만으로 터질 지경인데 다른 곳에서는 굶주림이 만연한다. 부자들은 자기가 만들어 낸 악몽 속에서 신처럼 어슬렁거린다. 아니면 사막에서 스키를 타든지.

사실 엄청난 부자가 아니어도 할 수 있는 일이다. 한때 굶주렸던 사람들은 이제 감자튀김, 코카콜라, 트랜스 지방, 정제 설탕 등을 먹을 수 있게 되었지만 여전히 시민의 권리는 박탈당한 상태로 살고 있다. 마하트마 간디에게 서구의 문명을 어떻게 생각하는지 묻자 그는 "아, 서구 세계가 문명화된다면 참 좋겠군요"라고 대답했다고 한다.

은행가들이 상여금을 받고 소수 엘리트층이 막대한 재산을 보유하는 것은 당연시된다. 누군가는 군중의 맨 꼭대기에 올라서야 한다. 그러지 않으면 우리 모두 더 가난해진다. 금융 위기 이후 아이슬란드의 은행들은 1000억 달러를 잃었다. GDP가 최고로 높았던 때도 130억 달러에 불과했던 나라다. 만성적 인플레이션에 시달리는 이 섬에는 통화량도 많지 않고, 어류와 따뜻한 물 말고는 이렇다 할 천연자원도 없다. 경제 규모는 룩셈부르크의 3분의 1에 불과하다. 흠, 금융 호황기 때 파티에 끼워 준 것만으로도 고마워해야 할까? 파티에 초대받은 못생긴 여자들이 그래야 하듯. 즐기고, 다 삼켜 버리고, 파티가 끝났을 때는 불평하지 말라.

경제학자들은 마술사처럼 늘 똑같은 답을 모자에서 꺼내 보일 수 있다. 완벽한 사회적 배제와 끝없는 소비 지상주의가 판치는 꿈의 세계는 그들이 퍼뜨린 빈곤과 환경 파괴로부터 멀리 떨어져 평온하게 잘 자란다. 특권을 누리는 사람들이 사는 또 하나의 우주가 형성된다. 주식 시장은 상승하기도 하고, 하락하기도 한다. 한 나라의 경제 전망이 어두우면 환율 또한 영향받는다. 시장의 움직임이 분 단위로 측정된다. 어떤 사람들은 늘 해진 신발을 신고 돌아다닌다. 우리는 선호 체계를 잘 조정해서 이들과 마주치지 않도록 조심한다. 한 번에 하나의 욕망에 집중하는 것 외에 그 너머의 미래를 내다보는 것이 불가능해졌다. 역사는 종지부를 찍었고 개인의 자유가 그 자리를 차지했다.

대안은 없다.

경제적 인간의 모든 특성이 우리가 남성성이라고 규정한 모든 특징과 일치하는 데서 문제가 그치는 것이 아니다. 이 특성들이 우리가 여성성이라고 부르는 것보다 우월하고 그 위에 군림할 가치가 있다고 받아들이게 된 것이 더 큰 문제다.

영혼을 신체보다 더 정제된 것으로 여기면 우리는 영혼을 남성과 연결 짓는다. 이성을 감정보다 더 정제된 것으로 여기면 우리는 이성을 남성과 연결 짓는다. 특정적인 것보다 보편적인 것이 더 낫다고 받아들이면 우리는 보편적인 것을 남성과 연결 짓는다.

객관적인 것이 주관적인 것보다 낫다고 하면 우리는 객관적인 것을 남성과 연결 짓는다. 상황 밖에 서서 냉정하게 관찰하고, 자기가 직접 보는 것들에게서 영향을 받지 않는 남성. 문화가 자연보다 더 정제된 것으로 정의되면 우리는 문화를 남성과 연결 짓는다. 여성은 길들여지지 않은 자연이다. 남성은 그녀—자연—를 숭배하면서 동시에 두려워한다.

여성은 육체이자 땅이고, 수동적이다. 여성은 의존적이고 자연을 의미하며, 남성은 그 반대다. 남성은 그녀를 단련하고, 일구고, 그녀에게서 자원을 뽑아 간다. 그는 그녀에게 의미를 부여하고 활기를 불어넣어 움직이게 한다.

호메로스Homeros의 영웅 오디세우스Odysseus는 긴 여정에서 자연과 신화, 그리고 여성의 성적 정체성을 상징하는 사이렌의 노래를 극복하고 이타카의 집으로 돌아와 아내를 대상으로 가부장적 권력을 다시 확립한다. 서구 사회의 자각은 모두 이 이야기를 중심으로 건설됐다. 우리는 두 성별을 이분법적으로 바라보도록 배웠고, 많은 전통에서 이런 경향이 뚜렷이 드러난다. 그러나 모두 그런 것은 아니다.

기원전 600년경 중국 노자老子의 고전 『도덕경道德經』에서는 음과 양의 움직임이 서로를 낳는다고 이해했다. 여성성과 남성성은 원을 그리며 서로를 따르게 되어 있어서 어떤 위계질서나 이분법이 나올 수 없는 구조를 이루고 있다.

『도덕경』에서 음과 양은 전통적 관점의 가부장적 시선에서처럼 이것 아니면 저것을 선택해야 하는 것이 아니라, 많은 면에서 이분법을 초월하는 것으로 묘사된다. 전통적으로 '여성성'으로 불리는 것, 즉 음은 자유로운 것으로 성별에 관계없이 누구나 포용할 수 있는 힘이다. 전체는 끊임없는 변화와 창조의 과정이고, 아무것도 고정되거나 잠겨 있지 않다.

그러나 이것은 세상을 주도하는 관점이 되지 못했다.

여성성은 거의 항상 남성성에 복종해야 하는 것들과 연관되었다. 자연은 문화에 의해 길들여져야 하고, 육체는 영혼에 의해 단련되어야 한다. 자율적인 존재가 의존적인 존재를 돌봐야 한다. 능동이 수동을 장악해야 한다. 남성은 생산을 한다. 여성은 소비를 한다. 바로 이 때문에 남성이 의사 결정을 해야 한다. 자명한 일 아닌가?

이 경제 이론들은 늘 같은 이야기를 되풀이한다. 경제적 인간은 그의 남성성의 힘을 통해 군림한다. 기업의 이윤은 경제의 다른 모든 야망이나 기업의 야망보다 우선시되어야 한다. 정의, 평등, 보살핌, 환경, 신뢰, 육체적·정신적 건강은 그 밑에 종속된다. 그것을 정당화하는 경제 이론도 있다. 이 외에 다른 것은 가능하지 않다는 것을 설명하는 이론 말이다. 설령 우리 마음속 깊은 곳에서는 이것이 광기라는 것을 알고 있어도 상관없다.

따라서 정의, 평등, 보살핌, 환경, 신뢰, 육체적·정신적 건강은 경제 가치를 창조하는 방정식의 일부가 아닌 그 반대의 가치로 해석되었다.

생활의 질이 지속적으로 향상되도록 경제 구조를 만드는 것과 사회의 모든 가치를 이윤과 경쟁에 종속시키는 것은 완전히 별개의 이야기다.

우리는 세계의 자원이 제한되어 있다고 말한다. 자연은 정적이고, 인색하고, 적대적이기 때문에 이를 이용하려면 사람들끼리 경쟁해야 한다고 말한다. 경제 체제를 구동하는 힘은 경쟁에서 나온다. 그 힘이 우리의 저녁 식사를 식탁에 올리고, 와플에서 시험관 아기에 이르기까지 모든 것의 가격을 결정한다는 것이다.

경제학의 정의 중 가장 유명한 것은 라이어널 로빈스가 1932년에 내린 것이다. 그에 따르면 경제학은 "다른 용도로 사용이 가능한 희소성을 지닌 수단과 목적 사이의 관계로서 인간의 행동 양식을 연구하는 과학"이다. 이는 무한대의 욕구와 완벽한 선택의 자유를 가진 사람이 인색하고 적대적인 자연을 상대로 벌이는 대결을 특징으로 한다. 이 이야기는 여성적 자연을 정복하는 것이 이성적 남성이라는 우리의 오래된 관념을 내포한다. 여성성을 지닌 자연은 남성이 갈망하지만 동시에 두려워하는 대상이라는 오랜 이미지도 함께.

경제학자 줄리 넬슨Julie Nelson은 만약 경제학이 "자연이 무료로 제공하는 선물로 어떻게 필요를 충족하고 기쁘게 즐길지 연구하는 학문이었다면 세상이 얼마나 다른 모습이었을지 궁금하다"라고 말했다. 이 개념에서 자연은 적이 아니라 우리에게 주어진 것이다. 자연은 융통성 있고 관대하며 친절하다. 자연은 우리가 먹거나 가질 수 있는 모든 것을 손에 쥐고 주지 말아야 할 상대편이 아니라, 우리가 속해 있는 전체의 일부다.

우리는 경제적 인간을 마음껏 비판할 수 있다. 이 경제적 인간이 우리가 절대 벗어날 수 없는 '여성성'에 대한 집단적 공포에 기반한 성 이론이라는 것을 알지 못하는 한.

수천 년 동안 여성들을 억압해 온 사회의 일원으로서 우리는 경제적 인간에게 전적으로 공감하며, 그가 느끼는 감정을 깊이 이해한다. 취약한 것, 자연, 감정, 의존성, 주기적으로 순환하는 것, 이해할 수 없는 모든 것에 대한 두려움. 이것은 바로 우리 사회의 이야기다. 우리가 인정하기를 거부하는 인간성의 일부에서 도망치려는 절박한 몸부림인 것이다.

그리고 그렇게 도피를 계속하려면 경제적 인간이 필요하다. 우리가 숨 쉬는 공기보다도 더 절실히.

우리가 경제 체제 안에서 인류와 그들이 하는 행동을 보는 관점은 우리가 스스로를 어떻게 보는가에 대해 많은 것을 알려 준다.

경제 현상은 사람들 간의 거래에 뿌리를 둔다. 가게에 가고, 속옷을 사고, 다리를 새로 건설하는 계획을 세우고, 나무를 심고, 이웃집을 훔쳐보며 나도 저런 차를 가져 봤으면 하고 바라는 것 모두에. 그러나 경제학자들은 거의 항상 이런 거래들을 통합된 통계로 뭉뚱그려 제시한다. 시장 가격, 한 나라의 GDP, 소비 지출 등으로 말이다.

사실 통계는 경제 주체들이 미시적 관점에서 어떤 행동을 하는지 나타내어 경제학자들로 하여금 특정 현상을 이해하도록 도와주는 것이어야 한다. 저 사람은 누구이고, 그녀는 왜 저런 행동을 하는지, 그 행동이 그녀의 배경과 어떤 관련이 있는지, 그리고 재무장관의 파워포인트 프레젠테이션 4쪽에 나오는 GDP 곡선을 형성하는 모든 사람들과 어떤 관계가 있는지.

이것은 이 이야기의 여러 문제 중 하나에 불과하다. 문제는 더 있다.

경제학이 추정하는 인류에 대한 사실들은 항상 어느 정도 단순화되게 마련이다. 경제를 이해하기 위해 우리가 누구인지 이해하는 것이 정말 필요한가? 아닐지도 모른다. 그러나 바로 이 질문들에서 도피하는 데 온 힘을 기울이는 한, 우리는 경제를 절대 이해하지 못할 것이다.

이것이 바로 경제적 인간의 기능이다. 도피. 육체, 감정, 의존성, 맥락을 부인하기 위한 수단. 우리가 일부를 이루고 있는 전체에 대한 책임감으로부터의 도피. 우리가 속해 있는 인류의 특성 중 우리가 받아들이기를 거부하는 모든 것으로부터의 도피.

수백 년 동안 의존은 수치스러운 것으로 간주되었다. 그것은 노예나 여자들이 하는 행동이다. 노동자 계층의 남성이 투표권을 요구할 때 그들은 자신이 진정으로 독립적이라는 것을 그 이유로 내세웠다. 그 전에는 의존성이라는 것이 소유권을 통해 정의되었다. 무엇을 소유한 사람들은 독립적이다. 누군가를 위해 일하는 사람은 의존적이다.

그러나 노동자들의 저항운동을 거치면서 이전에는 임금에 매인 노예 노동으로 간주되던 활동이 긍지의 원천으로 변신했다. 이때를 계기로 독립성이라는 것은 가족을 먹여 살릴 만한 급여를 받는 직업을 가진 것으로 정의됐다. 그렇게 사는 사람은 의무를 다하는 것이다. 그러므로 권리도 요구할 수 있다. 반면 여성들은 그렇게

할 수가 없었다. 여전히 의존적이었기 때문이다.

노동자 계층의 남성들이 하루 종일 노동해서 독립성을 가질 수 있으려면 가정을 돌보는 여성들에게 의존하지 않으면 안 된다는 사실은 역사에 포함되지 않았다. 애덤 스미스가 자기 어머니의 이야기를 하지 않았던 것과 마찬가지로.

무엇이 의존이고 누가 누구에게 기생해서 사는가를 결정하는 것은 항상 정치적인 문제였다. 애덤 스미스가 어머니를 필요로 하는가, 어머니가 애덤 스미스를 필요로 하는가?

우리는 모두 서로에게 의존한 채 살아가고, 따라서 사회는 생산하는 사람과 소비하는 사람을 분리할 수 없다는 것이 진실이다. 우리는 모두 서로에게, 그리고 자신에게 책임이 있다. 우리 자신에게 어떤 이야기를 하든 상관없이 우리는 항상 전체의 일부라는 사실을 피할 수 없다. 그리고 우리는 이런 사실을 이야기할 매체가 필요하다.

현재의 경제학에 인류의 현실적인 경험을 위한 자리는 없다. 주류 경제학 이론은 허구의 인물, 여성이 아니라는 것을 가장 큰 특징으로 하는 인물에 기반하고 있기 때문이다.

이쯤 되면 보통 사람들은 경제학자들이 당연히 인류가 직면한 바로 이 굉장히 복잡한 문제에 대한 해결책을 찾는 데 골몰하고 있으리라고 생각할 것이다. 그러나 그들은 자신들이 세운, 심지어 남성마저도 가지고 있지 않은 그 남성적 특성에 대한 가정을 멍하니 바라만 보고 있다.

우리는 우리 자신이 누구인지도 모른 채 세상을 운영하고 있는 것이다.

모든 것을 가장 작은 단위로 쪼개야 하고, 그 최소 단위는 경쟁 관계 안에서 다른 모든 것으로부터 분리되어야만 이해할 수 있다고들 말한다. 이 세계관은 정말 중요한 문제들에 맞서 해결하려는 노력을 어렵게 만든다.

우리의 행동이 고립된 개인의 맥락 없는 충동의 결과라고 아무리 애써 스스로를 속여도, 현재의 경제 이론들은 우리가 날마다 일상적으로 내리는 결정들이 전체와 사회에 어떤 의미를 부여하는지, 그리고 언젠가 우리가 겪고 나아갈 미래에 어떤 의미를 가지는지를 이해하는 데 전혀 도움이 되지 않는다.

경제학자들은 인간으로서 얻는 경험 전체를 포용하는 사회를 조직하는 데 필요한 도구와 방법을 만들어 냄으로써 우리가 누구인지 이해할 수 있도록 도와야 한다. 다른 사람과 함께, 전체의 일부로서 말이다. 전체야말로 우리 자신을 이해할 수 있는 유일한 단위이기 때문에. 전체라는 단위를 통해서만 우리 자신은 스스로에게, 그리고 다른 사람들에게, 심지어 수학 공식에게조차도 이해 가능한 존재가 될 수 있다.

우리의 욕구를 더 잘 이해할 수 있다면, 우리가 현재 구상한 방법으로는 그 욕구를 충족시킬 수 없다는 사실을 이해할 수 있게 될 것이다. 과도한 일. 과도한 자극. 과도한 지출. 취할 수 있는 선택지 외에 대안은 없다.

신용대출, 가계 빚, 두려움, 탐욕. 계속 뛰고 있지만 그곳이 쳇바퀴 위가 아니라는 보장은 없는데도, 우리는 그 위에서 점점 더 빨리 뛴다. 완벽한 분리라는 유일한 꿈을 위해.

세상은 시작한 곳에서 끝이 난다. 떼쓰며 몸부림치고 더 달라고 울어 본다. 모두가 나를 잡아먹으려 한다. 그래서 그들이 하라는 대로 해야 한다. 이것이 당신이 아침에 일어나는 이유다. 당신이 공과금을 내고 영수증을 보관하는 이유다. 기대는 덫에 걸린 공포에 불과하다. 기대는 암흑이 발을 들일 때 마지못해 고개를 끄덕인다. 꿀을 얻고 싶으면 벌을 다 죽여서는 안 된다. 시장은 인간의 본성 안에 존재한다. 모든 사회는 그 사회가 만들어 낸 헛소리에 고통받는다.

경제학은 우리가 두려움과 탐욕을 극복하도록 도와야 한다. 이 감정들을 악용해서는 안 된다.

경제과학은 사회적 지향점을 현대식 경제 체제에 반영할 수 있는가를 연구하는 학문이어야 한다.

경제학은 인간과 사회 발전을 위한 기회를 만들어 내는 수단이어야 한다. 시장에서 수요로 표현되는 우리의 두려움만을 다루어서는 안 된다.

경제학은 인류에게 중요한 구체적인 문제를 해결하는 데 몰두해야 한다. 가상의 문제를 상상해서 그것을 추상적으로 분석하는 데만 골몰해서는 안 된다.

경제학은 사람을 합리적 존재로 봐야 한다. 피할 수 없는 합리성에 강압적으로 끌려가는 마차 같은 존재가 아니라, 사회에 깊이 뿌리박고 있는 존재로 봐야 한다. 절대 변화하지 않는 본질을 가지고, 다른 사람과 항상 같은 간격을 유지하며 진공 속에서 떠다니는 개인으로 봐서는 안 된다.

경제학은 관계를 모든 것의 근본으로 봐야 한다. 심지어 모든 것을 개인 수준으로 쪼개는 과정에서도 관계는 핵심적인 요소로 간주되어야 한다. 관계는 경쟁, 이윤, 손실, 싸게 사서 비싸게 팔기, 그리고 누가 이겼는지를 계산하는 것에만 한정되지 않는다.

경제학은 인간을 다른 사람과 맺은 관계에 따라 행동하는 존재로 봐야 한다. 인간을 무조건 자기 이익을 추구하려는 욕구나 역학 관계에 따라 행동하거나 맥락에 전혀 영향받지 않는 존재로 봐서는 안 된다.

경제학은 자기 이익을 추구하려는 욕구와 이타심을 정반대의 개념으로 봐서는 안 된다. 더 이상 주변 세계를 자신의 적으로 간주해서는 안 된다.

우리는 왜 불행한가? 시인 웨이 우 웨이Wei Wu Wei는 시로 말한다.

> 우리는 왜 불행한가?
> 우리가 생각하는 것,
> 그리고 우리가 하는 것의
> 99.9%는
> 우리 자신을 위한 것이기 때문이다 —
> 그런데 우리 자신은 어디에도 없다

취약함으로부터 도망치는 대신 우리는 그것을 인간의 일부로 인정해야 한다. 우리가 공통적으로 가지고 있는 모든 것은 육체에서 시작한다.

감정을 이성의 반대로 이해하지 않고, 사람들의 의사결정이 실제로 어떻게 이루어지는지에 관심을 가져야 한다.

모든 사람을 하나의 동일한 추상적 의식으로 한정하지 않고, 서로의 다른 점을 받아들여야 한다.

우리의 관계는 경쟁으로만 한정할 필요가 없다. 자연을 적대적인 상대로 간주할 필요도 없다. 모든 부분을 합친 것보다 전체가 더 크다는 사실을 인정해야 한다. 세상은 기계 혹은 정교한 기계적 움직임으로 돌아가는 곳이 아니라는 사실을 인정해야 한다. 그러면 우리는 경제적 인간으로부터 우리 자신을 해방시킬 수 있다.

그러면 모든 것이 헛되다 느낄 수 있는 상황은 많지만 이 문제만큼은 헛되다 외치지 않아도 될 것이다. 여정의 목표는 바뀔 수 있다. 세상을 소유하려 애쓰는 것이 아니라 세상 안에서 편안하게 살려고 애쓰는 여정으로 변화시킬 수 있는 것이다.

그렇게 해서 얻을 수 있는 차이는 바로 이것이다. 소유는 집착이다. 죽은 물건을 손으로 감싸고 "이건 내 거야"라고 말하는 것뿐이다. 반면, 세상을 편안하게 느끼는 사람은 무엇이 자기 것이라고 선언할 필요가 없다.

그것이 자기 것이 아니라는 걸 알기 때문이다.

바로 그때 우리는 신발을 벗는다 — 한동안 그곳에 머무를 준비가 되었다는 뜻이기 때문에.

우리에게도
경제학이 필요하다

    그녀의 이름은 마거릿 더글러스Margaret Douglas다. 애덤 스미스의 어머니 말이다. 나이가 좀 들고 진지한 표정의 그녀는 검은 옷을 입고 구석에 있는 붉은 안락의자에 앉아 방금 덮은 듯한 책 위에 한 손을 얹고 있다. 때는 1778년이었고, 그녀는 84세였다. 콘래드 메츠Conrad Metz가 이 초상화를 그린 해는 애덤 스미스가 짐을 싸서 에든버러로 이사를 간 해다.

    현재 이 그림은 스코틀랜드의 파이프에 있는 커콜디 갤러리에 걸려 있다.

    마거릿 더글러스는 1694년 9월에 스코틀랜드 귀족 가문의 다섯째로 태어났다. 그녀는 커콜디에서 200킬로미터쯤 떨어진 스트라센리 성에서 자랐다. 그녀의 아버지 로버트 더글러스Robert Douglas는 스코틀랜드 의회의 의원으로 중요 인사였다. 마거릿은 26세에 애덤 스미스 1세와 결혼했다. 16세 차이가 나는 결혼이었다.

마거릿 더글러스의 초상화

두 사람은 2년 조금 넘게 결혼 생활을 했다.

1723년 1월 애덤 스미스 1세가 세상을 떴고, 6개월 후 아들 애덤이 태어났다. 마거릿 더글러스는 평생 재혼하지 않았다.

그녀는 28세에 미망인이 되었고, 애덤 스미스는 불과 두 살에 아버지의 재산을 물려받았다. 그의 어머니는 유산의 3분의 1에 대한 권리밖에 없었다. 이 시점부터 마거릿은 금전적으로 아들에게 전적으로 의존하지 않을 수 없었다.

애덤 스미스도 죽을 때까지 어머니에게 의존했다.

"그의 어머니는 처음부터 끝까지 스미스의 삶의 중심이었다." 존 레이John Rae가 애덤 스미스의 전기에 쓴 문장이다.

애덤 스미스가 어디로 이사를 가든 거의 상관없이 그의 가사를 돌본 것은 마거릿 더글러스였다. 오랫동안 그녀는 이 일을 애덤의 사촌 재닛 더글러스Janet Douglas와 함께 해냈다. 후세 사람들은 재닛 더글러스를 마거릿보다 더 모른다. 단지 알려진 것은 그녀가 중요했다는 사실뿐이다. 1788년, 재닛 더글러스가 임종을 맞이하기 직전, 애덤 스미스가 친구에게 보낸 편지에는 다음과 내용이 있다. "그녀가 떠나면 나는 스코틀랜드에서 제일 궁박하고 속수무책인 사람이 될 거야."

그러나 그의 경제 이론에서 이런 통찰력은 흔적도 없다. 페미니스트 경제학자 에이디트 카위퍼르Edith Kuiper가 지적하듯, 심지어 동시대 철학자들과도 대조적으로 애덤 스미스의 사고에 여성이라는 존재는 거의 전적으로 없다.

그 이유를 설명하는 것이 이 책을 쓴 의도는 아니었다.

나 또한 저자로서, 애덤 스미스를 혹평할 의도는 없다.

버지니아 울프도 요리를 할 줄 몰랐다.

카를 마르크스에게는 하녀가 있었고, 그녀와 성관계까지 가졌다. 그게 중요한 게 아니다.

문제는 애덤 스미스가 자신의 어머니를 망각하면서, 그에게서 시작된 사상의 갈래가 근본적인 무언가를 생략하고 말았다는 사실이다.

어쩌면 사람으로서 할 수 있는 실수인지도 모른다.

그러나 지난 몇 세기에 걸쳐 경제학은 점점 더 중요해졌고, 그에 따라 이 근본적인 실수는 너무도 널리 영향을 미치게 되었다.

2008년의 대규모 금융 위기는 이를 초래한 경제 사상에 대한 의문이 제기되지 않은 채 지나갔고, 모두 그런 위기는 불가피한 것이라고만 생각했다. 은행들은 무너졌지만 사상은 무너지지 않은 것이다. 이 책에서는 경제적 인간이 우리를 얼마나 완벽히 유혹했는지 잘 이해하지 못한 데서도 그런 일이 비롯되었다고 주장했다.

페미니즘 없이는 경제적 인간에 의문을 제기할 수 없고, 경제적 인간에 의문을 제기하지 않고서는 중요한 것을 변화시킬 수 없다.

마거릿 더글러스는 퍼즐에서 빠진 조각이다.

그러나 빠진 조각을 찾았다고 해서 항상 해결책이 명확히 보이는 것은 아니다.

"공짜 점심은 없다"는 말은 경제학에서 가장 많이 인용되는 진실 중 하나다.

여기에 한 가지 꼭 덧붙여야 한다. 바로 "공짜 돌보기는 없다"는 말이다.

사회에서 우리 모두 기여할 수 있는 방식의 보육 정책을 마련하지 않으면 누군가는 아이를 돌봐야 한다. 그리고 그 누군가는 거의 항상 여성이다.

오늘날의 마거릿 더글러스는 자신의 근무 시간을 단축하고 손주들을 돌보는 여성이다. 그녀는 손주들을 사랑하고, 그리고 아이들을 돌볼 다른 이가 없기 때문에 그렇게 한다. 그녀의 딸과 사위도 각자 직장에서 일을 해야 한다. 둘이 벌어도 빠듯한 마당에 외벌이로 생활비를 충분히 버는 것은 불가능하다.

자녀를 돌보기 위해 근무 시간을 단축하는 것은 보통 여성들이고, 그 결과 경제적 안정, 연금, 그리고 미래 수입을 희생하게 된다.

그러나 우리의 복지, 세금, 연금 정책에는 이런 식으로 아이를 돌보는 일을 한 사람들에 대한 보상이나, 그들의 입장을 고려한 장치는 전혀 포함되어 있지 않다.

여성들이 돌보는 일을 책임지는 것은 자유 선택인 것처럼 포장되어 있고, 본인의 자유 의지로 선택한 것에 대한 결과는 아무 말 없이 받아들여야 한다는 논리를 적용한다. 북유럽 복지 국가들에서 신자유주의적 경제에 이르기까지 모든 경제 체제는 여성들이 아주 낮은 비용으로 특정 임무를 수행해 내는 것을 기반으로 만들어졌다. 이 공식은 한때 여성들이 아주 소수 분야에서만 일할 수 있었다는 점에 기반하고 있다. 여성으로서 직업을 가지고 싶으면 주로 간호사나 교사 둘 중에서 골라야 했다. 따라서 의료와 교육 분야에서는 고등 교육을 받고 의욕이 넘치는 똑똑한 여성들을 아무 문제 없이 고용할 수 있었다.

그러나 플로렌스 나이팅게일이 현대에 태어났다면 간호사가 되었을까?

아마도 아닐 것이다.

그녀는 의사, 연구원, 보건 전문 경제학자, 혹은 통계학 교수가 되었을 것이다.

그랬다면 참 좋았을 것이다.

그러나 그러면 간호사는 누가 하나?

매년 수천 명에 달하는 영국인 간호사들이 영국을 떠난다. 그들은 보수와 근무 환경이 더 좋은 나라로 이주한다.

여성들이 특정 종류의 일을 하는 것이 더 이상 당연해지지 않으면 그들을 고용하는 일이 더 어려워진다. 그리고 이런 분야는 많은 경우 환자, 어린이, 노인을 돌보는 일과 관련 있다.

이 관점을 무시한 채 오늘날 우리가 겪고 있는 의료와 교육의 문제를 제대로 토론할 수 있을까?

현대에 존재하는 마거릿 더글러스들은 자녀들은 물론, 자신과 배우자의 병든 부모까지 돌보는 경우가 많다. 직장이 없는 영국 여성의 17%가 누군가를 돌보기 위해 다니던 직장을 그만둔 경우다.

같은 경우의 남성 비율은 1%다.

많은 나라에서 전업주부로 아이들을 돌보는 여성들은 사회의 상류층과 하위 계층에 거의 전적으로 몰려 있다.

부유한 계층은 외벌이로도 아주 잘살 수 있고, 임금이 낮고 보육비가 높은 나라에 사는 가난한 여성들은 말 그대로 일을 할 여유가 없다.

영국 사회가 좋은 예다. 생계를 위해 일하지 않는 가난한 엄마들은 집에서 아이를 돌볼 수 있도록 복지 수당이 지급되지만, 동시에 사회적 조롱의 대상이 되고 스스로를 책임지지 않는다는 죄책감에 시달린다.

최저 임금이 아이를 돌보는 비용에 훨씬 못 미치는 경우, 아이가 있는 가정은 해결이 불가능한 문제에 봉착한다.

보수 정치인들은 보조금을 질타하는 데 열을 올리지만, 보편적 보육을 제공하는 것 또한 원치 않는다.

이런 분위기에서는 좌파 성향을 가진 사람들도 복지 혜택에 의지해서 사는 것을 변호하는 데 어려움을 느낀다.

이 결과, 복지 국가는 완전히 변해 버린 사회적 현실에 적응하지 못했다.

우리는 이 세상 그 무엇보다 새로운 세대가 중요하다고 말은 하지만 그 말을 실천할 정도로 충분한 투자는 하지 않는다.

유럽 지역의 여성들은 평균 2.36명의 자녀를 갖기를 원한다고 말한다.

실제 출생률은 1.7명이다.

이 차이는 무엇 때문에 생길까?

유럽의 여성들이 자신이 원하는 만큼 자녀를 갖지 못하는 이유는 무엇일까?

전통적인 가정 모델—아버지는 직장에서 일하고 어머니는 집에 있는 모델—은 높은 출생률을 위한 처방이 전혀 아니다. 사실 그 반대가 출생률을 높이는 데 효과적이라는 증거가 많이 나와 있다. 1990년대 중반 이후, 유럽 국가들 중 출생률이 낮은 나라일수록 노동시장에 참여하는 여성의 비율이 낮은 것으로 드러났다.

여성들이 자녀를 갖는 일과 보수를 받는 일을 동시에 할 수 있도록 돕거나 장려하지 않는 사회일수록 태어나는 아이들의 수가 적어진다. 커리어와 아이들 중 선택을 하지 않으면 안 되는 상황이 되면 많은 여성들이 커리어를 선택한다.

그리고 이런 현상이 벌어지는 나라들, 예를 들어 독일, 이탈리아, 일본 같은 나라는 모두 심각한 경제 문제를 겪고 있다.

많은 유럽 국가들에서 벌어지고 있는 현상대로 여성들이 1인당 1.5명 정도의 아이만을 출산한다는 것은 인구가 줄어든다는 뜻이다. 점점 더 적어지는 젊은 인구가 점점 더 늘어나는 노년 인구를 먹여 살려야 하는 것이다. 사회의 세대 간 균형이 맞지 않는다. 이 문제를 해결하려면 복지 혜택을 줄이거나 세금을 늘려야 한다. 국경을 개방해 다른 나라에서 젊은이들이 들어오도록 하거나 아니면 자국민들의 은퇴 연령을 늦춰야 한다.

가정과 바깥의 일을 어떻게 잘 조합할까 하는 문제는, 모든 것을 다 갖고자 하는 여성 엘리트들의 배부른 불평이 아니다. 그것은 경제 전체와 인구 전체에 영향을 주는 거대한 문제다.

여전히 커리어와 육아 사이의 균형을 맞추는 이야기의 중심에는 대부분 사회생활을 하는 여성들이 있다. 이 이야기에 남성이 등장하는 경우는, 그렇게 돼야 함에도 불구하고 훨씬 드물다.

그리고 커리어를 갖지 않은 여성은 더더욱 이 이야기에서 설 자리가 없다. 이 이야기는 오직 일을 하는 여성들에게만 중요하기 때문이다.

2014년 3월 샤니샤 테일러Shanesha Taylor라는 여성이 미국 애리조나에서 경찰에 체포됐다. 혼자 아이를 키우는 이 여성이 각각 두 살, 6개월 된 아이들을 열기가 가득한 차 안에 보호자 없이 45분 동안 뒀다는 혐의였다. 다행히 아이들은 무사했지만 샤니샤 테일러는 아이들의 목숨을 위태롭게 한 죄로 체포됐다.

그녀의 이야기는 미국 전역에 퍼져 나갔다.

이런 일이 흔치 않아서가 아니라 그녀가 아이들을 카 시트에 놔

두고 간 이유가 취업 면접을 보기 위해서였기 때문이다.

노숙자에 실업자였던 그녀는 면접에 가기 위해 아이들을 돌봐 줄 사람을 구했다. 그녀는 이 직장이야말로 가족의 경제 상황을 개선할 수 있는 드문 기회라고 믿었다.

그러나 아이들을 맡아 주기로 한 사람이 약속을 취소했다.

그래서 그녀는 차 안에 아이들을 남겨 두기로 결심한 것이다.

바로 이것이 수백만 명의 여성들이 직면하는 직장과 가정 사이의 균형이다.

많은 여성들에게 커리어라는 것은 제로아워 계약$_{zero-hour}$ $_{contract}$*과 불규칙한 근무 시간, 그리고 매일 아침 조바심을 내며 직장에 전화해서 그날도 일을 할 수 있는지 물어야 하는 상황을 의미한다.

2008년 금융 위기가 몰아닥치기 직전 많은 나라들의 경제가 모래시계 모양을 띠기 시작했다. 위쪽에서는 은행들이 유리와 강철로 궁궐을 짓고, 아래쪽에는 점점 더 비대해지고 불안해지는 서비스 부문이 자리 잡은 형태였다. 하층의 서비스 분야 일자리 중 많은 수가 이전에는 여성들이 집에서 무료로 수행하던 종류의 일이다. 이제 그 일들이 시장으로 전이됐지만 보수는 낮고 불안정하다.

---

* 노동 시간을 미리 정하고 일하는 것이 아니라 일한 시간만큼 추후에 시급을 받는 노동 계약.

국제적 노동력의 이주 추세와 맞물리면서, 지속 불가능한 구조임에도 불구하고 많은 사회들이 작당해서 현 상태를 유지하고 있다.

경제적 불평등이 더 심해질 것이라는 예상이 왜 나오는지 이해하려면 페미니스트의 관점에서 경제학을 보지 않으면 안 된다. 애덤 스미스의 저녁이 어떻게 식탁에 올라왔는지, 그것이 경제학적으로 왜 중요한지를 따져야 한다.

경제학에 관한 토론이 2008년 위기 이후 변화한 것은 사실이다. 우리는 이에 관한 시각을 넓히는 과정에 있다. 이 책에서 펼친 주장들은 비록 방식과 출발점이 다르지만 이미 많은 사람들이 내놓았던 것이다.

이 책의 저자로서 나는 이 토론에 나름의 공헌을 하려는 시도를 해 봤다. 경제적 인간이라는 것이 어떤 의미에서 인간 본성의 중요한 부분들을 외면하고 거기에서 도피하려는 시도라고 볼 수 있는지, 그리고 지금 우리가 왜 믿고 따를 세계관 없이 방황하면서 지금껏 종교처럼 믿어 왔던 것을 잃는 과정에 처하게 되었는지 설명하려고 노력했다.

주류 경제학의 문제를 해결하는 데 페미니스트적 관점이 얼마나 필수적인지를 사회 전체적으로 확산시켜야 하는 것은 페미니스트들의 임무다. 페미니즘의 관점은 불평등부터 인구 증가, 복지 혜택, 환경, 그리고 노령화 사회가 곧 직면하게 될 돌봄 인력의 부족에 이르기까지 모든 문제에 깊은 관련이 있다. 페미니즘은 '여성들의 권리' 이상의 훨씬 큰 문제에 관한 것이다. 현재까지는 페미니즘 혁명의 절반밖에 일어나지 않았다. 우리는 여성들을 더해서 젓는 것까지는 했다. 이제 다음 단계는 이것이 얼마나 큰 변화를 가져왔는지 깨닫고, 그 새로운 세상에 걸맞도록 사회, 경제, 정치에 변화를 가져오는 일을 해내는 것이다. 경제적 인간을 단상에서 내려오게 해서 작별을 고하고, 인간으로 산다는 것이 어떤 의미인지 더 폭넓게 포용할 수 있는 경제와 사회를 건설해야 한다.

그것을 혁명이라 부를 필요는 없다. 그저 향상이라고 하면 충분하다.

이 이야기의 마지막은 런던 북쪽에 있는 한 정원에서 청록색 벤치에 기대어 앉아 썼다. 활짝 핀 덩굴장미만큼 모든 것이 활짝 피었으면 하는 희망을 가지고.

주

리먼 브라더스가 리먼 시스터스였다면?

12쪽 2010년 프랑스의 재무장관으로 재직 중이던 크리스틴 라가르드는 리먼 브라더스가 리먼 시
스터스였다면 금융 위기는 다른 양상을 띠었을 것이라고 말했다: Lagarde, 2010 참조.

12 테스토스테론 분비가 많은 남성일수록 위험한 투자를 하는 성향이 강하다는 연구 결과도 나와
있다: Croson and Gneezy, 2009 참조.

12 비즈니스 주기와 생리 주기의 연관성은 무엇일까?: Pearson and Schipper, 2013 참조.

13 다시 말해, 자신의 성별에 대한 주위의 기대치와 개념들이 중요한 듯하다: Booth,
Cardone-Sosac and Nolena, 2014 참조.

14 교육을 많이 받은 여성들은 더 적은 수의 자녀를 더 늦게 가지고, 교육 수준이 낮은 여성일수록
훨씬 어린 나이에 더 많은 수의 자녀를 가진다: Wolf, 2013, chapter 2 참조.

15 그러나 이 세계적 수준의 복지 국가들에서조차 여성은 남성보다 수입이 적고: Statistics
Sweden, 2004 참조.

15 기업의 고위직에 종사하는 여성의 숫자는 다른 나라들에 비해 적다: 기업의 여성 고위 관
리직 비율로 국가 순위를 매겼을 때 스웨덴이 25위, 핀란드가 13위, 덴마크가 37
위였다. 그랜트 손튼 국제경영 보고서 2012Grant Thornton International Business Report
2012.

1장

20쪽 경제학은 사랑이라는 감정을 아끼는 방법에 대한 과학이라고 묘사되어 왔다: McCloskey,
2000, p. 13 참조.

21 "길이는 100미터에 속도는 달팽이이며 양배추만 먹고 사는 것은 무엇일까?": 옛 소련 시절에 나온 농담.

22 "경제학의 제1원칙은 모든 주체가 자기 이익만을 위해 움직인다는 것이다": Edgeworth, 1967, p. 16.

22 현대 경제는 '자기 이익 추구라는 화강암처럼 견고한 바탕 위에 세워진 것': Stigler, 1971, p. 265.

23 도덕성은 세상이 어떻게 돌아갔으면 좋을지에 대한 우리의 기대치를 표현하고, 경제학자들은 그 세상이 실제로 어떻게 돌아가는지를 이야기해 준다: 『괴짜경제학』 서문에서 발췌.

23 애덤 스미스가 만들어 냈지만 이 말을 유행시킨 것은 후대 경제학자들이다: 『국부론』에서 '보이지 않는 손'이라는 표현은 단 한 번 언급되었으며 이는 수입 규제와 관련된 내용이었다(The Wealth of Nations, Book IV, Chapter 2 참조).

26 "나는 천체의 움직임을 계산해 낼 수 있지만 인간의 광기는 이해할 수 없다": 뉴턴의 말. 헨리 리처드 본Henry Richard Bourne의 1871년 저서 *The Romance of Trade*에서 처음 인용.

27 이 개인이라는 것을 이해하면 모든 것을 이해할 수 있다고 그들은 생각했다: 예를 들어 Davis, 2003 참조.

28 "내가 진정으로 관심 있는 것은 신이 세상을 창조할 때 다른 선택의 여지가 있었느냐 하는 것이다": 대표적으로 Hawking, 1993, p. 113에 인용.

29 "경제학 이론은 일반적으로 적용 가능한 이론으로, 그 상당한 정확성과 중요성에 의문을 제기하는 것은 무식하거나 비뚤어진 사람뿐이다": Robbins, p. 1.

30 "대안이 없다": 마거릿 대처 영국 수상이 사용했던 슬로건. '다른 대안이 없다(There is No Alternative)'는 줄여서 티나(TINA)로도 쓰임.

30 시장은 또 한 투자은행이 국고를 얼마나 털어도 되는지도 결정한다: 리먼 브라더스의 CEO 리처드 펄드Richard Fuld는 2000년부터 2007년까지 약 5억 달러를 벌어들였다. Bebchuk, Cohen and Spamann, 2010 참조.

30 북유럽의 복지 국가에서 87세 할머니가 숨을 거두는 순간 그 떨리는 손을 잡아 주는 일의 가치가 돈으로 얼마나 되는지 환산해 내는 것도 시장이다: 정규직 간호사의 최저 임금 정도.

30 이 경제학의 아버지는 거의 평생을 어머니와 함께 살았다: Phillipson, 2010 참조.

31 한 나라의 총 경제 활동을 측정하는 GDP를 계산할 때 그녀는 포함되지 않는다: GDP와 관

런된 더 자세한 정보는 Waring, 1999 참조.

31 프랑스의 작가이자 페미니스트인 시몬 드 보부아르는 여성을 '제2의 성'이라 규정했다: de Beauvoir, 2006 참조.

32 이제는 경제가 '보이지 않는 손'뿐 아니라 '보이지 않는 심장'으로도 만들어졌다는 이야기가 간혹 나오기도 한다: Folbre, 2001 참조.

2장

35쪽 『곰돌이 푸』의 저자 A. A. 밀른: Milne, 2004, pp. 14-16.

35 경제학을 공부한 학생들 대부분은 교수들이 대니얼 디포가 1719년에 출간한 이 소설을 어떤 식으로든 언급하는 것을 들은 적이 있을 것이다: 예를 들어 Grapard and Hewitson, 2011 참조.

37 소설 속 로빈슨 크루소는 영국의 요크에서 태어났다: Defoe, 1992.

38 그는 열세 번이나 난파선에 가서 여러 물건과 도구를 섬으로 가져온다. 이는 다른 사람들이 만든 것이다. 즉, 로빈슨 크루소는 그들의 노동에 완전히 의존한다: 경제인으로서의 로빈슨 크루소에 대한 페미니스트 토론 〈copy to follow〉 참조.

39 아일랜드의 작가 제임스 조이스는 로빈슨 크루소를 가리켜 "남자다운 독립성, 무의식적 잔혹함, 끈기, 느리지만 효율적인 지적 능력, 성에 대한 무관심 (⋯) 계산적인 과묵함의 전형"이라고 평했다: Joyce, 1964, pp. 24-25 참조.

40 세테리스 파리부스, 즉 '다른 모든 조건이 동일하다는 가정': 예를 들어, Marshall, 1920, book V, chapter V 참조.

42 그렇게 해서 그때부터 지금까지의 경제적 사유를 결정짓는 인간 행동의 모델이 탄생한 것이다: '경제적 인간'이라는 단어는 존 스튜어트 밀John Stuart Mill이 가장 먼저 사용했다. 이 단어는 1700년대에 애덤 스미스 같은 사상가들이 언급하기는 했으나, 1800년대 들어 보편적으로 사용되기 시작했다. '경제적 인간'에 대한 추가 정보는 Persky, 1995 참조.

46 1714년, 영국에서 활동하던 네덜란드 인 의사 버나드 드 맨더빌은 저서 『꿀벌의 우화』를 발표했다: Mandeville, 1997 참조.

47 드와이트 D. 아이젠하워 미국 대통령은 "미국은 깊이 뿌리박힌 믿음 없이는 설명할 수 없는 나라지만, 그 믿음이 무엇인지 신경 쓰지 않는다"라고 말한 바 있다: Nelson, 2002, p. 301.

3장

51쪽 **여성의 욕망은 남성의 그것보다 늘 훨씬 혹독하게 비판받았다**: Folbre, 2010 참조.

51 **레베카 웨스트는 "짓밟혀도 불평하지 않는 사람이나 창녀와 나 자신을 구별 지으려 할 때, 사람들은 나를 페미니스트라고 부른다"라고 했다**: West, 1989, p. 219 참조.

52 **이에 따라 1800년대의 경제학자들은 여성이 경제적 번영에 기여하지 않는다고 생각했다**: 영국의 경제학자 나소 시니어(Nassau Senior, 1790~1864)도 이 경제학자 중 한 명이었다.

53 **모든 행위를 경제학 모델을 이용해 분석할 수 있다고 믿기 시작한 것이다**: 예를 들어 Becker, 1978 참조.

54 **1979년, 프랑스의 철학자 미셸 푸코가 파리의 콜레주 드 프랑스에서 일련의 강연을 했다**: Foucault, 2010 참조.

55 **"그들이 처음부터 이 문제를 페미니즘적 원리로 접근한 것이 아니었다고 말하는 것은 벵골호랑이가 초식동물은 아니라고 말하는 것만큼이나 절제된 표현이다"**: Hewitson, 1999, p. 130에 인용.

56 **시카고 학파 경제학자들은 동일한 경제학적 논리를 이용해 완전히 새로운 질문을 던지기 시작했다**: 3장의 게리 베커와 시카고 학파의 논의는 Hewitson, 1999, pp. 37 – 64에 기반했다.

57 **시카고 학파 경제학자들은 여성이 생산성이 낮기 때문에 보수가 낮은 것이라고 결론지었다**: Mincer and Polachek, 1992 참조. 야초프 민처Jacob Mincer는 삶의 대부분을 컬럼비아에서 보냈으나 인적 자본에 관한 이론에서는 대부분 시카고 학파를 따랐다. 게리 베커나 슐츠 이전에 시카고 학파의 논리를 적용하여 임금 차별을 설명했다.

57 **따라서 여성은 커리어를 위해 투자를 덜 하고 결국 더 적은 보수를 받을 수밖에 없다**: 인적 자본 이론으로 야초프 민처에 의해 소개되었다.

57 **그러나 이를 실제 현실과 비교해 보면 그다지 합당하지 않다는 것이 분명했다**: Hewitson, 1999, p. 50 참조.

57 **지금까지 시카고 학파에서 나온 설명 중 게리 베커의 인종차별에 관한 이론이 가장 잘 알려진 시도다**: Becker, 1957 참조.

59 **문제는 상황이 경제학자들의 예상대로 돌아가지 않았다는 점이다**: Arrow, 1972; Mueser, 1987 참조.

59 **결혼한 여성이 퇴근하면 무엇을 하는가?**: Becker, 1995 참조.

61 시카고 학파 경제학자들은 이러한 문제에 대해 생물학적 이유를 대며 가볍게 넘어갔다: 예를 들어 Becker, 1991, p. 37 참조.

62 지크문트 프로이트는 실제로 여성이 청소를 더 잘하도록 타고났다고 주장했다: Kipnis, 2006, pp. 81–122 참조.

62 여성의 성기는 자체 조정 기능을 갖춘 기관으로, 사람의 입보다도 깨끗하다: Angier, 2000, p. 58 참조.

4장

69쪽 "경제학이란 돈, 그리고 돈이 왜 좋은지를 이야기하는 학문이다": Brockway, 1996, p. 10에 인용.

69 영국의 경제학자 존 메이너드 케인스는 탐험가 프랜시스 드레이크가 1580년 스페인에서 강탈해 엘리자베스 여왕에게 갖다 바친 돈의 가치를 환산했을 때: 이어지는 주장은 Keynes, 1931 참조.

70 자원을 올바르게 투자하기만 하면 몇 배로 증식시키는 것이 가능하고, 이자에 이자가 붙으면 1세기 후에는 아무도 굶주리지 않게 될 것이다: 인구당 생산량과 소비량이 매년 2% 상승한다면 그 숫자는 35년마다 두 배로 늘어날 것이다. 한 세기(103.5년) 안에 소비량과 소득은 8배 증가할 것이고, 그로부터 35년 후에는 16배로 증가할 것이다.

71 "세상에는 극도의 굶주림을 겪는 사람들이 있는데, 그들에게는 신마저도 빵 말고 다른 형체로 모습을 드러낼 수가 없다": Marglin, 2008, p. 4에 인용.

72 "범죄자 기질과 정신병이 조금 있어서, 우리가 몸서리치며 정신과 전문의에게 넘기게 되는 종류의 사람": Keynes, 1963, p. 374 참조.

73 15년 사이에 중산층 인구가 1억 7400만 명에서 8억 600만 명으로 증가했다: 수치 변화는 http://data.worldbank.org/country/china에서 확인.

74 생명의 가치도 기업 가치를 측정하는 것 같이 계산할 수 있다. 그리고 이제는 이에 대해 더 논의할 필요도 없다: Hamermesh and Soss, 1974.

75 가짜 오르가슴: Mialon, 2012 참조.

75 갤런슨은 어떤 예술 작품의 의미를 계산하는 통계학적 방법을 개발했다: Galenson, 2006 참조.

76 어떤 예술 작품의 경제적 가치에 대한 논의는 충분히 가능하다. 왜 어떤 작품은 1200만 달러

고 어떤 작품은 1억 달러를 호가하는지에 대한 논의 말이다: 예를 들어 Thompson, 2008 참조.

76 "우리는 모두 예술에는 뭔가 특별한 것이 있다고 믿고 싶어 한다. 그러나 나는 예술적 가치와 경제적 가치가 같지 않다는 말에 동의하지 않는다": 4 August 2008 『뉴욕타임스』에 인용.

76 그러면 일인당 대략 1200만 원 정도로 떨어진다. 이 정도면 아무도 굶지 않아도 된다: 예를 들어 CIA, The World Fact Book, http://www.cia.gov 참조.

77 매년 약 50만 명의 여성이 분만 과정에서 목숨을 잃는다: 국제연합인구기금UNFPA 통계, http://www.unfpa.org

78 경제학자 아마르티아 센은 여성이 남성과 같은 보살핌과 영양 공급을 받았다면 현재 여성이 전 세계적으로 1억 명쯤 더 살아 있을 것이라고 추정했다: Sen, 1990 참조.

78 세계 빈곤층의 70%가 여성일 수밖에 없는 구조: 국제연합 통계, http://www.un.org

78 이 구조에서 미국 인구의 1%가 총수입의 4분의 1을 가져간다: Stiglitz, 2011 참조.

78 캘리포니아 같은 부유한 주에서는 대학보다 교도소에 돈을 더 많이 쓴다: Center on Juvenile and Criminal Justice, 1996 참조.

79 "우리끼리 이야기지만, 세계은행은 환경에 해로운 산업을 저개발국으로 더 많이 이전하도록 권장해야 하는 것 아닌가?": 8 February 1992 『이코노미스트』에 인용된 메모.

82 경제학자들은 케냐를 국가가 아니라 한 개인으로 가정해 보라고 말한다: 서머스의 메모에 관한 보다 자세한 내용은 Marglin, 2008 참조.

84 "당신의 추론은 완벽히 논리적이지만 완전히 미쳤다고밖에 생각할 수 없습니다": Jensen, 2002, p. 124에 인용.

84 중국 구이위 지역 문제는 어쩔 것인가?: Walsh, 2009 참조.

5장

89쪽 "이 건물에서 내 물건이 제일 커!": Kipnis, 2006, p. 34에 인용.

89 이제 자신들이 결혼하고 싶어했던 남성들처럼 되기 시작했다: 미국의 페미니스트 글로리아 스타이넘이 한 말로 알려졌으며, 그녀는 이 표현을 종종 사용했다.

90 특정 국가에서는 이 수치가 80~90%에 이른다: Barker and Feiner, 2004, p. 123 참조.

91 전 세계적으로 가사노동에 고용된 사람들은 다른 어떤 일보다 긴 노동 시간, 불안정한 조건, 예측 불가능한 업무를 감수하고 있다. 인권 단체 휴먼라이츠워치의 조사에 따르면, 이 산업에 종

사하는 여성들은 고용주의 허락 없이는 집 밖으로 나가는 것조차 허용되지 않는 경우가 많다: Varia, 2007 참조.

92 방정식의 다른 한쪽에는 홍콩에서 일하는 필리핀 출신 가사 도우미가 있다. 그녀는 필리핀 시골 지역의 남성 의사만큼 수입을 올린다. Hochschild, 2000 참조.

92 이탈리아에서 일하는 외국인 보모들은 고국에서 버는 것보다 7배에서 15배 많은 수입을 올린다: Kingma, 2007 참조.

93 그녀는 새벽 4시에 일어나 11킬로미터를 걸어서 양동이 하나에 물을 채운다 Waring, 1999 참조.

94 남성의 무보수 노동 시간은 4분의 1이다: 인간개발보고서 1999, p. 78 참조.

95 그동안 아무도 가사노동을 경제적으로 환산하지 않았기 때문에 부의 증가분을 실제보다 더 높이 평가했을 수도 있다: 더 많은 논의는 Folbre, 2002, p. 67 참조.

95 무보수 노동의 가치를 계산한 결과, GDP의 30.6~41.4%를 차지하는 것으로 측정되었다: 예를 들어 Hamdad, 2003 참조.

96 모델에 단순히 여성을 첨가해서 섞어 버리는 것으로는 문제를 해결할 수 없다: 호주의 페미니스트 경제학자 질리언 휴잇슨Gillian J. Hewitson이 기존 체제를 변화시키려는 노력 없이 여성을 통합시키려는 전략에 대해 한 말이다. Hewitson, 1999, p. 37 참조.

97 1957년, 두 아이의 어머니이자 여성운동가인 36세 여성 베티 프리댄은 동창생들에게 설문지를 돌렸다: 프리댄의 삶에 관한 더 자세한 내용은 Hennessee, 1999 참조.

98 '역사의 방아쇠를 당기는 역할'을 했다: Fox, 2006에 인용.

101 연구에 따르면 1970년대 이후 서구 여성은 자신이 덜 행복하다고 느낀다: Stevenson and Wolfers, 2009 참조.

101 영국에서는 여성과 남성 사이의 행복도에 거의 차이가 없다고 본다: Office for National Statistics, 2012b 참조.

6장

108쪽 두 참가자가 벌이는 제로섬 게임과 같다고 결론지었다: 예를 들어 Leonard, 2010 참조.

111 '그리고 독특한 것을 만들어 내지 못하면 소멸될지도 모른다는 압박감': Poundstone, 1992, p. 66 참조.

111 인명 살상 최대 거리 등이 계산 대상이었다: Rhodes, 1987, p. 628 참조.

113 맥락에 상관없이 전쟁을 예측 가능하게 하는 요소들을 봐야 한다고 주장한다: Aumann, 2005. http://www.nobelprize. org/nobel_prizes/economic-sciences/ laureates/2005/ aumann-lecture.pdf 참조

114 닥터 스트레인지러브가 월스트리트에 출근한 것이다: 폰 노이만은 스탠리 큐브릭의 영화 닥터스트레인지 러브의 모델이 된 인물로 알려졌다.

115 물리학자들이 물질과 에너지에 관한 법칙을 만들어 내듯 금융계에서는 주식과 파생상품에 대한 법칙을 만들어 내려 했다: 예를 들어 Taylor, 2004, pp. 142–72 참조.

115 "전자가 생각을 할 수 있다면 물리학이 얼마나 어려워질지 상상해 보라": 머리 겔만의 말. Grazzini, 2009, p. 2에 인용.

116 "내게는 월스트리트의 게임이 카지노의 도박판보다 규모도 훨씬 크고 훨씬 더 흥미롭다": Taylor 2004, p. 174에 인용.

118 신학자들은 효율적 시장 가설을 신의 복음과 비교해 왔다: Taylor 2004, p. 244–48 참조.

119 효율적 시장 가설은 '금융 역사상 가장 큰 실수'라고 불린다: 이 표현은 래리 서머스의 것으로 알려져 있기도 하고 로버트 실러의 것으로 전해지기도 한다. 예를 들어 Jeremy Grantham's foreword to Smithers, 2009 참조.

119 금융인 조지 소로스는 현실은 그 반대라고 말한다: Soros, 1994 참조.

7장

125쪽 『파우스트』의 2부가 경제에 관해 우리에게 주는 교훈은 무엇일까?: 『파우스트』 속 경제에 관한 추가 정보는 Binswanger, 1994 참조.

126 화폐의 역사는 유형에서 무형으로 옮겨 가는 과정이다: 보다 자세한 의견은, 예를 들어, Weatherford, 1998 참조.

132 데이비드 보위는 돈이 필요했다: Buckley, 2000, pp. 536–38 참조.

136 사람들이 완전히 새롭고 독창적이라고 생각하는 무엇인가에 대해 집단적 환상에 사로잡히면 투기가 일어난다: Galbraith, 1994, p. 28 참조.

137 어떤 시장에서 사람들이 많은 수익을 올리고 있다는 소식이 알려지면 더 많은 사람들이 그곳에 투자한다: 버블의 근거는 Kindleberger, 2000 참조.

138 "환상이 현실이 됐어. 그리고 그게 더 현실적으로 보일수록 사람들은 더 간절히 원하게 마련

이지": 1987년 영화 〈월스트리트〉 속 주인공 고든 게코.

138 오늘날 금융시장에서는 추상적 알고리즘이 주식매매 중개인들을 빠르게 대체해 가고 있다: Grant and Mackenzie, 2010 참조.

140 2008년, 위기가 더 이상 부인할 수 없는 현실이 되면서 미 연방준비위원회의 앨런 그린스펀 의장은 의회에 불려 가 추궁을 당했다: 이 진술은 http://www.pbs.org에서 읽어 볼 수 있다. 결국 그린스펀은 자신의 이데올로기를 포기하지 않았다. 2011년 3월 19일 『파이낸셜 타임스』에 "오늘의 경쟁시장은 인지하든 못하든 애덤 스미스의 '보이지 않는 손'의 비가시적인 국제 버전에 의해 움직이고 있다. 아주 특별한 경우 (예를 들면 2008년)를 제외하면 '보이지 않는 손'은 안정적인 환율, 이자율, 가격, 임금률을 유지하고 있다"라고 기고했다.

8장

145쪽 경제적 인간에 대한 최초의 전면 공격은 1979년에 시작됐다: Kahneman and Tversky, 1979.

145 카너먼은 2002년 노벨 경제학상을 수상했다: 트버스키가 1996년에 사망하지 않았다면 그도 상을 받았을 것이다.

146 협상할 때 사람들이 얼굴을 마주하는 것은 중요하다: 이 논쟁과 관련해서는 Smith, 2000, 및 Aktipis and Kurzban in Koppl, 2005 참조.

148 경제적 행동은 이성이 아니라 감정에 지배되는 면이 많다. 그리고 개별적이 아니라 집단적으로 나타나는 경우가 많다: Akerlof and Shiller, 2009 참조.

149 심리학자들은 유치원생들과 초등학교 2학년, 6학년 어린이들이 경제적 인간처럼 행동하는지 알아보는 실험을 했다: Bereby-Meyer and Fisk, 2009 참조.

150 경제학자이자 철학자인 아마르티아 센은 다음과 같은 예로 이 점을 잘 설명했다: Sen, 1990, p. 35 참조.

151 밀턴 프리드먼은 당구를 예로 들어 대응한 것으로 유명하다: Friedman, 1953 참조.

152 노벨 경제학상을 수상한 미국의 경제학자 로버트 루커스가 여왕의 질문에 대답해야겠다고 마음먹었다: Lucas, 2009 참조.

154 자본주의 경제를 공산화하는 것은 "수족관의 물고기들로 생선 수프를 만드는 것"만큼 쉽다고 말했다: 어맨다 프리드먼Amanda Friedeman 의 기사. Chicago Daily Observer, 30

January 2010.

156 우리는 그 사람을 미쳤다고 할 것이다: 정신질환에 대한 합리적 설명은 Caplan, 2005 참조.

9장

162쪽 상거래는 공동체 밖에서 이루어져야 한다고 여겨졌다: Taylor, 2009, p. 69 참조.

165 "어떻게 자극을 줄지 떠들어 대는 걸 듣고 있으면, 경제가 무슨 거대한 클리토리스라도 되는 듯하다": Ehrenreich, 2008.

172 어느 자선단체가 인도의 시골 지역에서 무료 예방접종을 하는 데 보상 체계를 도입한 경우가 그 예다: Banerjee and Duflo, 2011, pp. 57-70 참조.

173 스위스에서 (수많은 국민투표 중) 한 국민투표가 실시되기 전 연구조사가 진행됐다: Schwartz, 2007 참조.

10장

177쪽 페미니스트 경제학 교수 낸시 폴브레는 다음 이야기를 자주 인용한다: Folbre, 2001 p. 22-23 참조.

179 그리고 이 두 가지는 절대 만나선 안 되었다: 이분법에 대한 정보는 Folbre and Nelson, 2000 참조.

180 "돈은 인간의 행복을 추상적으로 나타내는 개념이다": Counsels and Maxims Vol. 2, 챕터 26 p.320 베일리 손더스Bailey Saunders 번역.

182 현대 간호 개념의 기초를 놓은 플로렌스 나이팅게일은 1820년 이탈리아의 피렌체(플로렌스)에서 영국인 부모 사이에서 태어났다: 플로렌스 나이팅게일에 대한 논의는 Moberg, 2007에서 계속.

186 2000~2003년 약 3500명의 필리핀 의사들이 간호사로 재훈련받았다: Agence France-Presse, 2005 참조.

187 스웨덴에서는 2030년이 되면 돌봄 업종 종사자가 13만 명이 부족할 것이라는 관측이 나왔다: 스웨덴 통계청의 조사는 의료 프로그램을 거친 13만 명의 간호사 및 간호 조무사를 대상으로 했다. 이는 노년 인구 증가와 의료 프로그램에 대한 낮은 관심이 원인이다. Trender och prognoser [Trends and prognoses], 2008, http://

www.scb.se 참조.

11장

193쪽 1978년 덩샤오핑은 중국 경제를 자유화하기 시작했다: 중국에 대한 부분은 Leonard, 2008에 기반.

195 아이폰 제조회사인 폭스콘에서는 16개월 사이 14명의 직원이 자살을 한 후에야 임금이 30% 올랐다: Johnson, 2011 참조.

196 대처는 "사회라는 것은 없다"라고 선언했다: 더글러스 키Douglas Keay가 Woman's Own, 31 October 1987에서 인용.

201 1974년, 경제학자 아서 래퍼와 『월스트리트 저널』의 기자 주드 와니스키, 그리고 딕 체니라는 인물이 워싱턴 DC의 한 호텔방에 모였다: Chait, 2007 참조.

203 "1982년에 접어들 즈음 나는 레이건 혁명은 성공할 수 없다는 것을 이미 알고 있었다": Stockman, 1986, p. 13 참조.

203 1978년에서 1999년까지, 미국의 국가 소득 중 최상위 0.1%에게 돌아간 몫은 3배 증가했다: Harvey, 2007, p. 16 참조.

204 FTSE 100대 기업의 CEO와 평직원의 평균 보수 격차는 1998년 45배이던 것이 2010년에는 120배로 벌어졌다: Mount, 2012, p. 3 참조.

204 J. K. 롤링이 찰스 디킨스보다 훨씬 더 많은 수입을 올릴 수 있었던 것은 도서 시장이 세계화되었기 때문이다: Cowen, 2011 참조.

205 국제연합에 따르면, 2005년을 기준으로 많은 지역이 경제적으로 발전했음에도 불구하고 세상은 10년 전보다 덜 평등하다: United Nations Publications, 2005 참조.

205 100년 전에는 이 수치가 약 9배 정도였다: Rothkopf, 2008, p. 94 참조.

205 독일의 유로화 기준 백만장자 부호 명단에서도 6명 중 1명만이 여성이었다: Wolf, 2013, p. 141 참조.

205 여성은 여전히 9%밖에 되지 않는다: 2009년 포브스 리스트Forbes List.

205 여성의 재산은 상속된 것이라는 패턴이 너무도 뚜렷해서 컬럼비아대의 리나 에들런드와 보이치에흐 콥추크는 여성의 손에 들려 있는 돈의 양이 많을수록 경제가 침체된다는 것을 증명해 보이기까지 했다: Edlund and Kopczuk, 2009 참조.

206 1980년대에 '종이 기업가 정신'이라는 것이 출현했다: Reich, 1983 참조

206 2008년 하버드 경영대학원 졸업생의 41%가 헤지펀드, 투자은행, 고위험 투자 부문에 취업했다: 소이퍼 컨설팅사Soifer Consulting가 취합한 2009년 하버드 경영대학원 지표 자료에 따름.

207 1930년대의 금융 위기가 닥치기 직전 미국의 상황은 2008년 금융 위기 직전과 거의 동일했다: Krugman, 2000 참조.

207 "신은 모든 이와 함께한다 (…) 하지만 장기적으로는 가장 돈이 많고 가장 큰 군대를 가진 사람들을 선택한다": 아누이의 극 〈The Lark〉에서.

12장

211쪽 세계에서 가장 높은 건물은 두바이에 있다: 두바이에 관한 내용은 Davis and Monk, 2007 참조.

213 신자유주의는 경쟁을 모든 사회관계의 근본이라고 말하면서도 동시에 이 경쟁적 관계를 정치적으로 권장하고 만들어야 한다고 말한다: Brown, 2008 참조.

215 프랑스의 철학자 미셸 푸코는 고전적 자유주의와 신자유주의의 차이는 경제적 활동을 어떻게 인식하는가에 있다고 생각했다: Foucault, 2010 참조.

216 "경제학은 방법일 뿐이다. 목표는 마음과 영혼을 바꾸는 것이다": 로널드 버트Ronald Butt와의 인터뷰 Sunday Times, 3 May 1981.

216 카를 마르크스에게 있어서 자본의 발달은 노동자의 지식, 기술, 인간성이 조금씩 기계화되는 과정이다: 인적 자본과 인간 소외에 관한 토론은 Read, 2009에 따름.

218 "지금 이런 말을 하면 이상하게 들릴지 모르지만 내 책의 제목을 『인적 자본』이라고 결정하기까지 한동안 망설였다"라고 밝혔다: Becker, 1992, p. 43.

220 마르크스가 언급했던 갈등은 해소됐다. 그러나 그가 상상했던 방식으로 해소된 것은 아니다: Lemke, 2001 참조.

13장

225쪽 어머니는 존재하지 않는다: 개인주의와 렌나르트 닐손의 사진에 대한 토론은 Newman, 1996에 기반.

230 최근 들어 가장 큰 반향을 일으킨 행동경제학에서는: 행동경제학에 대한 더 자세한 내용은 Östling, 2009 참조.

233 개인은 경제학의 기본 입자다: Frank lin, 1991 참조.

234 어린이는 거의 전적으로 다른 사람들에게 의존하며 살아간다: Held, 1990 참조.

235 흥미로운 것은, 우리가 이 경제적 인간이 현실에 부합하기를 절실히 원한다는 사실이다: 이 같은 다른 관점 및 결론은 Feiner, 2003에서 차용.

14장

239쪽 1500~1600년대에 걸쳐 서구에서 인간과 자연의 관계를 보는 관점에 변화가 왔다: 성과 성별에 대한 다른 시선과 의견은 예를 들어, Hewitson, 1999, pp. 108-38 참조.

244 "임신한 남성과 임신한 여성이 동등한 대우를 받는 한 차별은 존재하지 않는다": Graycar and Morgan, 1990에 인용됨.

246 "꽃을 찾다가 과일을 찾았네. 샘을 찾다가 바다를 찾았네. 여자를 찾다가 영혼을 찾았네. 실망하고 말았네": 에디트 쇠데르그란의 시 'The Day Cools', 1916.

15장

259쪽 뮤리얼 루카이저의 시에는 오이디푸스 왕에 대한 그리스 신화가 재등장한다: 폴브레의 저서에서 장의 서두로 인용. Folbre, 2010.

265 경제과학의 창시자들은 자기들이 하는 일이 명백히 구세주와 같은 역할이라고 생각했다: Nelson, 1993 참조.

268 양배추보다 장미의 향기가 더 좋다는 것을 알았다 하더라도 장미로 더 맛있는 수프를 만들 수 있다고 결론 내릴 수는 없다: Mencken, 2006, p. 19.

16장

275쪽 금융 위기 이후 아이슬란드의 은행들은 1000억 달러를 잃었다: Lewis, 2009 참조.

277 기원전 600년경 중국 노자의 고전 『도덕경』에서는 음과 양의 움직임이 서로를 낳는다고 이해했다: 노자와 페미니스트에 관한 추가 정보는 Chuan Xu, 2003 참조.

279 경제학의 정의 중 가장 유명한 것은 라이어널 로빈스가 1932년에 내린 것이다: Robbins, p. 16 참조.

279 만약 경제학이 "자연이 무료로 제공하는 선물로 어떻게 필요를 충족하고 기쁘게 즐길지 연구

하는 학문이었다면 세상이 얼마나 다른 모습이었을지 궁금하다"라고 말했다: Ferber and Nelson, 1993, p. 26 참조.

286 **우리는 왜 불행한가? 시인 웨이 우 웨이는 시로 말한다**: *Ask The Awakened*; The Negative Way, Sentient Publications, 2003.

우리에게도 경제학이 필요하다

293쪽 **같은 경우의 남성 비율은 1%다**: 평등인권위원회EHRC의 조사에 따르면 여성 실업자의 17%는 누군가를 돌보기 위해 퇴직한 것으로 나타났다. 남성은 이런 경우가 1%에 불과하다(Smeaton et al 2009). 저소득층의 경우 이 차이가 더욱 심하다.

294 **커리어와 아이들 중 선택을 하지 않으면 안 되는 상황이 되면 많은 여성들이 커리어를 선택한다**: 예외는 있다. 아일랜드는 전통적 가정 형태를 유지하고 있으며 출생률이 유럽에서 가장 높다.

참고문헌

Agence France-Presse, 'Warnings Raised About Exodus of Philippine Doctors and Nurses', *New York Times*, 27 November 2005.

Akerlof, George A. and Shiller, Robert J., *Animal Spirits: How Human Psychology Drives the Economy, and Why It Matters for Global Capitalism*, Princeton University Press, 2009. [조지 애컬로프·로버트 실러, 『야성적 충동: 인간의 비이성적 심리가 경제에 미치는 영향』, 김태훈 역 (랜덤하우스코리아, 2009)]

Aktipis, Athena C. and Kurzban, Robert O., *Is Homo Economicus Extinct?*, in R. Koppl, *Evolutionary Psychology and Economic Theory*, JAI Press, 2005.

Angier, Natalie, *Woman: An Intimate Geography*, Anchor, 2000. [나탈리 엔지어, 『여자, 내밀한 몸의 정체』, 이한음 역 (문예출판사, 2016)]

Arrow, Kenneth J., *Models of Job Discrimination*, in A. H. Pascal, Racial Discrimination in Economic Life, Lexington Books, 1972.

Aumann, Robert J., *War and Peace*, Nobel lecture, 8 December 2005, http://www.nobelprize.org

Banerjee, Abhijit and Duflo, Esther, *Poor Economics: A Radical Rethinking of the Way to Fight Global Poverty*, Public Affairs Books, 2011. [아비지트 베너지·에스테르 뒤플로, 『가난한 사람이 더 합리적이다: MIT 경제학자들이 밝혀낸 빈곤의 비밀』, 이순희 역 (생각연구소, 2012)]

Barker, Drucilla K. and Feiner, Susan F., *Liberating Economics: Feminist Perspectives on Families, Work and Globalization*, University of Michigan Press, 2004.

Bebchuk, Lucian, A., Cohen, Alma and Spamann, Holger, 'The Wages of Failure: Executive Compensation at Bear Stearns and Lehman 2000-2008', *Yale Journal on Regulation*, vol. 27, 2010.

Becker, Gary S., *A Treatise on the Family*, Harvard University Press, 1991.

Becker, Gary S., 'Human Capital, Effort and the Sexual Division of Labor', in J. Humphries, ed., *Gender and Economics*, Edward Elgar Publishing, 1995.

Becker, Gary S., *The Economic Approach to Human Behavior*, University of Chicago Press, 1978.

Becker, Gary S., *The Economics of Discrimination*, University of Chicago Press, 1957.

Becker, Gary S., *The Economic Way of Looking at Life*, Nobel lecture, 9 December 1992, http://home.uchicago.edu/gbecker/Nobel/nobellecture.pdf

Bereby-Meyer, Yoella and Fisk, Shelly, *Is Homo Economicus a Five-Year-Old?*, Ben Gurion University of the Negev, 2009.

Binswanger, Hans Christoph, Money and Magic: *A Critique of the Modern Economy in the Light of Goethe's Faust*, University of Chicago Press, 1994.

Booth, Alison, Cardona-Sosac, Lina and Nolena, Patrick: 'Gender Differences in Risk Aversion: Do Single-Sex Environments Affect Their Development?' *Journal of Economic Behavior and Organization*, vol. 99, pp. 126.54, March 2014.

Brockway, George P., *The End of Economic Man: Principles of Any Future Economics*, W. W. Norton & Company, 1996.

Brown, Wendy, *Att vinna framtiden ater*, Atlas, 2008.

Buckley, David, *Strange Fascination-David Bowie: The Definitive Story*, Virgin Books, 2000.

Caplan, Bryan, *The Economics of Szasz: Preferences, Constraints, and Mental Illness*, Department of Economics, Center for Study of Public Choice and Mercatus Center, George Mason University, 2005.

Center on Juvenile and Criminal Justice, *From Classrooms Cell Blocks*, October 1996, http://www.cjcj.org

Chait, Jonathan, *The Big Con: The True Story of How Washington Got*

Hoodwinked and Hijacked by Crackpot Economics, Houghton Mifflin Harcourt, 2007.

Chuan Xu, Judith, 'Poststructuralist Feminism and the Problem of Femininity in the Daodejing', *Journal of Feminist Studies in Religion*, vol. 19, no. 1, 2003.

Cohen, Patricia, 'A Textbook Example of Ranking Artworks', *New York Times*, 4 August 2008.

Cowen, Tyler, 'The Inequality that Matters', *American Interest*, January/February 2011.

Croson, Rachel and Uri, Gneezy: 'Gender Differences in Preferences', *Journal of Economic Literature* 47(2): pp. 448.74, 2009.

Davis, John B., *The Theory of the Individual in Economics: Identity and Value*, Routledge, 2003.

Davis, Mike and Monk, Daniel Bertrand, *Evil Paradises: Dreamworlds of Neoliberalism*, New Press, 2007. [마이크 데이비스·대니얼 버트란드 몽크 『자본주의, 그들만의 파라다이스: 두바이에서 요하네스버그까지 신자유주의가 낳은 불평등의 디스토피아』, 유강은 역 (아카이브, 2011)]

de Beauvoir, Simone, *The Second Sex*, Norstedts, 2006.[시몬 드 보부아르, 『제2의 성, 조홍식 역 (을유문화사, 2016)]

Defoe, Daniel, *Robinson Crusoe*, Wordsworth Editions, 1992. [대니얼 디포, 『로빈슨 크루소』, 류경희 역 (열린책들, 2011)]

Edgeworth, F. Y., *Mathematical Physics, An Essay on the Application of Mathematics to the Moral Sciences*, Reprints of Economic Classics, Augustus M. Kelley Publishers, 1967 (1881).

Edlund, L. and Kopczuk, W., 'Women, wealth and mobility'. *American Economic Review*, 99 (1) (2009), pp. 146.78.

Ehrenreich, Barbara, 'Clitoral Economics', *Huffington Post*, 22 January 2008.

Feiner, Susan F., 'Portrait of Homo Economicus as a Young Man', in Mark Osteen and Martha Woodmansee, *The New Economic Criticism: Studies at the Intersection of Literature and Economics*, Routledge, 1999.

Feiner, Susan F., 'Reading Neoclassical Economics: Toward an Erotic Economy of Sharing', in Drucilla K. Barker and Edith Kuiper, *Toward a Feminist Philosophy of Economics*, Routledge, 2003.

Ferber, Marianne A. and Nelson, Julie, *Beyond Economic Man: Feminist Theory and Economics*, Chicago University Press, 1993. [마리안 A. 퍼버, 『남성들의 경제학을 넘어서』, 김애실 외 역 (한국외국어대학교 출판부, 1997)]

Folbre, Nancy, *Greed, Lust and Gender: A History of Economic Ideas*, Oxford University Press, 2010.

Folbre, Nancy, *The Invisible Heart: Economics and Family Values*, New Press, 2001. [낸시 폴브레, 『보이지 않는 가슴: 돌봄 경제학』, 윤자영 역 (또 하나의 문화, 2007)]

Folbre, Nancy and Nelson, Julie A., 'For Love or Money: Or Both?', *Journal of Economic Perspectives*, vol. 14, no. 4, 2000.

Foucault, Michel, 'The Birth of Biopolitics', in Michel Foucault: *Lectures at the College de France*, Palgrave, 2010.

Fox, Margalit, 'Betty Friedan, Who Ignited Cause in "Feminine Mystique", Dies at 85', *New York Times*, 5 February 2006.

Franklin, Sarah, 'Fetal Fascinations: New Dimensions to the Medical-Scientific Construction of Fetal Personhood', in S. Franklin, C. Lury & J. Stacey, *Off Centre: Feminism and Cultural Studies*, HarperCollins Academic, 1991.

Frey, Bruno, *Not Just for the Money: An Economic Theory of Personal Motivation*, Edward Elgar Publishing, 1997.

Friedan, Betty, *The Feminine Mystique*, trans. Gun Trollback, Pan/Norstedts, 1968. [베티 프리댄, 『여성의 신비』, 김행자 역 (평민사, 2005)]

Friedman, Milton, 'The Methodology of Positive Economics', in *Essays in Positive Economics*, University of Chicago Press, 1953.

Galbraith, John Kenneth, *A Short History of Financial Euphoria*, Penguin, 1994.

Galenson, David W., *Artistic Capital*, Routledge, 2006.

Gilder, George, *Wealth and Poverty*, ICS Press, 1993.

Gneezy, Uri and Rustichini, Aldo, 'A Fine is a Price', *Journal of Legal Studies*, vol. 29, no. 1, January 2000

Grant, Jeremy and Mackenzie, Michael, 'Ghosts in the Machine: The Potential Dangers of Automated, High-Frequency Trading', *Financial Times*, 17 February 2010.

Grant Thornton International Business Report (IBR) 2012, 'Women in Senior Management: Still Not Enough', 2012.

Grapard, Ulla and Hewitson, Gillian, *Robinson Crusoe's Economic Man*, Routledge, 2011.

Graycar, Regina and Morgan, Jenny, *The Hidden Gender of Law*, Federation Press, 1990.

Grazzini, Jakob, 'The Rhetoric of Economics by D. N. McCloskey', University of Turin Doctoral Programme in Economics of Complexity and Creativity, 2009.

Hamdad, Malika, 'Valuing Households' Unpaid Work in Canada, 1992 and 1998: Trends and Sources of Change', Statistics Canada Economic Conference, 2003.

Hammermesh, Daniel S. and Soss, Neal M., 'An Economic Theory of Suicide', *Journal of Political Economy*, 82, January/February 1974.

Harvey, David, *A Brief History of Neoliberalism*, Oxford University Press, 2007. [데이비드 하비, 『신자유주의: 간략한 역사』, 최병두 역 (한울, 2014)]

Hawking, Stephen, *Black Holes and Baby Universes and Other Essays*, Bantam Books, 1993. [스티븐 호킹, 『블랙홀과 아기 우주』, 김동광 역 (까치, 2005)]

Held, Virginia, *Mothering Versus Contract*, in Jane J. Mansbridge, Beyond SelfInterest, University of Chicago Press, 1990.

Hennessee, Judith, *Betty Friedan: Her Life*, Random House, 1999.

Hewitson, Gillian 'Deconstructing Robinson Crusoe: A Feminist Interrogation of "Rational Economic Man"', *Australian Feminist Studies*, vol. 9, issue 20, pp. 131.49, 1994.

Hewitson, Gillian, *Feminist Economics*, Edward Elgar Publishing, 1999.

Hochschild, Arlie Russell and Ehrenreich, Barbara, eds., *Global Woman:*

Nannies, Maids and Sex Workers in the New Economy, Henry Holt, 2002.

Human Development Report 1999, United Nations Development Programme, 1999.

Jensen, Derrick, *The Culture of Make Believe*, Context Books, 2002. [데릭 젠슨, 『거짓된 진실: 계급, 이론, 젠더를 관통하는 증오의 문화』, 이현정 역 (아고라, 2008)]

Johnson, Joel, '1 Million Workers. 90 Million iPhones. 17 Suicides. Who's to Blame?', *Wired Magazine*, March 2011.

Joyce, James, *Daniel Defoe*, Buffalo Studies 1, 1964.

Kahneman, Daniel and Tversky, Amos, 'Prospect Theory: An Analysis of Decision under Risk', *Econometrica*, XLVII, 1979.

Keynes, John Maynard, *Essays in Persuasion*, W. W. Norton & Company, 1963.

Kindleberger, Charles P., and Aliber, Robert Z., *Manias, Panics, and Crashes: A History of Financial Crises*, Wiley Investment Classics, 2000. [찰스 P. 킨들버거, 『광기, 패닉, 붕괴, 금융위기의 역사』, 김홍식 역 (굿모닝북스, 2006)]

Kingma, Mireille, 'Nurses on the Move: A Global Overview', in *Health Services Research*, vol. 42, no. 3, p. 2, 2007.

Kipnis, Laura, *The Female Thing*, Pantheon Books, 2006.

Krugman, Paul, *The Return of Depression Economics*, W. W. Norton & Company, 2000. [폴 크루그먼, 『불황의 경제학: 노벨경제학상 수상자 폴 크루그먼의 세계 경제 대진단』, 안진환 역 (세종서적, 2015)]

Lagarde, Christine, 'Women, Power and the Challenge of the Financial Crisis', *International Herald Tribune*, 10 May 2010.

Lemke, Thomas, 'The Birth of Biopolitics: Michel Foucault's Lecture at the College de France on Neo-Liberal Govern-mentality', in *Economy and Society*, vol. 30, no. 2, May 2001.

Leonard, Mark, *What Does China Think?*, Fourth Estate, 2008. [마크 레너드, 『중국은 무엇을 생각하는가: 중국 최고 지도부를 움직이는 지식엘리트들』, 장영희 역 (돌베개, 2011)]

Leonard, Robert, *Von Neumann, Morgenstern and the Creation of Game Theory*, Cambridge University Press, 2010.

Levitt, Steven D. and Dubner, Stephen J., *Freakonomics: A Rogue Economist Explores the Hidden Side of Everything*, William Morrow, 2006. [스티븐 레빗·스티븐 더브너, 『괴짜경제학』, 안진환 역 (웅진지식하우스, 2007)]

Lewis, Michael, 'Wall Street on the Tundra', *Vanity Fair*, 14 December 2009.

Lucas, Robert, 'In Defence of the Dismal Science', *Economist*, 6 August 2009.

Mandeville, Bernard, *The Fable of the Bees and Other Writings*, Hackett Publishing, 1997. [버나드 맨더빌, 『꿀벌의 우화』, 최윤재 역 (문예출판사, 2010)]

Marglin, Stephen A., *The Dismal Science: How Thinking Like an Economist Undermines Community*, Harvard University Press, 2008.

Marshall, Alfred, *Principles of Economics*, Macmillan and Co., 1920. [앨프레드 마셜, 『경제학 원리』, 백영현 역 (한길사, 2010)]

McCloskey, Deirdre, *How to be Human*: *Though an Economist*, University of Michigan Press, 2000.

McCloskey, Deirdre, *If You're So Smart: The Narrative of Economic Expertise*, University of Chicago Press, 1992.

Mencken, H. L., *A Little Book in C Major*, Kessinger Publishing, 2006.

Mialon, Hugo, 'The Economics of Faking Ecstasy', *Economic Inquiry*, vol. 50, no. 1, January 2012.

Milne, A. A., *If I May*, Kessinger Publishing, 2004. [A. 밀른, 『한 가닥 공상』, 공덕룡 역 (범우사, 2004)]

Mincer, Jacob, 'Investment in Human Capital and Personal Income Distribution', *Journal of Political Economy*, vol. 66, no. 4, August 1958.

Mincer, Jacob and Polachek, Solomon, 'Family Investment in Human Capital: Earnings of Women', in *Studies in Labor Supply: Collected Essays of Jacob Mincer*, vol. 2, Edward Elgar Publishing, 1992.

Moberg, Asa, *Hon var ingen Florence Nightingale: manniskan bakom myten* [She was no Florence Nightingale: the person behind the myth], Natur & Kultur, 2007.

Mount, Ferdinand, *The New Few, or a Very British Oligarchy: Power and Inequality in Britain Now*, Simon & Schuster, 2012.

Mueser, Peter, 'Discrimination', in John Eatwell and Murray Milgate, *The New Palgrave: A Dictionary in Economics*, vol. 1, Stockton, 1987.

Nelson, Robert H., *Economics As Religion: From Samuelson to Chicago and Beyond*, Pennsylvania State University, 2002.

Nelson, Robert H., *Reaching for Heaven on Earth: The Theological Meaning of Economics*, Rowman & Littlefield Publishers, 1993.

Newman, Karen, *Fetal Positions: Individualism, Science, Visuality*, Stanford University Press, 1996.

Office for National Statistics (ONS). First ONS Annual Experimental Subjective Well-being Results. Swansea: ONS, 2012b.

Ostling, Robert, *Beteendeekonomi och konsumentpolitik* [Behavioural Economics and Consumer Politics], Integrations och Jamstalldhetsdepartementet, 2009.

Pateman, Carole, 'The Patriarchal Welfare State', in Joan Landes, ed., *Feminism, the Public and the Private: Oxford Readings in Feminism*, Oxford University Press, 1998.

Pearson, Matthew and Schipper, Burkhard, 'Menstrual Cycle and Competitive Bidding', *Games and Economic Behavior*, vol. 78, pp. 1.20, March 2013.

Persky, Joseph, 'Retrospectives: The Ethology of Homo Economicus', *Journal of Economic Perspectives*, vol. 9, no. 2, 1995.

Phillipson, Nicholas, *Adam Smith: An Enlightened Life*, Yale University Press, 2010.

Poundstone,William, *Prisoner's Dilemma: John von Neumann, Game Theory, and the Puzzle of the Bomb*, Oxford University Press, 1992.

Read, Jason, *A Genealogy of Homo Economicus: Neoliberalism and the Production of Subjectivity*, Foucault Studies, no. 6, 2009.

Reich, Robert B., *The Next American Frontier*, Crown, 1983.

Reinhart, Carmen M. and Rogoff, Kenneth S., *This Time Is Different: Eight Centuries of Financial Folly*, Princeton University Press, 2011. [케네스 로고프·카르멘 라인하트, 『이번엔 다르다』, 최재형·박영란 역 (다른세상, 2010)]

Rhodes, Richard, *The Making of the Atomic Bomb*, Simon & Schuster, 1987. [리처드 로즈, 『원자폭탄 만들기』, 문신행 역(사이언스북스, 2003)]

Robbins, Lionel, *An Essay on the Nature and Significance of Economic Science*, second edition, revised, Macmillan & Co, 1945.

Rothkopf, David, *Superclass: The Global Power Elite and the World They Are Making*, Leopard Forlag, 2008. [데이비드 로스코프, 『슈퍼클래스: 세계를 지배하는 권력 위의 권력집단』, 이현주 역 (더난출판사, 2008)]

Schwartz, Barry, 'Money for Nothing', *New York Times*, 2 July 2007.

Sen, Amartya, 'More than 100 Million Women are Missing', *New York Review of Books*, 20 December 1990.

Sen, Amartya, 'Rational Fools: A Critique of the Behavioral Foundations of Economic Theory', in Jane J. Manbridge, *Beyond Self-Interest*, University of Chicago Press, 1990.

Senior, Nassau, *An outline of the Science of Political Economy*, Augustus M. Kelley, 1965.

Simmel, Georg, *The Philosophy of Money*, Routledge, 2004.

Smeaton D., Vergeris S. and Sahin-Dikmen M., *Older Workers: Employment Preferences, Barriers and Solutions*, Equality and Human Rights Commission, Research report 43, 2009

Smith, Adam, *The Wealth of Nations*, Encyclopædia Britannica, Great Books, 1952 (1759). [애덤 스미스, 『국부론』, 유인호 역 (동서문화사, 2008)]

Smith, Vernon L., *Bargaining and Market Behavior: Essays in Experimental Economics*, Cambridge University Press, 2000.

Smithers, Andrew, *Wall Street Revalued: Imperfect Markets and Inept Central Bankers*, John Wiley & Sons, 2009.

Soros, George, *The Alchemy of Finance: Reading the Mind of the Market*, Wiley, 1994.

'Special Report on the Global Housing Boom', *Economist*, 18 June 2005.

Statistics Sweden, 'Pay Differentials between Women and Men in Sweden', *Information on Education and the Labour market 2004: 2*.

Stevenson, Betsey and Wolfers, Justin, 'The Paradox of Declining Female Happiness', *American Economic Journal: Economic Policy* 2009, vol. 1, no. 2, pp. 190225.

Stigler, G. J., 'Smith's Travels on the Ship of State', *History of Political Economy*, vol. 3, no. 2, 1971.

Stiglitz, Joseph E., *Globalization and Its Discontents*, W. W. Norton & Company, 2003. [조지프 스티글리츠, 『세계화와 그 불만』, 송철복 역 (세종연구원, 2002)]

Stiglitz, Joseph E., 'Of the 1%, By the 1%, For the 1%', *Vanity Fair*, May 2011.

Stockman, David, *The Triumph of Politics: Why the Reagan Revolution Failed*, Harper & Row, 1986.

Szuchman, Paula and Anderson, Jenny, *Spousonomics: Using Economics to Master Love, Marriage, and Dirty Dishes*, Random House, 2011.

Taylor, Mark C., *Confidence Games: Money and Markets in a World without Redemption*, University of Chicago Press, 2008.

Thompson, Don, *The 12 Million Dollars Stuffed Shark: The Curious Economics of Contemporary Art*, Palgrave Macmillan, 2008.

Thorp, Edward O., *Beat the Dealer: A Winning Strategy for the Game of Twenty-One*, Vintage, 1966. [에드워드 소프, 『딜러를 이겨라: 켈리 공식으로 카지노와 월가를 점령한 수학자 이야기』, 신가을 역 (이레미디어, 2015)]

Thorp, Edward O., *Beat the Market: A Scientific Stock Market System*, Random House, 1967.

United Nations Publications, *The Inequality Predicament: Report on the World Social Situation*, Department of Economic and Social Affairs (DESA), 2005.

Varia, Nisha, 'Globalization Comes Home: Protecting Migrant Domestic Workers' Rights', Human Rights Watch World Report 2007, http://www.hrw.org

Walsh, Bryan, 'E-Waste Not', *TIME* magazine, 8 January 2009.

Wanniski, Jude, *The Way the World Works*, Gateway Editions, 1998.

Waring, Marilyn, *Counting for Nothing: What Men Value and What Women are*

Worth, University of Toronto Press, 1999. Weatherford, Jack, The History of Money, Three Rivers Press, 1998.

West, Rebecca, *The Young Rebecca: Writings of Rebecca West, 1911-17*, a selection made by Jane Marcus, Indiana University Press, 1989.

Wolf, Alison, *The XX Factor: How Working Women Are Creating A New Society*, Profile Books, 2013

Who
Cooked
Adam Smith's
Dinner?